贫困治理的广东探索丛书

岳经纶　庄文嘉 / 主编

贫困认知与贫困治理：
基于广东省的调查数据分析

岳经纶　庄文嘉　程璆 ◎ 著

版权所有　翻印必究

图书在版编目（CIP）数据

贫困认知与贫困治理：基于广东省的调查数据分析/岳经纶，庄文嘉，程璆著．—广州：中山大学出版社，2021.12

（贫困治理的广东探索丛书/岳经纶，庄文嘉主编）

ISBN 978-7-306-07346-4

Ⅰ．①贫… Ⅱ．①岳… ②庄… ③程… Ⅲ．①贫困问题—研究—广东　Ⅳ．①F126

中国版本图书馆 CIP 数据核字（2021）第 244355 号

出 版 人：	王天琪
策划编辑：	陈　慧　翁慧怡
责任编辑：	翁慧怡
封面设计：	林绵华
责任校对：	陈　莹
责任技编：	靳晓虹
出版发行：	中山大学出版社
电　　话：	编辑部 020 - 84110283，84113349，84111997，84110779，84110776
	发行部 020 - 84111998，84111981，84111160
地　　址：	广州市新港西路 135 号
邮　　编：	510275　　传　真：020 - 84036565
网　　址：	http://www.zsup.com.cn　E-mail：zdcbs@mail.sysu.edu.cn
印 刷 者：	恒美印务（广州）有限公司
规　　格：	787mm×1092mm　1/16　22 印张　398 千字
版次印次：	2021 年 12 月第 1 版　2021 年 12 月第 1 次印刷
定　　价：	88.00 元

如发现本书因印装质量影响阅读，请与出版社发行部联系调换

总　　序

为中国人民谋幸福，为中华民族谋复兴，是中国共产党人的初心和使命。贫困的个人难言幸福，贫穷的民族难言复兴。为了实现人民幸福和民族复兴，中国共产党领导中国人民进行了艰苦卓绝的斗争，取得了革命、建设和发展的一个又一个的胜利。改革开放以来，党在领导人民不断发展经济、全力推进现代化建设的同时，致力于治理贫困，努力实现共同富裕这一社会主义的本质特征。特别是21世纪以来，以消除绝对贫困问题为着力点，中国贫困治理进入全新阶段。可以说，100年的中国共产党党史，就是一部与贫困做斗争并消灭贫困的历史。

中国贫困治理的两大战略：扶贫开发与社会保障

中国的贫困问题大致可以分为农村贫困问题和城市贫困问题。改革开放前，由于整体的社会经济发展水平不高，人民生活水平普遍低下，因此贫困问题并没有成为社会问题，但存在着生活困难的城乡居民。解决居民生活困难问题的制度安排，在农村是"五保户"政策，在城镇是面向"三无"对象的社会救济。改革开放以后，在城乡居民生活水平普遍提高的同时，地区和阶层的差距逐步拉大，贫困问题作为社会问题和政策议题开始凸显出来。政府因应城乡贫困问题的差异采取了不同的政策工具和制度安排，而且政府反贫困的努力主要集中在农村地区。为了减少农村地区的贫困问题，国家在1986年设立扶贫开发办公室，实施扶贫开发政策，推行大规模扶贫开发工作。在城市，政府在20世纪90年代后期开始推行城镇居民最低生活保障制度（低保制度），主要政策对象是经济改革之后出现的"新贫"阶层，如下岗失业工人等。

21世纪的中国贫困治理在城乡两条战线展开，针对建档立卡户、低保对象和特困人员三大群体，实施扶贫开发与社会保障两大战略。中国扶贫开发的重心一直放在广大的农村地区，以政府为主导的多元扶贫主体致力于通过多样化的扶贫方式来提高农村贫困人口的收入。与之相对应，城市贫困人口则主要依靠社会保障来实现收入维持。同时，社会保障在农村扶贫开发中也发挥着重要的减贫作用。如果说扶贫开发和脱贫攻坚是农村贫困治理的主旋律，那么社会保障便是其不可或缺的伴奏。需要指出的是，直到精准扶贫战略实施后，扶贫开发才与社会保障在农村贫困治理中形成合奏。在深入推进精准扶贫的过程中，各地以完善的社会保障织就细密的救助网络，充分发挥了底线民生的安全网作用。

在扶贫开发方面，2002年，党的十六大明确要求继续大力推进扶贫开发，巩固扶贫成果，尽快解决尚未脱贫的农村人口的温饱问题，并使他们逐步过上小康生活。党的十八大以来，以习近平同志为核心的党中央高度重视扶贫工作，将扶贫开发纳入"五位一体"总体布局和"四个全面"战略布局，实施精准扶贫基本方略，在"大扶贫"格局之下开展"脱贫攻坚战"，把贫困治理纳入国家治理的战略目标，动员社会各界力量，采用多种方法，充分发挥党的领导及社会主义制度的政治优势和制度优势，实现农村贫困人口的大幅度减少。新时代的中国贫困治理实践不仅丰富了"发展型国家"的内涵，也为后发展国家走出"中等收入陷阱"提供了经验。经过多年的脱贫攻坚，我国贫困治理取得巨大成就，为全面建成小康社会奠定了坚实的基础。国家统计局数据显示，以现行标准衡量，1978年年末，中国农村贫困发生率高达97.5%，农村贫困人口有7.7亿。截至2019年年底，中国贫困发生率降至0.6%。2016—2020年，全国贫困人口每年净减少1000万以上。2020年11月23日，贵州省9个县退出贫困县序列，至此，我国832个贫困县全部实现脱贫摘帽。截至2020年年底，中国所有贫困县全部脱贫摘帽。

在社会保障方面，中国政府不断完善以社会救助制度为核心的城乡社会保障体系。进入21世纪以来，中国政府开始把民生建设作为重要政策议程，推动社会政策进入快速发展的时期。经过多年的努力，中国已经建立起包含社会保险、社会救助、社会福利在内的多层次社会保障体系。在农村，社会保障制度包括医疗保障制度、最低生活保障制度、义务教育制度、农村养老保险制度、危房改造制度及农民就业培训等内容。社会保障作为调节分配和保障居民基本生活的制度安排，也成为我国贫困治理体系的重要组成部分。党的十九大报告进一步提出要统筹城乡社会救助体系，完善最低生活保障制度，从多个层面对困难群众基本生活进行保障；党的十九届四中全会指出，要坚持和完善统筹城乡的民生保障制度，满足人民日益增长的美好生活需要；党的十九届五中全会要求，民生福祉达到新水平，实现更加充分、更高质量的就业，居民收入增长和经济增长基本同步，分配结构明显改善，基本公共服务均等化水平明显提高，全民受教育程度不断提升，多层次社会保障体系更加健全，卫生健康体系更加完善，脱贫攻坚成果巩固拓展，乡村振兴战略全面推进。

在中国特色社会保障体系中，面向贫困和低收入阶层的社会救助制度是基础性的制度安排。在社会救助制度中，居民最低生活保障制度作为社会救助制度的核心，是保障贫困群体基本生活需要的最后一道安全网，也是改革开放以来中国政府在贫困治理领域的重大制度创新。农村低保制度是我国现阶段精准扶贫战略中"社会保障兜底一批"的重要内容，在脱贫攻坚工作中发挥着兜底保障、维护社会稳定的功能，是我国贫困治理的重要制度安排。无论是从覆盖人口数量，还是从投入资金总额来看，城乡低保制度都已经成为世界上规模最大的减贫性转移支付项目。特困人员救助供养制度是中国特色社会主义进入新时代后建立起来的社会救助制度，取代了过去分设的城市"三无"人员救助和农村五保供养制度。2014年，国务院颁布《社会救助暂行办法》，将城市"三无"人员救助和农村五保供养制度整合为城乡特困人员救助供养制度。2016年，国务院颁布《关于进一步健全特困人员救助供养制度的意见》，进一步明确了特困人员救助供养制度的实施细则。

到2020年年底，中国的贫困治理，特别是脱贫攻坚战已经取得全面胜利，消灭了绝对贫困人口，已经成为全世界最早实现联合国可持续发展目标中消灭贫困目标的发展中国家。当代中国的贫困治理，以中国共产党为领导，以国家力量为核心，以扶贫开发和社会保障为基本战略，充分体现了科学社会主义的思想本质与制度优势，与受社会民主主义影响的西方国家偏重社会福利制度的治理贫困体系形成了明显的对比。消除贫困、改善民生、实现共同富裕,这是科学社会主义的本质要求;集中资源、举国同心、全民动员、持之以恒,这是科学社会主义的制度优势。西方福利国家虽然重视通过社会政策来缓和社会问题、满足社会需要,但难以在国家主导下发起大规模的、持续的反贫困行动,难以从根本上解决贫困问题,一些国家甚至出现贫困现象日益恶化的趋势,显示出社会民主主义改良本质在贫困治理上的困境。

尽管当代世界遭受贫困问题困扰和折磨的主要是不发达国家,但是指导这些国家贫困治理实践的则主要是基于西方国家经验的反贫困理论与反贫困政策。中国作为全球贫困治理的积极参与者,其贫困治理实践和减贫奇迹必将引起世界范围内对"中国道路"的广泛关注。因此,及时总结中国贫困治理的成功经验,不仅有助于全球贫困治理事业的发展,消除贫困问题,而且有助于深化贫困治理的研究,丰富和创新贫困治理理论,为深陷贫困的发展中国家提供新的贫困治理理论和反贫困政策设计。

广东:中国贫困治理的先行者

作为改革开放的实验场和经济发达地区,广东的扶贫开发和贫困治理在中国的减贫治理中具有独特的地位和意义。广东具有特殊的省情,那就是地区间发展不平衡,差异大,既有位列全国经济最发达地区的珠江三角洲,又有位列全国贫困县序列的东西两翼及山区县。粤东西北地区人均地区生产总值低于全国平均水平,农村农业人口不少,人才储备和技术支撑的缺口较大,新动能培育较慢,文教卫生等公共服务资源配置相对落后。"最富的地方在广东,最穷的地方也在广东"这一说法是对广东地区差异大的一个精确描述。如何在贫困治理过程中解决区域失衡问题是广东减贫治理的重要特色。自21世纪以来,特别是党的十八大以来,广东结合顶层设计与本地实际,在扶贫开发、低保瞄准、特困人员救助供养、相对贫困治理等领域进行了大胆的探索,出台了大量行之有效的政策措施,在实践中走出了一条特色鲜明的贫困治理之路。

在扶贫开发方面,广东较早地通过"双到"(规划到户、责任到人)扶贫方式对扶贫对象的精准施策进行了探索,变"大水漫灌"为"精准滴灌",实现了对传统扶贫开发方式的超越。在社会保障方面,广东不仅提高了低保标准,而且较早地进行了低保目标瞄准机制的创新,以代理家计调查模式超越传统的家计调查模式。与此同时,广东也对特困人员救助供养制度进行了创新。因此,对广东贫困治理的基本经验进行系统的分析,不仅能够凸显广东在贫困治理中的先行一步,也可以为全面理解中国扶贫之路提供一个合理的入口。

在"双到"扶贫实施前的较长一段时期内,与全国其他地区一样,开发式扶贫是广东贫困治理的主导模式,该模式在解决区域整体贫困方面取得了较为显著的成效。不过,开发式扶贫在扶贫对象的指向性上较为宽泛,在一定程度上造成了扶贫资源的浪费。为此,广东通过"双到"扶贫对这个问题给出了自己的解决方案。从实践角度来看,"双到"扶贫率先开启了省级层面对提高扶贫精度的探索。"双到"扶贫方式提高了扶贫资源的利用效率,确保贫困人口能够根据自身的致贫原因得到行之有效的帮扶,从而为精准扶贫阶段广东的贫困治理打下了坚实基础,使广东全省可以提前完成脱贫攻坚任务,并率先部署推进由精准扶贫向乡村振兴的过渡,探索实现脱贫攻坚成果巩固拓展同乡村振兴的有效衔接。

在社会保障贫困治理方面,广东也进行了有前瞻性的探索。作为中国最早在城乡同时建立低保制度的地区之一,广东早在1997年就开始着手建立覆盖城乡的低保制度。经过多年的发展,广东省在城镇和农村低保制度建设上取得了重大成就,低保标准的确定符合广东省经济社会增长的水平和城乡人均支出配比水平,形成了以区县级以上财政支付为主的低保资金供给机制。在低保目标的瞄准方面,作为改革"领头羊"的广东,通过积极的地方政策创新,有效地提高了低保目标瞄准的准确性,并提升了低保制度的治理绩效。低保改革的"广东故事"可以为中国城乡低保制度的完善提供有益的启示。广东省在特困人员救助供养方面也形成了完善、系统的政策体系。在资金投入方面,广东省把特困人员救助供养等保障困难群众基本生活的政策放在财政支出的优先位置,保证政府投入只增不减。在保障水平方面,广东省规定特困人员基本生活标准不低于当地低保标准的1.6倍且不低于当地现行特困人员基本生活标准,并根据当地经济社会发展和物价水平进行调整,呈现不断提升的趋势。不仅如此,广东省还率先建立特困人员照料护理制度,为特困人员,特别是失能半失能特困人员提供探访慰问、生活照料和住院期间的护理。与此同时，广东省还积极推动特困人员供养服务机构公建民营改革，在全国率先推行供养服务机构区域统筹打包改革模式，以县（市、区）为单位，将辖区内所有区域性养老机构、乡镇敬老院等公办特困人员供养服务机构统一打包成一个项目，交给社会资本方管理运营。

综上，我们可以看到，广东省在贫困治理中坚持先行先试，始终走在探索扶贫开发新模式的前列。广东内部区域发展不平衡，在全国层面具有代表性。从珠三角到粤东西北，不同区域如何采取不同的政策举措，区域之间又如何合作脱贫，这些经验都将在全国层面具有可复制性和可推广性。从广东省的贫困治理实践来看，无论是从扶贫"双到"到"精准扶贫"的扶贫历程，还是对相对贫困治理长效机制的探索，抑或是在低保瞄准和特困人员救助供养领域的创新实践，不仅集中体现了中国减贫治理所特有的各项政策手段，而且在贫困治理的探索方面始终走在全国的前列。鉴于广东在贫困治理方面的先行探索及其有效成果，当前亟须以广东的贫困治理经验为载体，发出广东声音，讲好中国故事，坚定道路自信，提升中国在全球贫困治理中的话语权，向全世界共享中国特色的减贫经验。这既是本丛书的写作背景，也是本丛书的立意所在。

本丛书的基本内容与特色

本研究丛书试图以我国贫困治理的两大战略——扶贫开发与社会保障为分析焦点，立足广东，心系中国，综合运用抽样调查、准自然试验、案例研究等多元方法进行深入研究，尝试从宏观与微观、理论与经验维度全面分析广东贫困治理的政策实践。本丛书共五本，分别是《从"'双到'扶贫"到"精准扶贫"——基于广东经验的中国扶贫之路》《精准扶贫战略下城乡低保目标瞄准及执行机制优化：广东经验》《广东省特困人员救助供养制度研究：供给侧改革的创新经验》《解决相对贫困治理的长效机制探索：江门经验》及《贫困认知与贫困治理——基于广东省的调查数据分析》。

《从"'双到'扶贫"到"精准扶贫"——基于广东经验的中国扶贫之路》一书展现了21世纪的广东扶贫之路从扶贫"双到"到"精准扶

贫"的发展过程。本书尝试分析从"'双到'扶贫"到"精准扶贫"的演变与衔接，通过解析具体案例，展现广东在扶贫开发中的政策创新和实际效果，总结其成功经验，彰显广东在扶贫治理中先行一步的作为和担当。本书的特色之一是把由广东率先探索的"'双到'扶贫"机制与符合新时期我国国情和广东省情的"精准扶贫"战略结合起来，揭示了中国扶贫治理的若干特点，包括运动式治理、社会政策和经济政策相结合、因地制宜发展特色扶贫产业、精准扶贫与乡村振兴衔接等。

《精准扶贫战略下城乡低保目标瞄准及执行机制优化：广东经验》一书，旨在揭示在精准扶贫的时代主题下，广东如何通过客观、全面的指标体系设计和科学入户核查，创新地设计出多维度代理家计调查方式，形成城乡低保目标瞄准的"广东经验"的过程。本书在回顾国内外贫困治理理论研究成果的基础上，重点对新时代以来广东省低保目标瞄准的改革创新实践、引入准家计模型的识别指标体系、改革前后的瞄准效果对比，以及多维家计大数据对下一步助力乡村振兴的应用前景，进行全面的梳理、测算和分析。城乡低保目标瞄准的"广东经验"，不仅可以有效提升城乡低保对象瞄准的精确度，很大程度上降低"错保"率和"漏保"率，而且可以为2020年之后中国的贫困治理提供一种可复制、可推广的路径。本书特色是资料丰富、内容全面，涵盖了制度理念、组织建设、技术支撑（包括由单一到多维目标测量的低保家庭的科学瞄准与低保家庭精准识别体系）、资金保障、精准施策与监管问责等多个方面。

《广东省特困人员救助供养制度研究：供给侧改革的创新经验》一书，意在总结广东省在特困人员救助供养制度改革方面积累的创新经验。基于对2017—2019年广东省特困人员救助供养制度建设的深入调查和研究，本书探讨了广东省特困人员救助供养制度的建设和发展情况、广东省分散和集中供养特困人员的需求和救助的供给情况、广东省特困人员救助供养制度改革的成效，重点关注广东如何借鉴ROT模式引入社会资本，对特困人员供养服务机构进行公建民营改革，并在此基础上提出了完善广东省特困人员救助供养制度供给侧改革的对策建议。本书特色是运用准自然实验方法，在大量一手资料的基础上，对特困人员的救助供养需要与救助供养制度进行了全面研究，并提出了对制度进行完善的政策建议。

《解决相对贫困治理的长效机制探索：江门经验》试图系统梳理江门2016—2020年的精准扶贫改革及其成效，对江门建立解决相对贫困治理长效机制的探索进行深度解析。"江门经验"的重要突破在于跳出收入型贫困治理的思路，将其贫困治理范围扩展到支出型贫困。江门改革者通过创新运用代理家计调查方法瞄准相对贫困人口，建立解决相对贫困治理的发展性机制、整体性机制、政策整合机制和内生动力机制等四大长效机制，促进了低保制度和扶贫开发政策两项制度的衔接，实现了城乡扶贫的统一，并对智慧扶贫和乡村振兴产生了积极影响。本书的特色之一是基于案例研究，对地级市的相对贫困问题解决机制建设实践情况进行深度分析。

《贫困认知与贫困治理——基于广东省的调查数据分析》一书尝试把研究范畴从客观贫困治理拓展到主观贫困认知。本书重点梳理了贫困认知的概念内涵和研究概况，回顾了中国贫困认知的现实情境。通过分析广东省2017年度和2018年度人民美好生活的调查数据，对公众的贫困认知现状进行多维测量，以了解公众在贫困程度、扶贫方式、瞄准机制、扶贫成效等方面的态度与看法，并从主观认知的角度评估广东精准扶贫的成效。在中国贫困治理的新时代背景下，对贫困认知生成逻辑的分析与思考，有助于推进相对贫困治理长效机制的建立，也能为2020年之后中国反贫困政策的实践与发展提供深刻的价值启示。本书的一个特色是，推进贫困研究的范式由客观贫困测量向主观贫困认知拓展，贫困研究对象由个体贫困向群体贫困延伸。

本丛书的编写主要依托于中山大学政治与公共事务管理学院和中山大学中国公共管理研究中心的社会保障（社会政策）研究团队的长期科研积累。自2010年以来，社保研究团队一方面承担国家社会科学基金及教育部的纵向研究课题，另一方面与广东省及地级市相关职能部门合作，结合地方社会经济发展需要，开展横向课题研究。这些课题大多与扶贫及社会救助相关。经过多年的努力，团队积累了丰富的研究数据，也对广东省的相关政策过程和政策发展有了更深入系统的理解。研究团队认为，作为经济社会发展的先行区，广东省在减贫治理领域的政策探索和实践成效，对我国的减贫治理具有重要参考价值。因此，研究团队萌生了出版一套有关广东省贫困治理实践和经验的丛书的念头,从精准扶贫和社会救助两大领域,深入探讨和总结广东的经验,讲好贫困治理的"广东故事",为建构贫困治理的中国话语体系提供广东元素。

虽然海外对贫困及其解决机制的理论研究和实践研究均较为丰富,而且随着中国脱贫攻坚战取得最终胜利,国内有关精准扶贫的研究成果也不断增加,但是以丛书形式系统出版的相关成果还不多见,尤其是聚焦一个经济发展重要省份的贫困治理经验的成果更是凤毛麟角。本丛书基于与政府职能部门的合作研究,尝试对贫困治理领域政府行为背后的逻辑、目标及探索过程中遇到的实施执行问题等进行系统、全面的讨论。我们希望本丛书的出版有助于推动对贫困治理广东经验的总结与研究,丰富减贫治理的中国故事和中国经验,为 2020 年之后中国的贫困治理提供一种可复制、可推广的路径,从而为全球贫困治理理论的发展提供中国方案、中国智慧。

在中国共产党的领导下,中国的贫困治理取得了举世瞩目的重大胜利,它不仅在中华民族的史册上谱写了壮丽的篇章,而且必将成为全球贫困治理前所未有的标杆。中国共产党领导的中国反贫困事业不仅是实现第一个百年奋斗目标的重点工作,而且是增强中国参与全球治理话语权的重要路径。谨以此丛书献给中国共产党百年华诞,也献给所有为消除贫困而不懈奋斗的中国人民。

岳经纶　庄文嘉

2020 年 12 月

目　　录

第一章　导论／1
　　第一节　中国贫困治理的时代背景／1
　　　　一、贫困治理格局的转变：从绝对贫困到相对贫困／1
　　　　二、贫困研究范式的拓展：从贫困测量到贫困认知／4
　　　　三、贫困研究对象的延伸：从个体贫困到群体贫困／6
　　第二节　贫困治理与贫困认知／8
　　　　一、相对贫困与贫困认知／8
　　　　二、贫困认知的关键议题／9
　　第三节　研究方法与数据来源／11
　　　　一、研究方法／11
　　　　二、数据来源／13
　　第四节　结构布局与主要内容／14
第二章　贫困认知的概念与内涵／16
　　第一节　贫困及贫困认知的概念界定／16
　　　　一、何为贫困／16
　　　　二、贫困认知／20
　　第二节　贫困认知的维度之一：主观贫困／30
　　　　一、主观贫困的概念／30
　　　　二、主观贫困的归因／36
　　第三节　贫困认知的维度之二：福利态度／46
　　　　一、福利态度的概念／46
　　　　二、福利态度的影响因素／53

第三章 中国贫困认知的现实情境 / 66
    第一节 中国贫困认知的文化基础 / 66
        一、贫困认知的历史文化传统 / 66
        二、贫困认知的当代文化解释 / 69
    第二节 中国贫困认知的制度背景 / 76
        一、计划经济的体制惯性 / 76
        二、市场经济的制度转型 / 79
        三、社会保障制度的重建强化 / 81
        四、基本公共服务均等化理念 / 84

第四章 公众贫困认知的生成逻辑 / 86
    第一节 公众贫困认知的分析框架 / 86
    第二节 公众对贫困状况的认知 / 89
        一、个体贫困 / 89
        二、群体贫困 / 90
    第三节 公众对反贫困政策的态度 / 91
        一、福利责任：政府反贫困责任 / 91
        二、福利绩效：反贫困救助水平 / 92
        三、福利结果：反贫困治理效果 / 93
    第四节 公众贫困认知的解释路径 / 94
        一、个体特征 / 94
        二、社会价值 / 96
        三、制度情境 / 97
    第五节 公众贫困认知的区域差异 / 99
    第六节 公众贫困认知的社会融合作用 / 100
        一、社会融合的定义 / 100
        二、贫困认知与社会融合 / 101

第五章 公众贫困认知的现状分析：广东案例 / 104
    第一节 公众对贫困状况的认知 / 105
        一、公众对个体贫困的认知 / 105
        二、公众对群体贫困的认知 / 105

第二节　公众对反贫困政策的态度 / 111
　　　　一、公众对福利责任的认知 / 111
　　　　二、公众对福利绩效的认知 / 114
　　　　三、公众对福利结果的认知 / 118
　　第三节　公众贫困认知的解释因素 / 123
　　　　一、个体特征因素 / 123
　　　　二、社会价值因素 / 134
　　　　三、制度情境因素 / 139
第六章　公众贫困认知的解释机制分析：广东案例 / 142
　　第一节　公众对贫困状况认知的解释机制分析 / 142
　　　　一、公众对个体贫困认知的影响因素分析 / 143
　　　　二、公众对群体贫困认知的影响因素分析 / 150
　　　　三、结论与政策启示 / 156
　　第二节　公众对反贫困政策态度的解释机制分析 / 160
　　　　一、公众对福利责任认知的影响因素分析 / 160
　　　　二、公众对福利绩效认知的影响因素分析 / 167
　　　　三、公众对福利结果认知的影响因素分析 / 173
　　　　四、结论与政策启示 / 179
第七章　公众贫困认知的省际差异：与中西部两省的比较 / 185
　　第一节　公众对贫困状况认知的省际差异 / 185
　　　　一、公众对个体贫困认知的省际差异 / 185
　　　　二、公众对群体贫困认知的省际差异 / 187
　　　　三、公众对福利责任认知的省际差异 / 189
　　　　四、公众对福利绩效认知的省际差异 / 191
　　　　五、公众对福利结果认知的省际差异 / 193
　　第二节　公众对贫困状况认知省际差异的影响因素分析 / 197
　　　　一、公众个体贫困认知省际差异的影响因素分析 / 197
　　　　二、公众群体贫困认知省际差异的影响因素分析 / 204
　　　　三、结论与政策启示 / 212
　　第三节　公众对反贫困政策态度的省际差异的影响因素分析：以低保

　　　　　为例 / 215
　　一、公众对福利责任认知省际差异的影响因素分析 / 215
　　二、公众对福利绩效认知省际差异的影响因素分析 / 221
　　三、公众对福利结果认知省际差异的影响因素分析 / 226
　　四、结论与政策启示 / 232

第八章　贫困认知的作用：对粤港澳大湾区社会融合的影响 / 236
　第一节　粤港澳大湾区社会融合的差异化现状 / 236
　　一、香港的社会福利制度 / 236
　　二、澳门的社会福利制度 / 240
　第二节　公众贫困认知与港澳居民跨境福利接续认知 / 241
　　一、公众移民态度研究评述 / 241
　　二、贫困认知对跨境福利接续认知影响的研究思路 / 245
　第三节　公众贫困认知对跨境福利接续认知影响的实证分析 / 253
　　一、公众对港澳居民跨境福利接续认知的现状 / 253
　　二、公众贫困认知对港澳居民跨境福利接续认知影响的回归分析 / 255
　　三、结论与政策启示 / 264

第九章　贫困认知的理论思考 / 268
　第一节　拆解贫困认知：作为主观贫困的多维度解释 / 268
　　一、主观贫困理论创新 / 269
　　二、贫困归因与多维贫困机制 / 272
　第二节　扩展贫困认知：作为福利态度的反贫困政策评价 / 274
　　一、回归福利国家合法性：福利治理与反贫困政策的态度 / 275
　　二、反贫困政策评价的三个维度：福利责任、福利绩效与福利结
　　　　果 / 277
　第三节　解析贫困认知：公众贫困认知的三重张力 / 281
　　一、个人主义 / 282
　　二、集体主义 / 283
　　三、制度差异 / 284
　第四节　重塑贫困认知：构建贫困治理共同体 / 286
　　一、以发展型社会政策范式为导向 / 287

二、以促进社会融合为价值取向 / 289
　　三、以构建贫困治理共同体格局为目标 / 290
第十章　走向未来：贫困认知对中国贫困治理的启示 / 292
　　一、站在十字路口：主观贫困研究对当前中国贫困治理的启示 / 293
　　二、走向福利中国：反贫困福利态度研究对当前贫困治理的启示 / 296
　　三、建立长效机制：2020 后相对贫困治理机制前瞻 / 299

参考文献 / 302

后记 / 331

第一章 导 论

怎样应对贫困问题,在很大程度上依赖于怎样认识贫困问题。进入现代社会以来,贫困越来越被视为一种社会问题,而不仅仅是贫困者的个人问题。贫困问题是人类社会长期面临的挑战,是妨碍全球稳定的世界性难题。有效缓解贫困,促进共同发展,实现美好生活,是国家治理体系和治理能力现代化的应有之义,也是中国特色社会主义的本质要求。本章介绍中国贫困治理的时代背景,并从我国贫困治理格局的转变和贫困研究的深化的时代背景中引申出贫困认知的关键议题——主观贫困和福利态度。

第一节 中国贫困治理的时代背景

一、贫困治理格局的转变:从绝对贫困到相对贫困

中华人民共和国成立以来,党和政府始终致力于反贫困工作,不断出台并实施促进贫困地区发展和贫困人口脱贫的政策举措,取得了举世瞩目的减贫成就。特别是21世纪以来,贫困治理进入全新的阶段,并以解决绝对贫困问题为着力点。2002年,党的十六大明确要求,继续大力推进扶贫开发,巩固扶贫成果,尽快使尚未脱贫的农村人口解决温饱问题,并逐步过上小康生活。[①] 2012年,党的十八大报告首次正式提出"到2020

---

① 参见国务院扶贫办机关党委《推进扶贫开发 加快小康建设》,《紫光阁》2003年第8期。

年全面建成小康社会"。早在2011年，中央就根据经济社会发展的实际水平大幅度提高了农村绝对贫困线，确定将农民人均纯收入2300元/年（2010年不变价）作为农村绝对贫困标准，以后随物价变动而进行调整；同时将"两不愁三保障"①确定为消除农村绝对贫困的工作目标。在此标准下，2012年年底农村绝对贫困人口仍有近1亿人。②

经过多年艰苦卓绝的脱贫攻坚，我国贫困治理取得巨大成就，为全面建成小康社会奠定了坚实的基础。国家统计局数据显示：以现行标准衡量，1978年末我国农村贫困发生率高达97.5%，农村贫困人口有7.7亿人，③而最新的脱贫数据显示，按照每人每年生活水平2300元（2010年不变价）的现行农村贫困标准计算，551万农村贫困人口全部实现脱贫④。2013年至2018年的6年间，农村累计减贫8239万人，连续6年平均每年减贫1300多万人。⑤党的十八大以来，以习近平同志为核心的党中央高度重视扶贫工作，将扶贫开发纳入"五位一体"总体布局和"四个全面"战略布局，实施精准扶贫基本方略，启动脱贫攻坚战，⑥每年减少贫困人口1000万以上，贫困发生率从2012年的10.2%降至2019年的0.6%。⑦2021年2月25日，中共中央总书记、国家主席、中央军委主席习近平在北京举行的全国脱贫攻坚总结表彰大会上宣布，中国脱贫攻坚战取得了全

---

① "两不愁"就是稳定实现农村贫困人口不愁吃、不愁穿；"三保障"就是保障其义务教育、基本医疗和住房安全。2019年4月16日下午，中共中央总书记、国家主席、中央军委主席习近平在重庆主持召开解决"两不愁三保障"突出问题座谈会并发表重要讲话。

② 参见刘永富《到2012年底贫困人口仍有近1亿人》，中国新闻网，2013年12月25日，见 http://www.chinanews.com/gn/2013/12-25/5664032.shtml。

③ 参见李小云《全面建成小康社会后贫困治理进入新阶段》，《中国党政干部论坛》2020年第2期。

④ 参见国家统计局《中华人民共和国2020年国民经济和社会发展统计公报》，国家统计局网，2021年2月28日，http://www.stats.gov.cn/ztjc/zthd/lhfw/2021/lh_hgjj/202103/t20210301_1814216.html。

⑤ 参见《脱贫攻坚不松劲　连续六年平均每年减贫1300多万人》，新华网，2019年10月25日，http://www.xinhuanet.com/fortune/2019-10/25/c_1210325979.htm。

⑥ 参见《庄严的承诺　历史的跨越（砥砺奋进的五年）：党的十八大以来以习近平同志为核心的党中央引领脱贫攻坚纪实》，《人民日报》2017年5月22日，第1版。

⑦ 参见《全国农村贫困人口去年减少1109万人：贫困发生率降至0.6%，贫困地区农村居民人均可支配收入11567元》，《人民日报》2020年1月25日，第1版。

面胜利，完成了消除绝对贫困的艰巨任务。①

然而，绝对贫困可以消除，相对贫困仍将长期存在。2019 年 10 月，党的十九届四中全会通过《中共中央关于坚持和完善中国特色社会主义制度 推进国家治理体系和治理能力现代化若干重大问题的决定》，明确提出要坚决打赢脱贫攻坚战，建立解决相对贫困长效机制，要确保到 2020 年中国现行标准下农村贫困人口实现脱贫，贫困县全部摘帽，解决区域性整体贫困。在绝对贫困消除后如何有效缓解相对贫困，建立解决相对贫困的长效机制，不仅对国家实现现代化目标具有重要的战略意义，而且对我国社会持续健康发展以及人民美好生活的实现都具有强烈的现实意义。②

新时代中国社会主要矛盾的论断也要求在完成当前阶段的脱贫攻坚任务后，持续推进贫困治理，因为人民日益增长的美好生活需要和不平衡不充分的发展之间的矛盾依然突出。发展不平衡和不充分的论断本身就包含了当前脱贫工作的相对性与水平有限的内涵。相对贫困不仅涉及区域发展差距的相对性，而且涉及脱贫标准的相对性。此外，需注意的是，随着城乡融合发展进程的加快和原有绝对贫困人口的城镇化搬迁安置，转型性贫困、流动性贫困和较高水平需求无法满足的发展性贫困等新型贫困类型相继出现，进一步凸显了相对贫困问题。扶贫工作重心从绝对贫困向相对贫困的转换也反映了中国社会主要矛盾的变化，未来以相对贫困治理为核心的扶贫工作也意味着对以农村为中心的传统扶贫工作的超越，城市贫困尤其是城市相对贫困将构成未来我国贫困治理的重要内容。

相对贫困治理是一项长期的持续性工作，因而需要对强调时间性的现有的"运动式"的精准扶贫工作和过分注重体制压力的扶贫模式进行转型。相对贫困治理似乎很难再具备精准扶贫阶段扶贫工作所具备的全社会的高关注度和高政治性，因为相对贫困的治理工作将回归到常规性和制度化的治理轨道上来，相对贫困与社会救助、社会保障的关联治理将成为常

---

① 参见习近平《在全国脱贫攻坚总结表彰大会上的讲话》，《人民日报》2021 年 2 月 26 日，第 2 版。
② 参见范和生、武政宇《相对贫困治理长效机制构建研究》，《中国特色社会主义研究》2020 年第 1 期。

态的政策选择，这样才更有可能形成解决相对贫困的长效机制。① 相对贫困治理机制也应是一种综合性治理机制，至少是区域发展政策、开发式扶贫政策、精准滴灌式扶贫政策与城乡一体化扶贫政策的结合。②

中国贫困治理格局的变化以及相对贫困的凸显，使得必须对2020年后的贫困治理机制进行设计和调整。从当前以绝对贫困为核心的贫困治理到以相对贫困为核心的贫困治理，需要经历一段扶贫工作体制转换的平稳过渡期。在这个过渡期内，精准扶贫工作中的驻村扶贫、扶贫督查与评估等工作机制仍需继续存续，因为这不仅可以避免政策衔接中的断档效应，同时也能更好地实现扶贫政策减贫效应的可持续发展。

二、贫困研究范式的拓展：从贫困测量到贫困认知

进入21世纪以来，中国关于社会政策的价值理念、话语体系和政策实践发生了重大调整，③ 并开始逐步偏离过去20年的市场发展主义导向。关于中国社会政策发展阶段、中国进入"社会政策"时代等的讨论也越来越多，④ 其中一个显著标志便是将传统只覆盖城市从业人口的主要社会保障措施向农村地区扩展，并与以往的反贫困研究相结合。贫困治理的研究范式也发生转变，整体上呈现出以经济发展为主的经济政策范式向以民生发展为主的社会政策范式转变的趋势。⑤

贫困问题的研究范式在贫困概念逐渐深化的进程中不断创新，在方法论上也得到了不断拓展。19世纪80年代，贫困研究的经济学范式逐渐成熟。英国改革家、社会调查家查尔斯·布思（Charles Booth）对伦敦居民

---

① 参见邢成举、李小云《相对贫困与新时代贫困治理机制的构建》，《改革》2019年第12期。
② 参见汪三贵、曾小溪《后2020贫困问题初探》，《河南大学学报（哲学社会科学版）》2018年第2期。
③ 参见顾昕《社会政策与福利国家建设》，南京大学出版社，2018，第296页。
④ 转引自岳经纶《建构"社会中国"：中国社会政策的发展与挑战》，《探索与争鸣》2010年第10期。
⑤ 参见霍萱、高琴、杨穗《从经济政策范式到社会政策范式：中国农村反贫困历程变迁与动力》，《中国农业大学学报（社会科学版）》2019年第6期。

民贫困问题的研究，以及英国的经济学家本杰明·西伯姆·朗特里（Benjamin Seebohm Rowntree）对约克郡的贫困研究，开启了以经济学的生计调查来描述绝对贫困的传统，生计调查和对贫困线的研究开始在贫困研究中居于重要位置。①

随着欧洲福利国家的建设，贫困的认定标准也开始转向相对贫困。贫困的测量从单一的收入贫困走向综合的多维贫困，贫困的研究范式出现新的拓展。1958 年，经济学家约翰·加尔布雷思（John Kenneth Galbraith）指出，一个人是否贫困，不仅取决于本人的收入，还取决于社会中其他人的收入。② 1979 年，彼特·汤森（Peter Townsend）《英国的贫困：家庭财产和生活标准的测量》一书出版，最早对贫困的相关概念进行系统整理，并提出了相对贫困的操作性定义。

福利国家的建设、经济发展周期性的停滞、资本主义危机及日益立大的贫富差距，推动人们开始对更具隐蔽性的相对贫困投注更多的注意力，贫困概念的内涵与边界随之不断拓展。绝对贫困强调生活资料的匮乏和基本生存状态的难以维持；相对贫困则含有社会比较的意味，强调社会剥夺、社会排斥、文化污名及社会结构与社会阶级带来的边缘化与不平等。

与此同时，20 世纪 80 年代，阿马蒂亚·森（Amartya Sen）从支配、控制食物的权利体系，以及"可行能力"缺失出发，以能力贫困、权利贫困的概念拓展了相对贫困的意涵，并根据权利方法制定了识别贫困和加总贫困的标准——森指数（Sen index）。汤森与森的努力使得贫困研究开始超出传统的福利经济学，成为发展经济学家和政策制定者最重要的研究主题之一。③ 在此基础上，学者们进一步拓展了相对贫困概念的内涵，阶级、社会排斥与社会剥夺、能力与权利、社会心态、脆弱性及风险、贫困文化等概念的引入，标志着对贫困的理解进入了社会与文化的综合性领域。④

---

① 参见林卡《绝对贫困、相对贫困以及社会排斥》，《中国社会保障》2006 年第 2 期。
② 参见乌德亚·瓦格尔、刘亚秋《贫困再思考：定义和衡量》，《国际社会科学杂志（中文版）》2003 年第 1 期。
③ 参见杨立雄、谢丹丹《"绝对的相对"，抑或"相对的绝对"——汤森和森的贫困理论比较》，《财经科学》2007 年第 1 期。
④ 参见周怡《贫困研究：结构解释与文化解释的对垒》，《社会学研究》2002 年第 3 期。

贫困认知的研究正是在贫困概念拓展和研究范式转变的背景下不断深化的。人们对贫困的理解不再局限于收入的不足，而是逐渐将其理解为生活权利的缺失。此外，社会资源配置失衡、制度性与结构性剥夺、区域相对剥夺、文化及权利缺失等因素被逐步纳入贫困治理的考量之中。

随着公民社会的建设和公众参与社会事务管理的增强，贫困问题不再只是政府官员、社会精英的议题，普通的社会公众也逐渐增强了其在日常生活中对贫困问题的感知与体认，因为它们同样影响着，甚至更深刻地影响着社会处理和应对贫困问题的方式和态度：在很大程度上，这种感知和体认构成了针对贫困问题的公共政策与公共行动的社会文化和心理环境，从而既影响着公共政策的制定和公共行动的取向，也影响着公共政策和公共行动的效果。[1]

公众的贫困认知——包括对贫困的表现、成因、影响和反贫困政策的成效等方面的认知，以及基于这种认知而发出的呼声，既是公共政策和公共行动的一个重要依据，也是公共政策和公共行动的一个重要动力（特别是在民主国家和正在民主化的国家中），同时还是公共政策和公共行动成效的一个重要表征。[2] 据此，在既有贫困测量的基础上，贫困研究的范畴进一步深化，并越来越关注公众对贫困问题的主观认识，为制定、形成切实有效的反贫困政策和公共行动提供更翔实的数据支撑和更深刻的理论思考。

三、贫困研究对象的延伸：从个体贫困到群体贫困

贫穷所直接导致或者衍生的一系列社会问题是当今世界最尖锐的治理难题。贫困是一个相对于生产能力和普遍的经济发展水平而存在的，反映

---

[1] 参见王小章、冯婷《精英对贫困问题的认知和精英的社会意识》，《江苏社会科学》2009年第4期。

[2] 参见王小章、冯婷《精英对贫困问题的认知和精英的社会意识》，《江苏社会科学》2009年第4期。

在特殊个体或群体身上的生活贫乏、窘困的状况。① 因为贫困是一个相对概念，即在对贫困对象的认定上具有很强的参照和对比，所以，贫困对象的概念和范围不断延伸和扩展，经历了从个体贫困状况的聚焦到对群体贫困的认知，再到对更广泛的反贫困政策的关注。

个体贫困反映了个人生存质量的低下与基本生活需要难以得到满足。长期以来，贫困身份的确定与个人特质（特别是个人所掌握的经济财富）紧密关联。在前现代与早期现代化的社会中，贫困问题普遍表现为与个人生活质量相关联的绝对贫困。短缺经济下，饥饿与贫穷的严峻性关乎生死，实现安全生存是最基本的，也最迫切的需要。个体贫困集中反映了个体对维持个人生存的最低生活必需品（主要是食物、衣物和住房）的需要。因此，个体贫困关注的是狭义的贫困状况，包括个人的生理与物理需要，进而扩展到更广阔的社会与文化需要。②

群体贫困突破了对微观个人生存状况的关注，从群体层面或整个经济社会发展的视角来看待整个社会的贫富差距和社会排斥现象。对群体贫困的关注，不仅反映个人层面的收入差距，同时也反映出以他人或其他社会群体为参照所产生的相对剥夺感。由此可见，从群体贫困来关注贫困问题，既反映经济收入与分配问题，也反映社会结构、社会排斥及社会心态问题。

反贫困政策（anti-poverty policy）的提出旨在解决贫困问题，包括反贫困政策的制定、执行及贫困治理效果都逐渐受到政治、经济、社会、文化等领域的学者的广泛关注，进而形成不同性质的贫困与反贫困理论。随着贫困研究范式的不断拓展，当人们逐渐把贫困理解为生活权利缺失，而不仅仅是绝对的收入差距时，对贫困根源的解释也开始由个人归因转向社会整体归因，这极大地启发了反贫困政策的理论思考与实践创新。反贫困政策逐渐由单一走向多元化，发展型贫困治理理念不断深化，社会扶贫、文化扶贫、教育扶贫等精准扶贫实践推动了多元减贫治理格局的形成。

---

① 参见燕继荣《反贫困与国家治理——中国"脱贫攻坚"的创新意义》，《管理世界》2020年第4期。
② 1943年，美国心理学家亚伯拉罕·马斯洛在《人类激励理论》论文中所提出了著名的马斯洛需求层次理论，认为人类需求像阶梯一样从低到高按层次分为五种，分别是生理需求、安全需求、社交需求、尊重需求和自我实现需求。

第二节　贫困治理与贫困认知

一、相对贫困与贫困认知

贫困治理的格局经历了从绝对贫困向相对贫困的转变，后 2020 时代的贫困治理将以建立相对贫困的长效机制为重点。"相对贫困是指在当地特定的生产、生活条件下，在特定的经济社会发展约束下，个人或家庭获得的合法收入虽然可以维持家庭成员的基本生存性需要，但是无法满足当地条件下所认为的其他基本生活需要的状态。"① 因此，相对贫困具有典型的区域性和地方性特征，也暗含城乡的差异。相对贫困意味着相对排斥与相对剥夺，这是相对贫困理论核心的观点。② 相对贫困可以较好地表征社会财富或收入在不同阶层与群体间的分配情况。③ 在这个意义上，物质匮乏一定存在绝对贫困，物质丰裕却不一定能够消除相对贫困。④ 相对贫困在一些研究者看来是收入水平差距带来的教育、社会地位和生活质量等方面的困境，⑤ 也就是说，相对贫困总是存在一个参照标准。

相对贫困的相关研究越来越重视个人的贫困认知，即个体对自身生活标准及收入的评价会形塑反贫困政策的态度与期望。若个人将自身收入与其生活环境中的参照群体进行比较，就会出现主观层面的贫困认知差异，而这种主观的相对贫困往往会因为参照群体的不同而发生变化。

相对贫困的治理更需要强化对贫困认知的关注。贫困认知直接体现在个人感受到的相对剥夺、社会不公及忍受不平等的心理预期，与社会公

---

① 参见邢成举、李小云《相对贫困与新时代贫困治理机制的构建》，《改革》2019 年第 12 期。
② 参见邢成举、李小云《相对贫困与新时代贫困治理机制的构建》，《改革》2019 年第 12 期。
③ 参见邢成举、李小云《相对贫困与新时代贫困治理机制的构建》，《改革》2019 年第 12 期。
④ 参见陈宗胜、沈扬扬、周云波《中国农村贫困状况的绝对与相对变动——兼论相对贫困线的设定》，《管理世界》2013 年第 1 期。
⑤ 参见朱冬亮《贫困"边缘户"的相对贫困处境与施治》，《人民论坛》2019 年第 7 期。

平、社会心态构成紧密联系。一般而言，贫困问题源于绝对贫困与可感知的相对贫困的叠加，人们对贫困的敏感度会随着物质生活水平的提高而提高，对贫困的耐受性会相应地下降。[1] 日益受到人们关注的相对贫困现象不仅反映经济分配本身的公平性，而且能够反映大众对社会公平状态的判断及可接受程度。

二、贫困认知的关键议题

贫困问题是当今世界面临的最具挑战性的公共问题之一。人类文明诞生以来，贫困就同人类发展进程相伴相生。随着学界对于贫困认识的不断深化，尤其是在阿马蒂亚·森将可行能力视角引入贫困分析以后，贫困的概念得到了重塑，贫困研究的内容也得以从以收入为核心的单维贫困扩展为以福利为核心的多维贫困。[2] 这种改变标志学界对于贫困的认知实现了从关心经济收入到关心福利状况，从聚焦生存贫困到重视可行能力贫困的重要转变，拓展了贫困研究的范畴。伴随着对贫困内涵认识的历史演变，贫困认知这一新的概念及相关理论开始出现，并逐渐成为贫困研究中值得关注的研究领域。

西方学者对贫困认知的研究主要集中在贫困的归因和主观贫困这两类关于贫困的态度研究。贫困的归因即是指对于贫困产生的原因的解释。最常见的是三类型学视角[3]、二维度四类型学视角[4][5]、贫困文化解释视角[6]等。但是，从以上几个视角展开的贫困归因，在公众对贫困状态，

---

[1] 参见赵蜜《儿童贫困表征的年龄与城乡效应》，《社会学研究》2019年第5期。
[2] 参见左停、杨雨鑫《重塑贫困认知：主观贫困研究框架及其对当前中国反贫困的启示》，《贵州社会科学》2013年第9期。
[3] Feagin, J. R., "Poverty: We Still Believe That God Helps Those Who Help Themselves", *Psychology Today*, vol. 6, no. 6 (1972), pp. 101 – 129.
[4] Halman, L., Van Oorschot, W., "Popular Perceptions of Poverty in Dutch Society" (WORC Paper from Tilburg University, Work and Organization Research Centre, no 99.11.01, 1999).
[5] Van Oorschot, W., Halman, L., "Blame or Fate, Individual or Social? An International Comparison of Popular Explanations of Poverty", *European Societies*, vol. 2, no. 1 (2000), pp. 1 – 28.
[6] Lewis, O., *Five Families: Mexican Case Studies in the Culture of Poverty* (New York: Basic Books, 1975).

包括对自身处境，对贫困群体的处境，对社会贫困状态的整体认知，以及对于反贫困政策认知等方面的解释力都十分有限。

据此，本书在解释贫困认知时，引入了两个理论维度——主观贫困和福利态度，以便更全面地对贫困认知进行理论思考，并对中国情境下的公众贫困认知现状和影响机制进行分析。

（一）贫困认知的维度之一：主观贫困

与客观贫困不同的是，主观贫困是主体对自身需求满足状况或生活境遇的评判，是基于自我认为的需求满足"应该"处于何种水平、自己"应该"过一种什么生活的评判，而这种"应该"本身就烙上了与他人对照的印记。换言之，主观贫困是依据一定的标准，比如经济贫困线、一定水准的健康水平与生活质量、个体自觉精神得到慰藉的水准，这些对个体所产生的剥夺感而进行衡量的指标，是贫困的"另一副面孔"。可以相信，这种主观性在国家步入小康社会后将更为凸显。[1]

主观贫困具有较大的相对性，无论这种主观性是来自贫困的界定者，还是贫困的报告者。实际上，工业化国家的贫困问题主要是相对贫困问题。"贫困从来均非因缺乏某一种物品而致，而是来自于穷人所体验和定义的许多相关因素的共同作用；个体所处的社会地位和物理环境都是造成贫困的最直接因素"[2]，这是因为"我们对商品的需要是相对的，它完全取决于我们身处的社会和环境"[3]。这些论述突出了贫困研判和认识的主观意义，不仅凸现贫困的相对性，也彰显了贫困的主观性。

（二）贫困认知的维度之二：作为福利态度的反贫困政策评价

除了主观贫困，福利态度的研究视角也可以纳入贫困认知的相关研

---

[1] 参见杨菊华《后小康社会的贫困：领域、属性与未来展望》，《中共中央党校（国家行政学院）学报》，2020年第1期。
[2] 迪帕·纳拉扬、拉伊·帕特尔、凯·沙夫特：《谁倾听我们的声音》，付岩梅、姚莉、崔惠玲等译，中国人民大学出版社，2001，第36页。
[3] 哈特利·迪安：《社会政策学十讲》，岳经纶、温卓毅、庄文嘉译，格致出版社、上海人民出版社，2009，第12页。

究。公民对特定福利项目的支持度和对政府承担福利责任的集体倾向性，会影响福利国家社会政策的制定，即福利政策的走向通常与公众的福利态度具有某种吻合性。从福利态度视角针对主观贫困的研究，既能获取公民对政府反贫困政策和福利供给的期待，也能了解公民对社会公平现状、不同社会群体的冲突状况及收入差距等社会问题的认知与判断。[①]

从贫困测量的多维趋势来看，反贫困政策福利态度的纳入也能进一步丰富贫困测量和贫困线制定的相关研究。在我国的贫困识别中，直接采取发达国家常用的相对贫困和剥夺指标并不具有可行性，但如果在收入贫困的基础上兼顾多维剥夺取向，则有利于今后我国对相对贫困的测量和识别，实现从绝对贫困瞄准到相对贫困瞄准的转型。从国际上多维度贫困识别指标的转向来看，通常直接用多维指标来取代单一的收入指标。目前，用单一收入指标来衡量我国相对贫困已明显不足，但对多维指标的直接采用则需要检验其是否适用。据此，将贫困户的主观感受、幸福感和满意度（尤其是贫困户及更广泛的社会公众对反贫困政策的评价）纳入贫困测量显得日益重要。

第三节 研究方法与数据来源

一、研究方法

考虑到研究目的和研究内容，本书将运用定性和定量分析相结合的办法展开相关研究，具体而言，有以下三种方法。

（一）荟萃分析法

荟萃分析法（meta-analysis），也称情报研究、资料研究或文献调查，是指通过对文献资料系统地检索、搜集、鉴别、整理、分析，形成科学认

[①] 参见杨琨、袁迎春《共识与分化：福利国家公民的福利态度及其比较研究》，《公共行政评论》2018年第3期。

识的方法。文献分析是本书在理论研究阶段主要采取的研究方法，运用该方法的主要目的在于对既有文献的梳理和挖掘，以便从整体上把握相关领域内研究的具体进展。由于贫困认知议题在国内的相关研究仍然较为欠缺，本书的理论部分系统整理了国际上与贫困认知相关议题的文献，关键词包括贫困认知或贫困感知（perception of poverty）、主观贫困（subjective poverty）、福利态度（welfare attitude）等，通过综合和归纳，掌握研究动态，把握学术前沿，厘清国内外贫困认知议题的价值理念、主体结构、体制机制、功能结构与目标结构等方面的主要理论流派及研究现状。

（二）数据分析法

数据分析法作为一种深入探讨因果机制的研究方法，能够更好地展现研究议题翔实的信息以供研究。本书所使用的数据分析法主要包括描述性统计和多元回归分析，既能充分地展现重要变量的差异之处，从而有助于直观地反映我国贫困认知的现状，也能通过多元回归分析充分地探究贫困认知在不同维度的影响因素，发掘公众对个体贫困、群体贫困、反贫困政策的政府责任、反贫困救助水平、反贫困治理效果等的认知情况和态度，并进一步从个体特征、社会价值和制度情境来分析贫困认知的生成逻辑和影响因素。

（三）规范演绎分析

规范演绎分析主要回答"应该是什么""应该怎么样"。现有社会福利文献中存在的一个问题是，很多文献将重点落在"用"上，过分强调研究的实用价值和目标实现，这造成了对策式研究的泛滥，也造成了规范理论的乏人问津。从研究内容来说，规范研究偏重于从价值层面看待社会问题和理解社会生活；从表现方式上来说，规范研究主要是对思想史上的重要文本的诠释与解读。对2020年后相对贫困治理的前瞻，必须进行规范分析、实践提升和理论升华。

二、数据来源

党的十九大报告指出,"中国特色社会主义进入新时代,我国社会主要矛盾已经转化为人民日益增长的美好生活需要和不平衡不充分的发展之间的矛盾"①。从新矛盾中精准把握新期待,满足人民美好生活需要,成为当前中国社会科学研究的重要议题。同时,伴随"一带一路"和粤港澳大湾区建设的持续推进,以及教育、医疗、住房、养老等社会政策的进一步优化调整,人民的美好生活需要呈现出多样化的特点。

为此,中山大学"人民美好生活需要调查项目"团队从 2016 年开始,围绕美好生活需要的主题,逐步开展建立一个"中国现代社会福利大数据库"的行动。该调查借鉴欧洲国家的调查项目〔如国际社会调查项目(International Social Survey Programme,ISSP)、欧洲社会调查(The European Social Survey,ESS)〕和香港福利态度调查问卷的设计,对具体问题进行了本土化改良,使其涵盖历年各省各市各县(区)经济社会变化及福利发展状况等信息,并以此制作趋势演变曲线,探究中国社会福利需求变化规律,设置社会福利的投入和效益保持与经济社会相适应的动态平衡线,为福利支出水平提供预警信息。

2016 年是"人民美好生活需要调查项目"的预调查阶段,调查范围主要在广东省广州市各区县,调查报告的主要研究发现包括主观相对贫困与客观绝对贫困有差异,广州公众对贫困问题有理性认识;公众税负感知较强,医疗教育支出的呼声高;公众参保类型复杂,缴费年限引关注;来穗人员社会经济融合感提升,本地居民融合感觉良好;等等。

2017 年,"人民美好生活需要调查项目"团队开展了第二期调查,将调查范围扩展到广东省,并从多个维度对公众的贫困认知进行测量和分析。该调查覆盖广东省 21 个地级市,每个地级市均抽取 314 个样本,共计 6594 个样本。

---

① 习近平:《决胜全面建成小康社会 夺取新时代中国特色社会主义伟大胜利》,《人民日报》2017 年 10 月 19 日,第 1 版。

2018年，中山大学"人民美好生活需要调查项目"团队开展了第三期调查，在广东、湖北和陕西3个省份44个地级市，围绕人民对美好生活的获得感、"一带一路"与粤港澳大湾区建设中浮现的跨国跨境居民融和度、精准扶贫的公众感知度、二胎时代与老龄化社会中的社会照顾等热点议题开展问卷调查，并得到13816个从随机抽样获得的有效样本。

2020年，中山大学"人民美好生活需要调查项目"团队开展了第四期调查，并将调查地点设定在广东、浙江和贵州3个省份的41个地级市，继续围绕人民对美好生活的主题开展问卷调查。

需要说明的是，2017年和2018年两期调查提供了公众关于个体贫困、群体贫困、反贫困政策的政府责任、反贫困救助水平、反贫困治理效果的认知情况和态度的比较详细的数据，也是本书实证章节中所用数据的主要来源。

第四节　结构布局与主要内容

本书重点梳理贫困认知的概念内涵和研究概况，回顾中国贫困认知的现实情境；主要通过分析广东省2017年和2018年"人民美好生活需要调查项目"的数据，对公众的贫困认知现状进行多维测量，以了解公众在贫困程度、扶贫方式、瞄准机制、扶贫成效等方面的态度与看法，并从主观认知的角度评估广东精准扶贫的成效。在后2020贫困治理的时代背景下，对贫困认知生成逻辑的分析与思考，从而有助于推进相对贫困治理长效机制的建立，也能为新时期反贫困政策的实践与发展提供深刻的价值启示。

除第一章导论外，本书分为三个主要部分。第一部分共三章，主要关注概念和理论研究，同时，为第二部分的实证分析提供文献基础。第二章介绍了贫困认知的概念，梳理了与贫困认知相关的两个主要概念——主观贫困和福利态度，并详细阐述主观贫困和福利态度影响因素的研究现状，这也是本书的中心。第三章梳理了中国贫困认知的现实情境，并分别概述中国贫困认知的文化基础和制度背景。第四章基于文献讨论构建公众贫困认知的分析框架，以此解释贫困认知的生成逻辑，为接下来的实证分析提供理论框架。

第二部分共四章，主要利用2017年和2018年"人民美好生活需要调查项目"的数据，对公众的贫困认知现状进行描述统计和实证分析，重点探讨贫困认知的解释路径、省际差异及作用机制，每一章都以清晰而简明的方式集中分析一种特定的差异。第五章以广东样本为案例，重点分析中国公众贫困认知的现实情况。第六章基于前文关于公众贫困认知的分析框架和解释路径，从个体特征、社会价值和制度情境三个维度对公众贫困认知进行影响因素分析与探讨。第七章通过东、中、西部三个省份的比较，进一步探讨公众贫困认知的现状差异，同时，探究公众贫困认知在不同省份的差异化解释。第八章考察粤港澳大湾区建设中的社会融合，利用粤港澳大湾区珠三角九市的样本，描述并分析公众对港澳居民跨境福利接续的认知，通过探究贫困认知对港澳居民跨境福利接续的影响，为推进粤港澳大湾区社会融合的制度构想提供实证支撑。

第三部分共两章，旨在升华贫困认知的理论思考，展望中国后2020时代相对贫困的治理前景。第九章对贫困认知的理论探究进行解构、拓展和重塑，更具体地讲，就是尝试建立本土化的贫困认知概念，通过对贫困认知在主观贫困和福利态度两个维度的解析和讨论，重塑贫困认知，构建贫困治理共同体。第十章重点阐释贫困认知对中国当前和未来贫困治理的启示。中国的反贫困事业已然开始进入新的时期，及时、科学地进行相对贫困治理框架的规划设计显得尤为必要且紧迫。可以预见，随着中国减贫事业在2020年后步入解决相对贫困长效机制的建设阶段，中国的减贫形势也将出现深刻变化。如何有效应对这些变化，是新时代中国国家减贫治理体系现代化与治理能力提升的重大课题。

第二章 贫困认知的概念与内涵

本章对贫困认知及与贫困相关的若干关键概念进行追本溯源。贫困是一个模糊且复杂的概念，它在时间维度上具有动态演进性，在空间上存在地域差别性，并随着人们思想观念的变化而具有强烈的不确定性。目前，国内对"贫困认知"议题的讨论还十分缺乏，而个别学者从主观贫困的角度论述个人和群体的贫困状况，将福利态度视角引入对反贫困政策的评价中，有利于更全面地对贫困认知进行检视。据此，为了更好地理解中国场景下的贫困认知，本书将贫困认知划分为主观贫困和福利态度两个重要的维度，前者反映了公众对个体贫困和群体贫困的认知状况，后者则集中反映了公众对反贫困政策中的政府责任、救助水平和治理效果的评价与态度。当前贫困治理的范式已逐渐由经济政策范式向社会政策范式转变，因此，从主观贫困和福利态度两个维度把握贫困认知，有助于后 2020 时代相对贫困长效治理机制的构建。

第一节 贫困及贫困认知的概念界定

一、何为贫困

人类文明诞生以来，贫困问题就与人类的发展进程紧密相连。早在 19 世纪末 20 世纪初，英国学者查尔斯·布思和西伯姆·朗特里就尝试对贫困问题进行科学定义。查尔斯·布思以深度访谈的方式对东伦敦地区的贫困问题进行了研究，不仅第一次提出了"贫困线"（line of poverty）

的概念①,而且第一次明确地将社会不平等的视角引入贫困研究中,将贫困和社会流动紧密结合起来,并以"社会可接受的生活状态"作为衡量贫困的标准。②朗特里则借鉴了布思的研究方法和研究视角在约克郡开展研究,力图找到客观的、不可置疑的贫困标准,从而进一步推进了贫困研究。朗特里使用的贫困概念主要是"初级贫困"(primary poverty)而不是绝对贫困概念。所谓"初级贫困",指的这样一种状态:一个人或一群人因缺乏足够的资源而导致基本生存需要无法得到满足。③由于朗特里的贫困研究主要关注人的生存食物或营养需要,聚焦于生理生存的维持,没有太多地关注贫困的社会维度,因此,他被公认为绝对贫困研究的奠基人。

朗特里的贫困概念及测量方法因为缺乏社会视角而受到后来的贫困研究者的批评。例如,彼特·汤森认为,绝对贫困概念忽视了"人类需要"所嵌入其中的社会、历史和文化语境,因而是狭隘的。正是在强调社会维度的基础上,汤森在1979年出版的《英国的贫困:家庭财产和生活标准的测量》一书中提出了开拓性的相对贫困的概念:当人口中的个人、家庭和群体缺乏足够的资源来获得他们所属社会的饮食类型、参加社会公认的活动或拥有得到广泛认可的生活条件和便利设施时,他们可以说是处于贫困之中。他们的资源严重低于一般个人或家庭所支配的资源,实际上,他们被排斥在普通的生活模式和活动之外。④

尽管汤森提出的相对贫困概念在贫困研究学术史上具有革命性的意义,但在阿马蒂亚·森看来,不管是绝对贫困还是相对贫困,只要是贫困,就有其作为贫困问题的核心内容,也就是他所说的"贫困内核"。简言之,这个"贫困内核"就是饥饿与营养不良(starvation and malnutrition)。⑤"贫困内核"概念的提出打破了相对贫困与绝对贫困概念之间的

---

① Booth, C., *Life and Labour of the People in London* (London: Macmillan, 1892).

② Glennerster, H., "The context for Rowntree's contribution", in Glennerster, H., Hills, J., Piachaud, D., et al., *One Hundred Years of Poverty and Policy* (York: Joseph Rowntree Founcation, 2004), pp. 15 – 28.

③ Rowntree, B. S., *Poverty: A Study of Town Life* (London: Macmillan and Co. Press, 1901).

④ Townsend, P., *Poverty in the United Kingdom* (London: Penguin Books, 1979).

⑤ Sen, A., "Poor, Relatively Speaking", *Oxford Economic Papers*, vol. 35, no. 2 (Jul., 1983), pp. 153 – 169.

隔阂,让二者走向了和解。① 正是在森的影响下,联合国认为,"总体贫困"(overall poverty)作为一个连续谱的概念,更具可操作性,因为它既包含了体现绝对贫困的"绝对剥夺"因素,如有关食物、饮水、卫生条件等资源的剥夺,又包含了体现相对贫困的"相对剥夺"因素,如社会不平等、社会排斥、社会歧视等。②

在提出"贫困内核"的基础上,森建构了可行能力(capabilities)贫困分析框架,将社会权利、社会参与机会、社会剥夺等维度都纳入进来,试图形成对贫困问题的整体理解。③ 他从人的可行能力视角将贫困界定为人们创造收入、维持正常生活和参与社会活动的可行能力的剥夺。④ 森的可行能力贫困分析框架直接影响了联合国的反贫困议程和方案。1990年,可行能力贫困的理论框架被联合国开发计划署(The United Nations Development Programme, UNDP)采用并发展出了"人类发展指数"(Human Development Index, HDI),主要涵盖三大指标:出生时的预期寿命,预期受教育年数(包括成人识字率),购买力平价折算的实际人均国内生产总值。⑤ 1997年,联合国开发计划署在《人类发展报告》中进一步提出了"人类贫困指数"(Human Poverty Index, HPI)。2000年,联合国的千年发展目标(The Millennium Development Goals, MDGs)提出了包括消除贫困、普及小学教育等在内的八大目标,进一步奠定了多维贫困的理论基础。⑥

在中国,近年来专家和学者们也结合本国的实际情况,对贫困的内涵进行研究探讨。国家统计局有关贫困研究的两个课题组均指出,贫困一般

---

① 参见李棉管、岳经纶《相对贫困与治理的长效机制:从理论到政策》,《社会学研究》2020年第6期。

② United Nations, *The Copenhagen Declaration and Programme of Action* (New York: United Nations, 1995).

③ Sen, A., *Commodities and Capabilities* (Amsterdam: Elsevier Science Publishers, 1985).

④ Sen, A., *Poverty and Famines: An Essay on Entitlement and Deprivation* (New Delhi: Oxford University Press, 1982).

⑤ 参见吴高辉、岳经纶《面向2020年后的中国贫困治理:一个基于国际贫困理论与中国扶贫实践的分析框架》,《中国公共政策评论》2020年第1期。

⑥ 参见联合国开发计划署编《中国人类发展报告2009/10:迈向低碳经济和社会的可持续未来》,联合国计划开发署中国网,2013年10月9日,https://www.cn.undp.org/content/china/zh/home/library/human_development/china-human-development-report-2009-2010.html。

第二章　贫困认知的概念与内涵

是指物质生活困难，即一个人或一个家庭的生活水平达不到社会可接受的最低标准。他们缺乏某些必要的生活资料和服务，生活处于困境之地。[1]

童星和林闽钢在研究我国农村贫困标准线时指出，"贫困是经济、社会、文化落后的总称，是由低收入造成的缺乏生活所需的基本物质和服务以及没有发展的机会和手段这样一种生活状况"[2]。

唐钧在《确定中国城镇贫困线方法的探讨》一文中认为，贫困存在三个不同的层面：①贫困与"落后"或"困难"紧密联系，是一种社会上客观存在的生活状况，包括"经济、社会、文化"乃至"肉体和精神"各方面；②贫困是低于"最低"或者"最起码"的生活标准，是一种社会公认的社会评价；③贫困与"匮乏"息息相关，匮乏的表象是缺收入、物质和服务，但实际上是与阿马蒂亚·森所认为的可行能力贫困（capabilities poverty）有关的，是在"机会""能力"和"手段"上的匮乏。[3][4]

关信平在《中国城市贫困问题研究》一书中发表了他对贫困的观点："贫困是在特定的社会背景下，部分社会成员由于缺乏必要的资源而在一定程度上被剥夺了正常获得生活资料和参与经济和社会活动的权利，并使他们的生活持续地低于该社会的常规生活标准。"[5]

综观国内外对贫困概念的界定，可以发现，随着人类生活质量的提升，物质生活丰富程度从短缺社会到丰富社会过渡后，贫困的内涵和外延也发生了极大的拓展——由强调物质生存资料的绝对贫困状态，向注重权利、机会平等和能力提升的相对贫困状态延伸。[6]

据此，根据贫困概念的变化和内涵的拓展，我们可以对贫困本身及贫困相关的概念进行一个类型学的分析和总结。

---

[1] 参见国家统计局《中国城镇居民贫困问题研究》课题组《中国城镇居民贫困问题研究》，《统计研究》1991年第6期；《中国农村贫困标准》课题组《中国农村贫困标准研究》，《统计研究》1990年第6期。

[2] 童星、林闽钢：《我国农村贫困标准线研究》，《中国社会科学》1994年第3期。

[3] 参见唐钧《确定中国城镇贫困线方法的探讨》，《社会学研究》1997年第2期。

[4] 参见阿马蒂亚·森《以自由看待发展》，任赜、于真译，中国人民大学出版社，2002，第71页。

[5] 关信平：《中国城市贫困问题研究》，湖南人民出版社，1999，第54—58页。

[6] 参见杨国涛、周慧洁、李芸霞《贫困概念的内涵、演进与发展述评》，《宁夏大学学报（人文社会科学版）》2012年第6期。

第一种贫困类型是以家庭和个人为对象,对其经济收入、社会权利和所获得的社会服务、文化资源进行多维识别后确定的贫困身份,包括绝对贫困、相对贫困、能力贫困、权利贫困等。

第二种贫困类型是以地理空间和行政空间定义的,包括落后国家、落后地区、贫困地区、贫困县等;此外,根据户口类型和社区类别,还可以将贫困划分为城市贫困和农村贫困。

第三种贫困类型根据贫困的事实结果和状态转化,可以划分为静态贫困和动态贫困。前者主要指特定时点上的贫困问题,聚焦于已经发生的、静态的贫困事实,反映在特定时点上或较短时期内家庭或个体的贫困状态和面临的不利情形;动态贫困则关注在某一期间内,家庭或个体的贫困状态,如进入贫困、退出贫困或持续贫困等问题。

与此同时,与绝对贫困治理时期注重兜底和解决生存需要的目的不同,贫困的相对属性越来越引起人们的重视,一方面,贫困概念越来越注重对贫困群体的增能发展,通过调动贫困人群的发展潜力,提升其自主反贫困能力,从而切断贫困的代际循环;另一方面,与过去政府完全主导贫困治理的格局不同,社会公众也强化了对贫困状态的关注,包括对贫困群体、致贫原因、反贫困政策的关注度均日渐提升。从这个意义上讲,公众贫困认知很大程度上影响了反贫困项目的制定和实施,并进一步影响了国家贫困治理格局和反贫困政策的合法性构建。

二、贫困认知

(一)贫困认知的概念

20世纪70年代以来,"态度"(attitude)成为社会科学中日益广泛使用的术语。态度不仅是人们对现实世界体验的综合反映,还是对人们行为方式进行预测的重要因素。[1] 人们对贫困的态度、感知与体会在不同程度

---

[1] Cozzarelli, C., Wilkinson, A. V., Tagler, M. J., "Attitudes Toward the Poor and Attributions for Poverty", *Journal of Social Issues*, vol. 57, no. 2 (2001), pp. 207–227.

第二章 贫困认知的概念与内涵

上影响和塑造着公共政策的价值取向和公共行动的轨迹。在社会政策和福利国家研究领域，关于公众态度的研究一直占据着重要的位置，2010年出版的《牛津福利国家手册》就把公众态度作为福利国家的重要"输入"和"行动者"。[1] 诸如福利态度、对政府角色的态度、对收入再分配的态度等，如今都是社会政策研究中的常见议题。[2][3][4][5][6] 而对贫困的态度，即贫困认知或贫困感知（perception of poverty），虽然一直被学者们关注，但缺乏一个明确且清晰的定义。值得注意的是，贫困认知是一个拥有丰富内涵、反映人们主观判断的术语，并包含了以下两种特征。

1. 主体的多元性

贫困认知的主体主要表现在三类人群：精英（政策制定者、政府官员等）对贫困的态度、穷人对贫困的态度，以及普通社会公众对贫困的态度。

2. 多维性

贫困认知可细分为多个维度，包括主观贫困感知和福利态度。为什么贫困感知的研究如此重要？这是因为，公众对贫困的态度，直接影响其对待穷人的行为方式。如果有人认为贫穷具有耻辱、污名的色彩，那么其对穷人最直接的反应可能是疏远与排斥；而如果有人认为贫困是多种客观因素的产物，则可能对穷人展现出积极的责任感和同情心。与此同时，穷人也会根据他人对贫困的态度形塑自身的行为。因此，事实上公众和穷人对贫困的态度这两者是相互作用的关系。此外，贫困感知的重要性还体现在

---

[1] Castles, F. G., Leibfried, S., Lewis, J., et al., *The Oxford Handbook of The Welfare State* (Oxford: Oxford University Press, 2010).

[2] Coughlin, R. M., *Ideology, Public Opinion and Welfare Policy: Attitudes towards Taxes and Spending in Industrialized Societies* (Berkeley, CA: University of California, 1980).

[3] Svallfors, S., "The End of Class Politics? Structural Cleavages and Attitudes to Swedish Welfare Policies", *Acta Sociologica*, vol. 38, no. 1 (1995), pp. 53-74.

[4] Svallfors, S., *The Moral Economy of Class: Class and Attitudes in Comparative Perspective* (Stanford, CA: Stanford University Press, 2006).

[5] Taylor-Gooby, P., *Public Opinion, Ideology, and State Welfare* (London: Routledge & Kegan Paul, 1985).

[6] Taylor-Gooby, P., "The Future of Health Care in Six European Countries: The Views of Policy Elites", *International Journal of Health Services*, vol. 26, no. 2 (1996), pp. 203-219.

反贫困政策或反贫困项目的合法性和有效性上,① 具体来说,可以从穷人的感知中挖掘其福利需求,从精英的感知中预测政策的方向,从公众的感知中了解广大社会公众对政策的支持度。

(二) 三类群体的贫困认知

贫困认知包含的群体主要有三类:其一是深受贫困影响的穷人,他们对贫困的认知和态度直接反映其需求;其二是掌控政治、经济、社会、文化等各种资源的精英群体,他们的贫困认知通常体现在反贫困政策的制定和具体公共行动的实施上;其三是普通公众,他们的贫困感知被视为一个国家福利文化的重要组成部分,因为它不仅涉及福利制度的整体设计,而且还是具体福利项目或政策的合法性来源。② 基于此,下面将分别深入讨论三者的贫困认知。

1. 穷人对贫穷的认知

最早可以追溯到世界银行在 1992 年开始的"参与性贫困评估"(Participatory Poverty Assessment,PPA),该词源于一项促进国家贫困评估的实地研究。其时,世界银行为满足世界银行董事会对所有资金借入国进行"国家贫困评估"的要求,③ 相继对 50 多个国家和地区的 4 万多穷人进行评估。评估的四个主要议题如下:穷人是如何感知和定义贫困的;政府机构和非政府机构对穷人的生活有着怎样的影响机制;家庭中的性别关系对贫困发生着怎样的影响;如何缓解贫困与社会矛盾的关系。④ 参与式贫困评估主要从利益相关者的角度来理解贫困,而与贫困最直接的利益相关者则是陷于贫困的穷人。因此,参与式贫困评估让穷人直接参与到规划和行动的过程之中,并在此基础上为其提供服务。

---

① Niemelä, M., "Public and Social Security Officials' Attributions of Poverty in Finland", *European Journal of Social Security*, vol. 13, no. 3 (2011), pp. 351 – 371.

② Lepianka, D., Van Oorschot, W., Gelissen, J., "Popular Explanations of Poverty: A Critical Discussion of Empirical Research", *Journal of Social Policy*, vol. 38, no. 3 (2009), pp. 421 – 438.

③ Norton, A., Bird, B., Brock, K., et al., *A Rough Guide to PPAs: Participatory Poverty Assessment: An Introduction to Theory and Practice* (London: Overseas Development Institute, 2001).

④ 参见王小章、冯婷《精英对贫困问题的认知和精英的社会意识》,《江苏社会科学》2009 年第 4 期。

世界银行通过参与式贫困评估方法，从穷人的角度总结了关于贫困的五个重要结论：①关于贫困问题的维度不是单一的，而是多维的，贫困不仅表现在物质匮乏，还表现在心理、权利、教育、健康、安全感、独立地位、发言权等多方面的剥夺感；②通过穷人对自我处境的判断，表明政府的福利供给和穷人的福利需求存在不匹配情况，政府的反贫困政策对改变穷人处境的作用十分有限；③非政府组织在改变穷人处境方面的作用也收效甚微，因为穷人非常依赖自身积累的社会资本改变自身处境；④社会组织作为穷人仅有的互惠和信任载体，这一"保障"作用正逐渐弱化；⑤家庭抵御贫困的作用也逐渐弱化，并逐渐丧失了抑制贫困的效力。①

与此同时，世界银行也总结了参与式贫困评估在探索穷人贫困感知方面的优点：①参与式贫困评估的主体是贫困者本人，对自身处境十分清楚，对于消除自身贫困处境的需求十分迫切；②参与式贫困评估为贫困者提供了表达其真实意愿的机会，贫困认定过程实现了从"他定"到"自决"的转变；③参与式贫困评估能使反贫困政策制定者全面了解贫困户的需求，可以挖掘出穷人在物质和非物质方面的多重需要；④参与式贫困评估能促使扶贫策略优先考虑穷人的首要利益，并提出具有可行性的建议，并据此加强政府和社区在评估贫困状况和设计贫困政策的能力。②

2. 精英的贫困感知

从全球各个国家和地区的贫困治理经验来看，在反贫困公共政策的制定和政策执行中，精英发挥了主要作用。因此，深入了解精英对贫困问题的认知，可以理解并预测反贫困政策的走向。研究精英对贫困的认知需要提及一个重要概念——"社会意识"。德·斯旺（De Swaan）在对欧洲和美国的社会政策演变的研究中，将贫困对精英阶层的影响及精英阶层抑制贫困所产生的一系列感知称为"社会意识"。他认为精英对贫困有三方面的认知：①认识到各个社会群体之间的相互依存关系，特别是贫穷对这些群体所产生的外部性影响（正外部性和负外部性），既可能将穷人视为威

---

① 参见王小章、冯婷《精英对贫困问题的认知和精英的社会意识》，《江苏社会科学》2009年第4期。

② 参见卢彩珍《参与式贫困评估在中国的应用》，《贵州农业科学》2002年第6期。

胁（疾病传染、犯罪、叛乱等），也可能将穷人看作是潜在的机会（潜在的消费者、劳工、选民等）；②意识到作为精英阶层对改善穷人的处境负有一定的责任；③相信可以创造行之有效的方法来改变穷人的命运。①

精英对贫困的感知在"关于贫困的比较研究计划"（Comparative Research Programme on Poverty，CROP）项目中得到广泛的研究。② 自1999年开始，来自不同学科的学者们利用访谈、问卷调查等方法，研究了巴西、菲律宾、孟加拉国、海地、南非等五个发展中国家精英的贫困感知，得出了八项基本结论：第一，在多数国家，精英们都把贫困归咎于物质的匮乏，只有少数国家如海地的精英将贫困归因于文化层面；第二，精英们对贫困的认知并非来自对于贫困的亲身经历，而是通过间接经验与材料所形成的抽象化和一般化的感知；③ 第三，精英们对于"贫困的长期存在是在浪费有价值的人力资源"这一点缺乏足够的认识；第四，虽然精英们把贫困看作是社会问题，但是对贫困所产生的负外部性缺乏足够认知；第五，虽然不同国家的精英在贫困认知上的态度有所差异，但是据统计分析发现，他们对福利国家提供全面福利保障均缺乏兴趣；第六，精英们均认为教育是消除贫困的最好方式，因为他们普遍认为教育、劳动力水平与经济发展之间存在因果关系，能有效抑制贫困；第七，在所考察的国家之中，除孟加拉国的精英将非政府组织视为消除贫困的主要责任者外，精英们都认为消除贫困是国家责任；第八，尽管精英们认为国家是消除贫困的首要责任主体，但是除了南非那些与非洲国民议会联系在一起的精英外，其他精英对政府治理贫困的能力均持怀疑态度。④

国内关于精英对贫困认知的研究较少。王小章和冯婷参照德·斯旺的

---

① De Swaan, A., *In Care of the State: Health Care, Education and Welfare in Europe and the USA in the Modern Era* (Oxford: Polity Press, 1988).

② 国际社会科学理事会执行委员会在1991年5月决定，在国家间和学科之间探索建立一个交流贫困问题的国际平台，CROP得到发展，在北方国家和南方国家就国际社会关注的贫困问题展开研究。CROP现在已更名为GRIP（The Global Research Programme on Inequality）。

③ Reis, E., "Elite Perceptions of Poverty and Inequality", *Revista Brasileira de Ciências Sociais*, vol. 15, no. 42 (2000), pp. 143 - 152.

④ 参见王小章、冯婷《精英对贫困问题的认知和精英的社会意识》，《江苏社会科学》2009年第4期。

"社会意识"概念,检视了中国精英的"社会意识"状况,并尝试性地探讨了中国精英阶层的贫困认知。他们认为:①中国的精英阶层对于贫困的消极社会后果的认知是不充分的,因为事实上,贫困问题所导致的消极社会影响还要广泛得多,如传染病的滋生、群体事件的频发等;②关于克服贫困的责任意识,尽管中国的精英阶层将摆脱贫困的首要责任在于贫困者自身,在除贫困者自身之外的其他方面,又认为最主要责任在于国家(政府),但是精英阶层相比其他普通社会成员对解决贫困问题负有更大的责任;③中国的精英阶层在既有的生产力和经济发展水平下,能探寻出治理贫困、改善穷人境况的方法和途径,但对他们认定的这些方法途径是否能转变成现实的政策和行动这一问题,则难以确定。①

3. 普通公众对贫困的认知

20世纪80年代以来,随着福利国家的重建,公民的社会保护方式发生了变化,变得更具有选择性和条件性;因此,福利的提供不再具有天然的合法性,而是要从公众的态度中去获得福利国家建设的合法性。为此,需要探索公民的贫困感知,从公众的角度去理解福利获取的资格。不仅如此,福利和救济方案的慷慨程度也直接取决于公众对穷人的看法和对致贫原因的观点。换言之,了解公众的贫困感知,有助于了解一系列关于对穷人的救助问题,例如,穷人面临何种境况才能获得公共救助,哪些穷人理所应当得到救助。据此,了解普通公众的贫困认知,既可以帮助公众了解社会经济不平等的原因,也可以对反贫困政策的合法性和正当性进行回应,为反贫困政策的制定提供重要依据。②

德·斯旺通过对现代福利国家发展史的研究,对普通公众的贫困感知进行了总结,发现"就穷人是否值得救助"这一问题存在着三个共识,即"残疾"(disability)、"邻近"(proximity)和"顺从"(docility)。③ "残

---

① 参见王小章、冯婷《精英对贫困问题的认知和精英的社会意识》,《江苏社会科学》2009年第4期。
② Lepianka, D., Van Oorschot, W., Gelissen, J., "Popular Explanations of Poverty: A Critical Discussion of Empirical Research", *Journal of Social Policy*, vol. 38, no. 3 (2009), pp. 421–438.
③ De Swaan, A., *In Care of the State: Health Care, Education and Welfare in Europe and the USA in the Modern Era* (Oxford: Polity Press, 1988).

疾"意味着那些无法靠一己之力谋生的人，他们值得公共救助，但对于存在懒惰行为和福利依赖思想的人则不值得政府救助。"邻近"意味着是否值得救助存在着一定的社会范围，该范围的边界可以由亲属关系、地域关系、身份关系等来确定，例如，该穷人是否属于特定的家庭、城镇、社区、国家等，属于该范围内的人更有可能获得救助的资格；而不属于该范围的群体则更易被排除在外，比如，外国人享受本国的福利，少数民族享受主体民族的福利。"顺从"是指穷人在面临生活机会再分配时的被动程度。那些衣着体面并无所求的人被看作是可以享受救助资格的，而那些真正穷困的人却不被赋予享受福利的资格，这是因为穷人的诉求会被视为"无理要求"。因此，顺从政府官员的偏好显得十分重要，服从其政策主张会得到更加友好、更加优渥的待遇。[1]

除了德·斯旺的三条标准，威尔（J. Will）在使用美国综合社会调查数据对公众的贫困感知进行的研究中也发现：①大多数美国人认为，不应该让任何人置身于官方的贫困线以下；②无论穷人家庭的孩子面临何种贫困局面，都应该享受政府提供的救助，当家庭的孩子数量越多时，就越应该享受更高级别的救助标准，而且对于那些失业或身体残疾人群的救助标准也应更高；③美国公众认为，救助标准应该和致贫原因（无论是个人因素，还是外部结构性因素所致）相挂钩；④对于身陷贫困却仍尽心竭力帮助他人的人，应该给予更多的同情心与帮助。[2]

维姆·范·于肖特（Wim Van Oorschot）认为，威尔的研究遵循了五个维度的正当性标准：①控制，穷人越无法控制自身生活，就越有资格获得福利；②需求，穷人的需求越强烈，就越能享有福利；③身份，穷人的身份与富人越亲近，或者让富人感到"愉悦"，就越值得享受福利；④态度，穷人对福利项目表现得越服从、温顺，就越应该得到福利；⑤互惠性：精英与穷人互惠的可能性越大，例如，越能从穷人那里获得选票支

---

[1] Knegt, R., "Rule Application and Substantive Justice: Observation at a Public Assistance Bureau", *The Netherlands' Journal of Sociology*, vol. 23, no. 2 (1987), pp. 116–125.

[2] Will, J. A., "The Dimensions of Poverty: Public Perceptions of the Deserving Poor", *Social Science Research*, vol. 22, no. 3 (1993), pp. 312–332.

持，则对穷人的支持度越高。①②

（三）贫困认知税

"贫困认知税"（cognitive tax of poverty）也是与贫困认知相关的重要概念。"贫困认知税"作为揭示贫困本质的重要理论之一，认为贫困不仅是金钱和物质的匮乏，也是对贫困人口的心智（认知）在一定程度上的"掠夺"。其隐含的假设是：穷人所处的贫困情境会影响穷人的生计决策，在其进行决策时受到心理因素及社会因素的制约，使决策变得不合理。③换言之，即人们在进行决策时受到贫困情境的影响，导致其不能突破传统和封闭的思维桎梏，无法以发展的眼光进行决策，这就好比对个人"认知"进行征税，扭曲了决策行为，所产生的决策反而导致了更加严峻的贫困情形。

"贫困认知税"是贫困研究的新成果之一。2015 年，世界银行在《2015 年世界发展报告：思维、行为、结果》中对"贫困认知税"的研究成果进行了介绍，并指出，"贫困不单纯是缺钱，那种持续地、日复一日地与贫困紧密相连的艰难决策相当于对穷人的心理和社会资源征税，这种税加剧了认知的负担进而导致穷人做出产生持久贫困的相关决策"，这种"加剧认知负担的税"被称为"认知税"（cognitive tax）。④《2015 年世界发展报告：思维、行为、结果》为人们理解贫困，特别是理解和改变人的行为，提供了新的思路，并对社会和文化因素对人的决策和行为进行了深入的分析与研究。可以发现，"认知税"对贫困的理解与已有的贫困理论不尽相同，它更关注人的决策和行为，从穷人的决策过程切入，对"为什

---

① Van Oorschot, W., "Who Should Get What, and Why? On Deservingness Criteria and the Conditionality of Solidarity among the Public", *Policy and Politics*, vol. 28, no. 1 (2000), pp. 33–48.
② Will, J. A., "The Dimensions of Poverty: Public Perceptions of the Deserving Poor", *Social Science Research*, vol. 22, no. 3 (1993), pp. 312–332.
③ Mani, A., Kirkup, J., "The Cognitive Tax of Poverty: Implication for Policy Design", in Troeger, V. E. (ed.), *Which Way Now? Economic Policy after a Decade of Upheaval: A CAGE Policy Report* (London: The Social Market Foundation, 2019), pp. 50–56.
④ World Bank Group, *World Development Report 2015: Mind, Society and Behavior* (Durham: Duke University Press, 2014), p. 23.

么穷人一直穷""代际陷阱"等给出了全新的诠释,也为反贫困政策的制定与实施提供了新的理论支持。①

此外,在《2015年世界发展报告:思维、行为、结果》中提及的一个实验也详细地阐释说明了"贫困认知税"这一概念。在印度,种植甘蔗的农民一年仅有一次收入的机会,即收获甘蔗的季节。在收获前,他们因没有收入而陷入贫困,并很可能已经举债或典当了某些财物;但在收获之后,他们因此获得了收入,生活水平也发生了显著提升。研究者据此设计了一个实验:在农民获得甘蔗收入之前和之后分别对他们做认知测试,并对其智力进行评分。研究发现,种植甘蔗的农民在获得收入之后的表现要比获得甘蔗收入之前的表现强得多,前后大约相差10分的智商。② 从这个实验可以看到,贫困事实消耗(或剥夺)了贫困群体的一部分认知才智,变相地向贫困者征收了"认知税"。

进一步而言,"贫困认知税"具体表现在三个方面:一是贫困消耗了贫困户的认知资源,加剧了贫困群体的认知负担。例如,在扶贫项目申请中,贫困户会面临复杂的申请程序,不仅耗费其大量的认知资源,还可能会减弱部分贫困户的积极性。二是贫困事实对贫困户灌输了一种贫困思维模式,导致贫困户缺少足够的自信,而外界的刻板印象和自身的短视效应会进一步导致贫困户无法正视自身能力,并表现出对利用财富机会的迟钝性。三是贫困情境会产生"社会资本税"。在贫困情境下,非正式制度或社会习俗往往弥补了正式制度不健全的缺点。穷人由于其正式的社会保险和信用借贷覆盖有限,在收入受到冲击的时候,通常只能求助于家庭成员、亲戚、邻居等有限的社会网络关系,虽然在短期能帮助他们解决燃眉之急,但是其代价不容忽视。一方面,它并不是一种高效地提升穷人福利的方式;另一方面,它"绑架"了所有的人,特别是牺牲了那些经常

---

① 参见丁建军《"认知税":贫困研究的新进展》,《中南大学学报(社会科学版)》2016年第3期。
② World Bank Group, *World Development Report* 2015: *Mind, Society and Behavior* (Durham: Duke University Press, 2014), p. 82.

"付出"的人的投资机会。①（见图2-1）

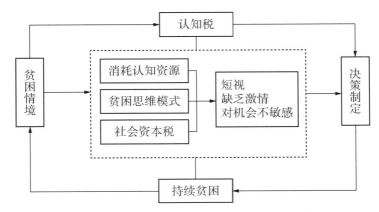

图2-1 "贫困认知税"与基于决策过程的"贫困陷阱"机理

资料来源：参见丁建军《"认知税"：贫困研究的新进展》，《中南大学学报（社会科学版）》2016年第3期。

目前，国内仅有少数文献涉及这一议题，已有研究基于世界银行对"贫困认知税"的相关概念进行了介绍，并启发了中国贫困治理特别是精准扶贫时期以来的反贫困政策的制定与执行。② 同时，"贫困认知税"被视为贫困群众脱贫致富内生动力的限制性条件，据此，有学者提出在贫困治理的相关政策实践中，可以采取简化项目申请程序，选取认知能力高的时机，改变帮扶对象和帮扶项目的称呼以传递积极信息，改变扶贫部门、社会福利部门和失业救济部门等部门的工作人员对贫困群众的刻板印象，改善贫困地区公共服务建设等措施，消减"贫困认知税"及其消极影响，最大限度地激发贫困群众脱贫致富的内生动力。③

此外，还应注重贫困户思维的转换。由于个人的思维往往会影响到决

---

① 参见丁建军《"认知税"：贫困研究的新进展》，《中南大学学报（社会科学版）》2016年第3期。
② 参见李晓乐《基于贫困认知税下激发贫困群众脱贫的对策研究》，《中外企业家》2019年第19期。
③ 参见顾世春《激发贫困群众脱贫致富的内生动力研究——从"贫困认知税"的视角》，《沈阳干部学刊》2018年第1期。

策，贫困情景会使贫困户产生一种消极的认知模式。① 就中国的贫困治理场景而言，特别是在相对贫困治理的背景下，为了激发贫困群众脱贫，转变贫困思维尤为重要，即通过转变贫困思维，实现自我增能来改变认知模式。例如，对贫困者实施帮扶时，可以将称谓和标签转变成积极、肯定的信息，重点关注穷人参与干预项目决策时的自我认知，避免帮扶对象感到羞愧、尴尬；也可以通过小规模的实验来验证帮扶对象的具体反应，鼓励被帮扶者的自我表现与自我肯定，确定帮扶项目得到成效之后再进行大区域推广。②

第二节　贫困认知的维度之一：主观贫困

一、主观贫困的概念

随着贫困内涵的不断深化和扩展，客观贫困的认定标准所暴露出的弊端已然不能对现实贫困进行全面的测量。主观贫困（subjective poverty）于是逐渐吸引了贫困研究界的注意力，并出现了由"客观"的他定到"主观"的自决贫困认定标准的转型。

（一）"他定"到"自决"：主观贫困线的运用与变化

20世纪70年代，荷兰莱顿大学的一组经济学家和统计学家开发了一套新的贫困衡量标准。他们是主观贫困研究的开拓者，代表人物有Goedhart、Kapteyn和Van Praag等人。他们的研究基于"个人本身是对自身状况的最佳判断"的假设。根据这种假设，从货币角度看，被归类为穷人的

---

① Dean, E. B., Schilbach, F., Schofield, H., "Poverty and Cognitive Function", in Barrett, C. B., Carter, M. R., Chavas, J.-P. (eds.), *The Economics of Poverty Traps* (2019) (Chicago: University of Chicago Press, 2018), pp. 57–118.

② 参见李晓乐《基于贫困认知税下激发贫困群众脱贫的对策研究》，《中外企业家》2019年第19期。

人或家庭可能不会感到贫穷；而从客观标准看，是穷人的人可能不会感到贫穷。

他们通过询问的方式对户主家庭最低收入水平进行调查，发现被调查者所指出的数额与家庭规模之间呈对数线性关系，当被调查者所声称的最低收入与其实际收入相吻合时，该家庭的贫困线就被确定下来。[①] 除了询问收入的主观贫困测量方法，Van Praag、Goedhart 和 Kapteyn 通过对欧洲 10 个国家的样本数据进行回归分析和交叉法，进一步验证了家庭规模与贫困线之间的关系，但是他们也提出该结果还需要基于更大的样本量进行检验。[②] 为了进一步检验主观贫困是否具有可行性，Muffels、Van den Bosch 和 Callan 使用了欧洲共同体 7 个国家和地区的社会经济调查数据，并通过对比由主观贫困和相对贫困所确定的贫困线，发现虽然主观贫困标准的水平相当高，但是主观贫困线也是切实可行的。[③] Danziger 等人运用直接问答的调查方式，结合美国幸福感数据计算出了主观贫困线，其研究结果发现：主观贫困线高于官方公布的贫困线。[④]

关于主观贫困的研究仍处于探索性阶段，例如，Hegenaars 和 Van Pragg 通过对 1979 年欧洲 8 个国家调查数据的实证研究提出，主观贫困既不是绝对的，也不是相对的，而是基于人们对贫困的感知，在一定程度上表现为绝对贫困和相对贫困的混合。[⑤] 总的来说，主观贫困线的确定方法

[①] Goedhart, T., Halberstadt, V., Kapteyn, A., et al., "The Poverty Line: Concept and Measurement", *Journal of Human Resources*, vol. 12, no. 4 (1977), pp. 503 – 520.

[②] Van Praag, B., Goedhart T., Kapteyn, A., "The Poverty Line: A Pilot Survey in Europe", *The Review of Economics and Statistics*, vol. 62, no. 3 (1980), pp. 461 – 465.

[③] Muffels, R. J. A., Van den Bosch, K., Callan, T., "A comparison of poverty in seven European countries and regions using subjective and relative measures", *WORC Paper* 2, Tilburg University, Work and Organization Research Centre, 1993.

[④] Danziger, S., Van der Gaag, J., Taussig, M. K., et al., "The Direct Measurement of Welfare Levels: How Much Does it Cost to Make Ends Meet?", *The Review of Economics and Statistics*, vol. 66, no. 3 (1984), pp. 500 – 505.

[⑤] Hagenaars, A. J. M., Van Praag, B., "A Synthesis of Poverty Line Definitions", *Review of Income and Wealth*, vol. 31, no. 2 (1985), pp. 139 – 154.

主要有三种[1][2]：SPL 型（subjective poverty line）[3][4]、LPL 型（Leyden poverty line）[5][6]、CSP 型（Centre for Social Policy poverty line）[7]，这三种类型都是基于受访者对自我经济状况的判断数据进行分析，从而算出贫困线的。（见表 2 - 1）

表 2 - 1　主观贫困线测度

主观贫困线类型	主要特征	调查问题举例	代表文献
SPL 型	基于询问受访者维持生活的家庭最低收入问题	就你的情况而言，你认为能维持你家庭生活正常运行的最低收入是多少？	Goedhart 等人（1977）Van Praag 等人（1980）
LPL 型	基于询问受访者对于家庭不同收入水平的评价问题	请问符合如下标准时，你认为你相应的家庭收入水平如何？1. 非常差____；2. 差____；3. 不足____；4. 足够____；5. 好____；6. 非常好____	Goedhart 等人（1977）Kapteyn 等人（1985）

---

[1] Flik, R., Van Praag, B., "Subjective Poverty Line Definitions", *The Economist*, vol. 139, no. 3 (1991), pp. 311 - 330.

[2] 参见左停、杨雨鑫《重塑贫困认知：主观贫困研究框架及其对当前中国反贫困的启示》，《贵州社会科学》2013 年第 9 期。

[3] Goedhart, T., Halberstadt, V., Kapteyn, A., et al., "The Poverty Line: Concept and Measurement", *Journal of Human Resources*, vol. 12, no. 4 (1977), pp. 503 - 520.

[4] Van Praag, B., Goedhart T., Kapteyn, A., "The Poverty Line: A Pilot Survey in Europe", *The Review of Economics and Statistics*, vol. 62, no. 3 (1980), pp. 461 - 465.

[5] Goedhart, T., Halberstadt, V., Kapteyn, A., et al., "The Poverty Line: Concept and Measurement", *Journal of Human Resources*, vol. 12, no. 4 (1977), pp. 503 - 520.

[6] Kapteyn, A., Van de Geer, S., Van de Stadt, H., "The Impact of Changes in Income and Family Composition on Subjective Measures of Well-being", in David, M., Smeeding, T. (eds.), *Horizontal Equity, Uncertainty and Economic Well-being* (Chicago: University of Chicago Press, 1985).

[7] Pradhan, M., Ravallion, M., "Measuring Poverty Using Qualitative Perceptions of Consumption Adequacy", *Review of Economics and Statistics*, vol. 82, no. 3 (2000), pp. 462 - 471.

续表 2-1

主观贫困线类型	主要特征	调查问题举例	代表文献
CSP 型	基于询问受访者对于可支配收入在维持生活需要的时间程度的问题	请问你家实际收入能否维持生活的正常运行？1. 很不够；2. 不太够；3. 刚够；4. 较轻松；5. 非常轻松	Pradhan 和 Ravallion（2000）

资料来源：参见左停、杨雨鑫《重塑贫困认知：主观贫困研究框架及其对当前中国反贫困的启示》，《贵州社会科学》2013 年第 9 期。

测量主观贫困线的方法很好地弥补了客观贫困测度中维持生计和基本需要难以度量的症结，成为客观贫困线的重要补充。不仅如此，其在理念上更是弥补了仅由政府和政策精英等"他者"对贫困进行认定所造成的弊端，从而在贫困认定的问题上具有对普通公众民主和赋权的意味。但是，主观贫困的测量也存在效度问题，采用主观询问的方式得到的研究结果很容易受到提问者主观认知的影响，而且受访者个体对贫困标准的真实认知也存在着差异。在不同的社会经济背景下，主观贫困是不同的。家庭类型（如家庭成员的数量），以及个人社会经济特征（如性别、年龄、教育程度、工作年限和收入等），都会对主观贫困的认知带来影响。更为严重的是，主观贫困线仍然是基于收入或者消费为依托的单一"物质"贫困线，因而对贫困内涵的理解依然停留在与经济收入密切相关的范围内，仍然没有超越对传统贫困的理解。[①]

从主观贫困角度去探索民众的贫困认知，体现了贫困"自决"的特征，有利于挖掘民众的福利需求，弥补客观贫困"他定"的不足，从而实现向"人类需要本位"的转变。主观贫困研究对反贫困政策的价值不仅可以体现"赋权"色彩的理念背后所彰显的人文关怀，还可以打破以往客观贫困研究具有的"精英主义"色彩，令普通民众能反映自己的福利需求，令反贫困政策能满足人类的需要，并向"人类需要本位"的社会保障方向

---

① 参见左停、杨雨鑫《重塑贫困认知：主观贫困研究框架及其对当前中国反贫困的启示》，《贵州社会科学》2013 年第 9 期。

转变。①

（二）从单一向多维：主观贫困认知和多维福利贫困

传统的主观贫困测量方法（SPL、LPL、CSP）的转型发端于阿马蒂亚·森的多维贫困（multidimensional poverty）理论。多维贫困的核心观点是，贫困不仅包括表现在经济收入、公共交通、卫生健康、用水安全、教育等客观指标的贫困，还包括表现在对福利主观感受的贫困。衡量个人福利状况主要包括两方面的测量：一方面是每个人在社会中获得的客观福利（如收入），另一方面是每个人对其生活状况的主观评价。② 主观贫困的测量不再局限于询问收入这一单一维度，而是转变为综合性和整体性更高的"幸福感"或"生活满意度"感知调查。这是因为主观贫困是公众经历现实世界后心理感受的直接映射。③ Flik 和 Van Praag 在 1991 年也提出可以用个体的主观幸福感来衡量贫困。这种主观幸福感的测度方式④主要是基于心理学家 Cantril 的"自我定级量表"⑤而制定的，受访者可以根据这个量表对自己的生活状况进行定级测度，然后再根据测度结果做出判定。21 世纪以来，这种测量主观贫困的方法得到了推广。国外学者对主观福利和生活满意度进行了广泛的研究，并将主观贫困的研究类型划分为理论分析型和实证分析研究型两种。其中，理论分析型研究，如 Flik 和 Van Praag 提出的被扩展为主观多维贫困的概念，⑥认为不同领域的生活满意度缺乏对应着不同类型的贫困，主观多维贫困理论是研究贫困问题必不可少的

---

① 参见岳经纶《社会政策学视野下的中国社会保障制度建设——从社会身份本位到人类需要本位》，《公共行政评论》2008 年第 4 期。
② 参见王小林、Alkire S.《中国多维贫困测量：估计和政策含义》，《中国农村经济》2009 年第 12 期。
③ 参见田雅娟、刘强、冯亮《中国居民家庭的主观贫困感受研究》，《统计研究》2019 年第 1 期。
④ Flik, R., Van Praag, B., "Subjective Poverty Line Definitions", *The Economist*, vol. 139, no. 3 (1991), pp. 311–330.
⑤ Cantril, H., *The Pattern of Human Concerns* (New Brunswick: Rutgers University Press, 1965).
⑥ Flik, R., Van Praag, B., "Subjective Poverty Line Definitions", *The Economist*, vol. 139, no. 3 (1991), pp. 311–330.

工具。

相比数量较少的构建理论的理论分析型研究,实证分析型研究得到更多的青睐。例如,Fuentes 和 Rojas 使用墨西哥的调查数据,用主观幸福感来定义主观贫困;① 他们认为,主观贫困是比收入贫困更宽泛的概念,因为两种方法所界定的贫困人口是严重不一致的;并且发现,为人们提供收入并不能提高个体福利,故建议政策制定者不应该只关心如何使人们摆脱收入贫困,而是要注重提高人们的生活满意度。Mahmood、Yu 和 Klasen 根据 2010 年巴基斯坦家庭调查数据发现,客观贫困与主观贫困的成因不同,并认为减贫政策是首要关注的影响因素,且在政策执行过程中应有针对性地采取相应的措施。②

当前,国内对主观福利贫困的研究还处于起步阶段,主要体现在测量描述和影响因素的分析方面。田雅娟等人通过中国社会状况综合调查(Chinese Social Survey,CSS)2015 年数据发现,"居民主观上的贫困感受不仅受到家庭收入水平的影响,而且家庭规模、人口结构、教育水平、资产积累、医疗支出、家庭遭遇困境事件和居住位置等因素均会显著改变主观贫困发生的概率"③。王小林等人利用 2006 年中国健康与营养调查数据,研究了中国老年人主观福利及其贫困状态,发现中国农村老年人的主观贫困发生率高于客观贫困发生率。不仅如此,他们还根据对生活满意度和幸福感产生影响的经济因素和非经济因素,将主观福利总结为四个理论——绝对理论、相对理论、适应理论和期望理论(见表 2-2)。④

---

① Fuentes, N., Rojas, M., "Economic Theory and Subjective Well-being: Mexico", *Social Indicators Research*, vol. 53, no. 3 (2001), pp. 289–314.
② Mahmood, T., Yu, X., Klasen, S., "Do the Poor Really Feel Poor? Comparing Objective Poverty with Subjective Poverty in Pakistan", *Social Indicators Research*, vol. 142, no. 2 (2019), pp. 543–580.
③ 田雅娟、刘强、冯亮:《中国居民家庭的主观贫困感受研究》,《统计研究》2019 年第 1 期。
④ 参见王小林、尚晓援、徐丽萍《中国老年人主观福利及贫困状态研究》,《山东社会科学》2012 年第 4 期。

表2-2 主观福利的四种理论

理论类型	主要论点	代表文献
绝对理论	幸福感或生活满意度随着绝对收入的增长而不成比例地提高,当增长到一定程度时,幸福感提高的比例随着绝对收入增长的比例而递减	Frey 和 Stutzer[1]（2002）
相对理论	幸福感或生活满意度主要依赖相对收入。以个体曾经的或别人的收入为参照系。当个体发现目前的收入状况不如别人或以前时,其幸福感或生活满意度就会降低	Kingdon 和 Knight[2]（2006）
适应理论	个体处理积极/消极事件的情感能力与个体的幸福感和生活满意度有着深刻的关系	Brickman 等人[3]（1978）
期望理论	个体的预期会决定幸福感或生活满意度。无论收入如何,如果个体认为已达到预期就会感到幸福,反之则感到不幸福	Fuentes 和 Rojas[4]（2001）

资料来源：参见王小林、尚晓援、徐丽萍《中国老年人主观福利及贫困状态研究》，《山东社会科学》2012年第4期。

二、主观贫困的归因

贫困归因的实证研究吸引了大量社会心理学家的关注。心理学领域对贫困认知的研究有两种：一种是对穷人心理过程特征的调查，另一种是对

---

[1] Frey, B. S., Stutzer A., "What Can Economists Learn from Happiness Research?", *Journal of Economic Literature*, vol. 40, no. 2 (2002), pp. 402-435.

[2] Kingdon, G. G., Knight, J., "Subjective Well-being Poverty Versus Income Poverty and Capabilities Poverty?", *Journal of Development Studies*, vol. 42, no. 7 (2006), pp. 1199-1224.

[3] Brickman, P., Coates, D., Janoff-Bulman, R., "Lottery Winners and Accident Victims: Is Happiness Relative?", *Journal of Personality & Social Psychology*, vol. 36, no. 8 (1978), pp. 917-927.

[4] Fuentes, N., Rojas, M., "Economic Theory and Subjective Well-being: Mexico", *Social Indicators Research*, vol. 53, no. 3 (2001), pp. 289-314.

贫困的本质和贫困原因的解释。[1] 相关研究提出了各种产生贫困的因素，例如，外控点（external locus of control）[2]、不稳定的家庭环境[3]、未来成功的预期[4]、缺乏社会技能[5]、过度依赖[6]、更多的婚前性行为[7]、较低的受教育水平等[8]。心理学领域对贫困的归因研究主要关注个人因素，而忽视了伴随贫困长期存在的社会结构、社会政治过程和社会制度的影响，导致传统心理学的研究并不全面。在此之后，主观贫困的归因的研究激发了广大社会政策学者的兴趣，期望于弥补社会心理学的解释局限，并由此总结出若干具有代表性的解释机制。

（一）个人主义、社会结构和宿命论

在主观贫困归因感知的研究中，费金（J. Feagin）的研究十分具有代表性。他在1969年开展的一项试点研究中，随机调查了美国1017名成年受访者对11种致贫原因的态度，之后，将这些原因总结为三类：第一种是个人主义，即将贫困的责任主要归咎于穷人自身，例如，缺乏节俭、缺乏努力或者说懒惰、性生活不检点、道德约束不够、吸毒、酗酒等；第二种是结构性因素，即贫困主要由外部社会和经济力量造成，例如，缺乏教育、工资过低、偏见和歧视、工作机会少、工会力量弱等；第三种是宿命

---

[1] Furnham, A. F., "Why are the Poor Always with Us? Explanations for Poverty in Britain", *British Journal of Social Psychology*, vol. 21, no. 4 (1982), pp. 311–322.

[2] Gurin, G., Gurin, P., "Expectancy Theory in the Study of Poverty", *Journal of Social Issues*, vol. 26, no. 2 (1970), pp. 83–104.

[3] Miller, S. M., "The American Lower Classes: A Typological Approach", *Sociology and social research*, no. 48 (1964), pp. 281–288.

[4] Gurin, G., Gurin, P., "Expectancy Theory in the Study of Poverty", *Journal of Social Issues*, vol. 26, no. 2 (1970), pp. 83–104.

[5] Beiser, M., "Poverty, Social Disintegration and Personality", *Journal of Social Issues*, vol. 21, no. 1 (2010), pp. 56–78.

[6] Burgess, M. E., "Poverty and Dependency: Some Selected Characteristics", *Journal of Social Issues*, vol. 21, no. 1 (1965), pp. 79–97.

[7] Kinsey, A. C., Pomeroy, W. B., Martin, C. E., *Sexual Behavior in the Human Male* (Philadelphia: Saunders, 1948).

[8] Straus, M. A., "Deferred Gratification, Social Class, and the Achievement Syndrome", *American Sociological Review*, vol. 27, no. 3 (1962), pp. 326–335.

论，即贫困是因为运气不好、疾病缠身等。费金发现，不同人群对贫困归因的态度迥然不同，美国的黑人新教徒和犹太人、30岁以下的人群、受教育程度较低的群体将贫困归咎于结构性因素，而在美国南部、北部和中部地区的白人新教徒和天主教徒、50岁以上的人群、收入在4000～10000美元的中等收入阶层，以及受过中等教育水平的人群主要将贫困归因为个人主义。费金还发现，致贫原因与反贫困政策支持度之间存在着关联性，将致贫因素归结为个人主义的群体对反贫困政策持消极态度，而将致贫因素归咎于社会结构的群体则更倾向于支持反贫困政策。[①]

其他国家的学者也基于本国实情对主观贫困归因进行了探究。Feather基于澳大利亚政府部门对减贫的关注，在澳大利亚第五大城市阿德莱德（Adelaide）都市地区进行抽样调查，就主观贫困归因的11个因素展开分析，[②] 并与美国的样本进行横向比较，试图进行跨文化和代际差异的比较分析。研究发现，阿德莱德的样本结果与费金的研究大体上相似，即贫困归因的重要性顺序大致相当，例如，阿德莱德人和美国人都认为资金管理、节俭等因素重要，缺乏运气等因素则不重要；同时，研究也发现，与美国人相比，阿德莱德人不会将贫困归咎于个人主义，但更重视因疾病和残疾引起的个人不幸，以及社会结构性或社会经济因素（如未能得到良好的教育等）。此外，两者针对11项贫困归因解释的回答也存在一些显著差异，这些解释根据宗教、教育、收入和年龄进行了区分，但是最主要的差异在于年龄，相比老年人，年轻人不会将贫困归因于个人主义，也不支持新教伦理精神；而新教伦理精神在美国则更受重视，美国人认为偏见和歧视是导致贫困的重要因素，这有可能是因为在美国社会中少数族裔人群更容易受到歧视。需要注意的是，在样本的代表性上，阿德莱德只是澳大利亚的一个城市，其调查数据不能代表整个国家，因此，要想得出更加准确和使人信服的结论，还需要更加完备的数据。

虽然费金将11种主观贫困归因的解释划分为三类：个人主义、结构

---

① Feagin, J. R., "Poverty: We Still Believe That God Helps Those Who Help Themselves", *Psychology Today*, vol. 6, no. 6 (1972), pp. 101–129.

② Feather, N. T., "Explanations of Poverty in Australian and American Samples: The Person, Society, or Fate?", *Australian Journal of Psychology*, vol. 26, no. 3 (1974), pp. 199–216.

因素和宿命论,[①] 学者们也就这三种分类进行了广泛的研究,但是,其在解释贫困归因的问题上仍然遭到诸多质疑。弗纳姆(Adrian Furnham)认为:首先,在测量研究对象的贫困认知时,只使用三分类量表(即非常、有些、没有)来评价贫困解释的重要性,与五分类或者七分类量表相比显得更为粗糙;其次,研究对象比较单一,即调查对象以普通公众为主,没有特别关注特殊群体(如贫困户、老人、妇女等弱势群体)的贫困感知,由于不同群体的社会经历不同,将更多特殊群体的态度纳入研究,才能极大地扩展对贫困的解释和认知;最后,费金提出的11个贫困归因在解释一个国家内部贫困的时候往往显得不够用,因为还有其他致贫原因尚未被纳入个人主义、结构因素和宿命论三分的类型学中。[②][③]

随着主观贫困认知研究的深入,越来越多的研究关注国别的比较,将产生贫困的原因从个人特征扩展到国别体制的差异。Kim等人使用卢森堡第五次收入调查和比较福利国家数据,用广义线性模型从个人和国家层面分析了对贫困发生概率的影响,同时探讨不同类型福利国家的贫困水平是否存在差异,以及造成这些差异的原因。研究发现,所有家庭层面的个体变量,如年龄、性别、婚姻状况、受教育程度和户主的就业状况等都与贫困发生的总体概率显著相关,但是,在国家层面的变量只有公共社会开支占GDP的比例具有显著影响,[④] 这表明,贫困发生的概率不仅与人力资本要素有关,还和国家层面的特征有关。

该发现有着重要的政策含义:首先,反贫困政策需要关注人力资本要素,个人的受教育程度越高、年龄越符合劳动需求、劳动力市场的参与度越高或技能越专业化,就能获得越高的收入,[⑤] 并越能远离贫困;其次,

---

① Feagin, J. R., "Poverty: We Still Believe That God Helps Those Who Help Themselves", *Psychology Today*, vol. 6, no. 6 (1972), pp. 101–129.

② Furnham, A., "The Perception of Poverty among Adolescents", *Journal of Adolescence*, vol. 5, no. 2 (1982), pp. 135–147.

③ Oppenheim A., *Questionnaire Design and Attitude Measurement* (London: Heinemann, 1966).

④ Kim, K.-S., Lee, Y., Lee, Y.-J., "A Multilevel Analysis of Factors Related to Poverty in Welfare States", *Social Indicators Research*, vol. 99, no. 3 (2010), pp. 391–404.

⑤ Becker, G. S., *Human Capital: A Theoretical and Empirical Analysis, with Special Reference to Education* (New York: Columbia University Press, 1975).

国家的贫困水平与公共社会支出占国内生产总值的比重之间存在负相关关系，这表明国家福利支出在抑制贫困方面发挥着重要作用。Costa 和 Dias 对 15 个欧盟国家的公众进行了贫困认知调查，发现各国公众的贫困认知存在差异。研究发现，尽管淡化了个体或者微观层面对贫困的解释，但仍存在部分公众过分强调个人主义，将贫穷的责任归咎于穷人自身的现象。在国家或宏观的层面，发达地区的公众更倾向于相信造成贫困的原因是个人主义和宿命论，而最不发达的地区公众则以社会不公正来解释贫穷。[1]

关于主观贫困归因感知的研究，除了从普通公众与国家层面探讨贫困归因以外，对不同群体之间进行比较研究同样也是研究的主流。弗纳姆以两组来自不同性质学校（综合学校与公学）[2] 的英国青少年为研究对象，要求他们指出所列举的各种原因对解释贫困的重要性。结果发现，公学的男生倾向于将贫困归咎于个人主义，例如，缺乏节俭、没有适当的资金管理、没有提升自我的尝试等，[3] 而综合学校的学生则倾向于将贫困归因为结构性因素，其中，最重要的两个解释是没有提供足够的工作岗位和企业的工资偏低。但两个群体在贫困认知上也具有一致性，他们均认为宿命论的影响是不重要的。Samuel 和 Ernest 对大专院校学生的研究得出，受访者最倾向于将贫困归因于个人努力，而最不支持结构性的解释。[4] 但也存在其他不同的解释，Hakovirta 和 Kallio 的研究认为，学生的认知取决于学生的经济阶层、都市地位和受教育水平。[5] Bullock 比较了 112 位中产阶级和 124 位福利受惠者非随机样本对贫困的解释和认知，发现中产阶级受访者更倾向于个人主义解释，而穷人群体则更倾向于结构性解释，例如，失业

---

[1] Costa, L. P., Dias, J. G., "Perceptions of Poverty Attributions in Europe: A Multilevel Mixture Model Approach", *Quality & Quantity*, vol. 48, no. 3 (2014), pp. 1409 – 1419.

[2] 英国的学校种类可以分为综合学校（comprehensive school）、文法学校（grammar school）和公学（public school，实际上是私立学校），后两者是以学术为导向的，为学有余力的孩子准备的，其他多数人上的都是综合学校。

[3] Furnham, A., "The Perception of Poverty among Adolescents", *Journal of Adolescence*, vol. 5, no. 2 (1982), pp. 135 – 147.

[4] Samuel, Y. A., Ernest, K., "Attributions for Poverty: A Survey of Student's Perception", *International Review of Management and Marketing*, vol. 2, no. 2 (2012), pp. 83 – 91.

[5] Hakovirta, M., Kallio, J., "Children's Perceptions of Poverty", *Child Indicators Research*, vol. 9, no. 2 (2016), pp. 317 – 334.

第二章 贫困认知的概念与内涵

人群更喜欢将贫困归咎于结构性原因而不是自身的问题。[1] 这一发现解释了贫困归因与既有的主观认知的相关关系，即行动者（福利受惠者）倾向于用自身的情景来解释自己的行为，而观察者（受访的中产阶级）则倾向于根据性格、角色来解释行为人的行为。[2] 该研究还发现，在对待福利制度和福利受惠者的态度上，女性比男性持更加积极、宽容的态度，男性常常对福利受惠者和福利制度持轻蔑态度。

关于贫困认知的比较，还可以就政策制定者和公众的认知进行比较，进行横向比较研究的好处是，既可以从政策制定者的认知中了解政策的走向，还可以比较政策制定者和公众态度的一致性，从而判断两者认知距离的远近。[3][4][5] Niemelä 对一线社会保障官员与公众的贫困归因态度进行了比较，发现社会保障官员和公众在部分贫困认知上存在共识：均认为贫困是由缺乏适当的资金管理、技能和工作机会造成的；但是，在将贫困归因为个人主义方面则存在显著差异。无论以何种方式对穷人进行分类，公众比官员更倾向于将贫困归因于个人主义，官员则比公众更加强调当前社会保障水平过低。由此可以看出，官员基于对社会保障的专业知识判断，更倾向于将贫困归因于结构性因素。[6]

（二）责任还是命运？个人还是社会？

以费金的研究为基点，后来的学者们在解释贫困成因的研究时，大多是在三类贫困解释维度（个人主义、结构因素和宿命论）上的拓展和深

---

[1] Bullock, H., "Attributions for Poverty: A Comparison of Middle-Class and Welfare Recipient Attitudes", *Journal of Applied Social Psychology*, vol. 29, no. 10 (1999), pp. 2059-2082.

[2] Kelley, H. H., Michela, J. L., "Attribution Theory and Research", *Annual Review of Psychology*, vol. 31, no. 1 (1980), pp. 457-501.

[3] Feather, N. T., "Explanations of Poverty in Australian and American Samples: The Person, Society, or Fate?", *Australian Journal of Psychology*, vol. 26, no. 3 (1974), pp. 199-216.

[4] Kluegel, J. R., Smith, E. R., *Beliefs about Inequality: Americans' Views of What Is and What Ought to Be* (New York: Aldine de Gruyter, 1986).

[5] Morçöl, G., "Lay Explanations for Poverty in Turkey and Their Determinants", *Journal of Social Psychology*, vol. 137, no. 6 (1997), pp. 728-738.

[6] Niemelä, M., "Public and Social Security Officials' Attributions of Poverty in Finland", *European Journal of Social Security*, vol. 13, no. 3 (2011), pp. 351-371.

入。事实上，贫困归因三类型学无法解释一个国家内部所出现的所有贫困现象。

正如 Halman 和 Van Oorschot 所指出的，在解释贫困的过程中，似乎涉及两个问题：第一个问题是导致贫困的因素到底是可控的，还是难以避免的；第二个问题是贫穷是个人因素造成的，还是社会因素造成的。[1] 其实，将这两个维度结合起来便可实现对贫困归因类型学的扩展，将费金的三类型学扩展为四类型学的解释。Van Oorschot 和 Halman 在现有理论和实证研究的基础上，探讨了对贫困的普遍性解释，如表 2-3 所示，他们将贫困的解释归纳为两个维度、四个类型（个人责任、个人命运、社会责任、社会命运）。

表 2-3 贫困解释的维度与类型

维度	个人	社会
责任（机构）	个人责任（懒惰、不勤俭、道德缺失）	社会责任（穷人是他人行为的受害者、是社会不公平的受害者）
命运（非机构）	个人命运（缺乏好运）	社会命运（穷人是社会动荡和全球化进程的受害者，受市场经济发展、自动化、全球化等的影响）

资料来源：Van Oorschot, W., Halman, L., "Blame or Fate, Individual or Social? An International Comparison of Popular Explanations of Poverty", *European Societies*, vol. 2, no. 1 (2000), pp. 1-28.

个人责任，是指贫穷是由个人行为和穷人自身缺点造成的，例如，懒惰、铺张浪费而缺乏节俭、道德缺失等。个人命运，是指贫困是意外发生的，发生在个人身上是因为自己的运气不佳，是个人宿命、个人不幸等。社会责任，是指贫困是社会排斥的结果，这种结果是由特定的社会团体或者政党行为所诱导和控制的。社会命运，是指社会性因素和社会过程对贫困负有责任，这些是任何行动者或者集体都无法掌控的，是非个人的、客观的和难以避免的，例如，市场经济的力量、通货膨胀或者紧缩、自动化

---

[1] Halman, L., Van Oorschot, W., "Popular Perceptions of Poverty in Dutch Society" (WORC Paper from Tilburg University, Work and Organization Research Centre, no 99.11.01, 1999).

技术的发展等。总而言之，穷人是社会和全球化发展的受害者。

Van Oorschot 和 Halman 利用 1990 年欧洲价值观调查数据，描述和比较了不同国家的公众将四种贫困类型学作为贫困成因的比例，并进一步探讨了这些认知模式是否与福利制度类型有关。与盎格鲁-撒克逊国家（英国、美国等）的研究结论相反，该研究发现，社会责任构成对贫穷的普遍解释，也就是说，生活在工业化福利国家的大多数人认为，贫困实际上是社会行动者的行为结果，而不是由个人或者社会命运造成的。此外，相比于西欧国家，东欧国家的公众更倾向于将贫困归因为个人责任。20 世纪 70 年代中期以来，西欧国家的穷人将贫困归咎于个人原因的看法日益淡化，甚至认为公众的贫困认知与福利国家类型没有关系。这启发了后续研究应该从更为微观的层面去探索贫困认知，如探讨贫困认知与个人、社会层面因素之间的关系。①

Halman 和 Van Oorschot 利用荷兰 1995 年社会和文化发展项目中 2019 名受访者的截面数据来探讨贫困的四种解释。调查数据显示，荷兰人认为，社会不公平是贫困产生的最主要原因；约有 1/3 的受访者将贫困归结为社会因素。研究还发现，不同宗教对贫困的感知存在差异，天主教徒更倾向于将贫困的责任归为集体或社会，而新教徒则将贫困归咎于个人行为。虽然宗教一直参与贫困治理，但是宗教传统已经不再是塑造人们贫困感知的最主要因素，因为宗教价值在当代西方社会已经失去其主导地位。当前，贫困作为一个社会问题，在公众贫困感知、福利国家态度、后物质主义和受益人自身的观念之间的联系更加密切。②

值得注意的是，各类型的贫困解释都有可能成为不同类型反贫困政策的核心价值基础：在个人责任的观点中，穷人容易被视为不值得社会支持的群体，这将意味着当地政府更可能实施最低水平的反贫困政策，将贫困救济标准维持在最低水平，实施最严苛的程度；在个人命运观中，穷人被视为值得救济的，基于社会同情和社会团结的理念，主要是通过慈善措施

---

① Van Oorschot, W., Halman, L., "Blame or Fate, Individual or Social? An International Comparison of Popular Explanations of Poverty", *European Societies*, vol. 2, no. 1 (2000), pp. 1–28.

② Halman, L., Van Oorschot, W., "Popular Perceptions of Poverty in Dutch Society" (WORC Paper from Tilburg University, Work and Organization Research Centre, no 99.11.01, 1999).

来实现个人的救济和补偿,而正式的国家机构和社会组织的帮助依然很少;在社会命运的观点中,穷人也被认为是值得救济的,由于社会风险无法完全控制,故政府部门应该担负起反贫困责任,国家司法和正式组织应该发挥其作用,并设置高福利水平和低福利门槛;在社会责任的观点中,穷人获取福利被视为是理所应当的,不同于选择型福利机制,普惠型福利倡导公众均具有享受福利的资格。①

(三) 文化解释视角

美国人类学家奥斯卡·刘易斯(Oscar Lewis)最早将贫困亚文化理论作为贫困解释。在《五个家庭:墨西哥贫穷文化案例研究》一书中,刘易斯详细记录了墨西哥五个家庭的生活,并通过观察发现,长期生活在贫困处境中的人已经形成了固有的生活模式、思维方式、行为准则、心理定式、生活态度和价值观等非物质形式,而且由此所形成的贫困文化还具有传递性,能在代际之间形成贫困链。② 贫困文化塑造着社会观念和思维方式,并最终形成个人价值观。受贫困文化影响的人会变得懒惰、自卑,并且没有形成正常的资金管理习惯。③ 在贫困文化中成长的儿童,没有改变自身地位的物质基础,父母也因疲于应对新社会风险④而无法提供良好的照顾,致使他们无法改变对现有贫困环境的认知,并造成代际贫困的恶性循环。中国研究者通常将贫困文化解释为"现代社会中的一种亚文化现象,是指社会上多数人均处于中等以上生活水平时,仍然有一部分处于贫困状态的人所形成的一套使贫困本身得以维持和繁衍的特定的文化体系"⑤。

---

① Halman, L., Van Oorschot, W., "Popular Perceptions of Poverty in Dutch Society" (WORC Paper from Tilburg University, Work and Organization Research Centre, no 99.11.01, 1999).

② Lewis, O., *Five Families: Mexican Case Studies in the Culture of Poverty* (New York: Basic Books, 1975).

③ Thorbecke, E., "Multidimensional Poverty: Conceptual and Measurement Issues", in Kakwani N., Silber J. (eds.), *The Many Dimensions of Poverty* (London: Palgrave Macmillan, 2013).

④ 新社会风险,是指 20 世纪 70 年代以来,主要工业国家进入后工业社会,由于社会结构变迁而出现的新的社会风险,包括劳动力市场变化带来的结构性失业,妇女地位上升带来的一系列的变革,人口老龄化等带来的风险,以及福利改革政策所引起的新的社会风险。

⑤ 宋镇修、王雅林:《农村社会学》,黑龙江教育出版社,1993,第 211 页。

第二章 贫困认知的概念与内涵

贫困文化的解释是对贫困归因类型解释的重要补充。以往的研究将富裕和贫困的原因归纳为四种类型：个人主义、文化主义、结构主义/情景主义和宿命论。[1][2][3][4] Smith 和 Stone 要求美国的受访者对造成贫穷和富裕的 38 个具体原因进行重要程度的判断，并选出三个"最重要的"原因。研究发现，文化主义也可以成为广泛用于贫困与富裕归因的解释机制。文化主义将个人主义和结构性因素融合在一起，在文化主义中，富人和穷人的人格特质、社会结构及社会情境是自我延续的，社会结构和人格特征相互强化，并在代际传递中得到进一步强化，进而延续了"富人越富、穷人越穷"的局面。[5] Cozzarelli、Wilkinson 和 Tagler 在美国中西部大学 209 个样本的基础上，对贫困的态度和归因进行了研究，发现宿命论对贫困的解释效力不强，文化解释反而成为个人主义和结构主义的重要补充。其中，结构解释和文化解释之间存在一定的正相关关系，而个人主义解释和结构解释之间、个人主义解释和文化归因之间并不存在相关关系。虽然他们的研究表明，文化原因被视为比经济因素更重要的因素，但可能由于受访者以年轻人为主，没有经历过经济衰退或经济萧条，而且当时正处在经济蓬勃发展的时期，经济的红利能够惠及每一个阶层的人，因而研究结论的信度和效度存在明显的局限性。[6]

刘易斯列出了包含 70 种贫困文化特征的目录，并将其分为四大类：①个人的态度、价值观和性格特征；②家庭的性质；③贫民窟的性质；④文化与社会之间的关系。这种文化贫困的观点吸引了广大社会科学家和

---

[1] Huber, J., Form, W., *Income and Ideology: An Analysis of the American Political Formula* (New York: The Free Press, 1973).

[2] Feagin, J. R., *Subordinating the Poor* (Englewood Cliffs, N. J.: Prentice-Hall, 1975).

[3] Kerbo, H. R., *Social Stratification and Inequality: Class Conflict in the United States* (New York: McGraw-Hill, 1983).

[4] Waxman, C., *The Stigma of Poverty: A Critique of Poverty Theories and Policies* (New York: Pergamon Press, 1983).

[5] Smith, K. B., Stone, L. H., "Rags, Riches, and Bootstraps: Beliefs about the Causes of Wealth and Poverty", *Sociological Quarterly*, vol. 30, no. 1 (1989), pp. 93–107.

[6] Cozzarelli, C., Wilkinson, A., Tagler, M., "Attitudes Toward the Poor and Attributions for Poverty", *Journal of Social Issues*, vol. 57, no. 2 (2001), pp. 207–227.

政策执行者的注意。① 但是，这种将贫困文化四分类的做法也受到了质疑。Coward、Feagin 等人利用美国西南部城市社区调查数据对贫困文化的四个维度进行了分析，他们将271名黑人研究对象分为"穷人"和"非穷人"两组，对比四个维度的特征发现，支持刘易斯贫困文化观点的数据不超过一半，Valentine 的观点反而得到更多的支持。② Valentine 认为，以社会情境来解释贫困比文化视角更加贴切，这里的社会情境是指穷人在没有任何自身过错的情况下，主要面临着外部的、不可避免的结构性和社会系统因素，例如，住房不足、薪资过低③。在此，情境或者结构视角正好提供了与贫困文化相反的视角，该视角认为，穷人所表现出的独特的行为模式、价值观、道德观念等并非源于贫困文化，④ 而是穷人处于社会中不利的结构性地位所导致的必然结果。⑤⑥

第三节 贫困认知的维度之二：福利态度

一、福利态度的概念

（一）何为福利态度

社会福利是现代社会发展的重要方面，也是公共争议的重要议题。适度而周全的社会福利，对缩小贫富差距、维护社会稳定、促进经济发展具有积极作用。因此，现代政府都必须具备福利和再分配功能。第二次世界

---

① Lewis, O., *A Study of Slum Culture*: *Backgrounds for* La Vida (New York: Random House, 1968), pp. xiv, 240.
② Coward, B. E., Feagin, J. R., Williams, J. A., et al., "The Culture of Poverty Debate: Some Additional Data", *Social Problems*, vol. 21, no. 5 (1974), pp. 621–634.
③ Valentine, C. A., *Culture and Poverty*: *Critique and Counter-proposals* (Chicago: The University of Chicago Press, 1968).
④ Merton, R. K., *Social Theory and Social Structure* (New York: The Free Press, 1968).
⑤ Persell, C. H., *Education and Inequality* (New York: The Free Press, 1977).
⑥ Wilson, B., *Religion in Sociological Perspective* (New York: Oxford University Press, 1982).

第二章　贫困认知的概念与内涵

大战后，发达国家大多都形成了关于政府福利责任和福利功能的共识，进而推动了福利国家的发展。不过，福利国家的发展在20世纪70年代中期开始遭遇危机，战后，福利共识瓦解，但由此也催生了福利国家和社会政策研究的新领域——福利态度调查和福利态度研究。在西方福利国家普遍遭遇合法性危机的背景下，公众对于福利的态度成为影响福利国家发展的重要变量，是福利国家政治可持续性的重要因素。①

所谓福利态度（welfare attitudes），简单地说，就是公众对政府福利政策，以及对资源和生活机会分配和再分配的态度。② 由于福利概念指向的多维性，福利态度的表达形式也是多样的。因此，所谓的福利态度，既可以指公众对福利的总体态度（public attitudes to welfare），或者指关于福利的民意（public opinion towards welfare），也可以指公众对福利国家的态度（welfare state attitudes）、公众对福利政策的态度（attitudes towards the welfare policies）。由于福利具有再分配功能，也可以把福利态度表述为对再分配的态度（attitudes to redistribution）。③

福利态度研究的重要性不言而喻，它反映了公民作为社会成员的社会需求，他们使政府对社会福利的责任合法化。④ 厘清福利态度与社会政策之间的关系，是政府保证政策执行效果的重要工具，也是社会科学家和政治家不懈追求的重要学术承诺。⑤ 然而，对福利态度的研究长期以来一直缺乏一个明确和持续的概念，致使福利态度维度和指标因研究而异。⑥

态度与社会政策的关系是态度与福利体制的关系的直接表现，个人或

---

① 参见岳经纶《专栏导语：福利态度：福利国家政治可持续性的重要因素》，《公共行政评论》2018年第3期。
② Svallfors, S., *Contested Welfare States: Welfare Attitudes in Europe and Beyond* (Stanford: Stanford University Press, 2012).
③ 参见杨琨、黄君《福利国家青年人福利态度的比较研究》，《中国青年研究》2017年第12期。
④ Brooks, C., Manza, J., "Social Policy Responsiveness in Developed Democracies", *American Sociological Review*, vol. 71, no. 3 (2006), pp. 474–494.
⑤ Walker, R., *The Shame of Poverty* (Oxford: Oxford University Press, 2014).
⑥ Roosma, F., Gelissen, J., Van Oorschot, W., "The Multidimensionality of Welfare State Attitudes: A European Cross-national Study", *Social Indicators Research*, vol. 113, no. 1 (2013), pp. 235–255.

公众的态度受社会政策/福利体制设计的影响。据此，赫泽戈尔德（Troels F. Hedegaard）提出政策反馈理论，特指公众与个体对政策的支持程度会受到政策设计本身的影响，例如：公众在"接近"受益于选择型社会政策（selected social policy）的津贴接受者时，其态度会受到很大影响；在"接近"受益于普惠型社会政策（universal social policy）的津贴接受者时，其态度几乎不受影响；在"接近"受益于与个人贡献相关的社会政策（contributions-based social policy）的津贴接受者时，其态度受到的影响介于两者之间。① 这类研究都在一定程度上支持了福利体制/制度对福利态度存在影响的假设。②

考虑到福利制度具有不同的内容，因而福利态度也可以具体化为对某项社会政策的态度，如对社会保险制度的态度、对社会救助的态度等。在中国，福利态度更多地表现为公众对社会保障制度的态度。不论如何称呼，公众对政府福利政策的支持或反对态度就是公众的福利态度。这种态度不仅影响到某个时期某一具体福利政策及其相关支出的正当性，而且也影响到福利国家制度和体系的可持续发展。

为何要进行福利态度研究呢？斯瓦尔福斯（Stefan Svallfors）对此提出了三个理由：第一，人们已经确立的观念、规范的期望、正义的概念等通常难以改变，即所谓"不易熔化的硬币"，因此，态度常常可以用来平衡突发的政策变化；第二，持续的福利态度分析，可以把精英的意见和策略与普罗大众的看法区分开来；第三，福利态度研究可以提醒我们，公共政策不仅要根据其分配效果或者经济效益来评估，而且要根据其对大众的规范效应（normative effects）来评估。③ 所谓规范效应，指的是政策是倾向于鼓励利己主义、狭隘观念、社会排斥，还是倾向于培育公民精神、宽容和关心他人。

---

① Hedegaard, T. F., "The Policy Design Effect: Proximity as a Micro-level Explanation of the Effect of Policy Designs on Social Benefit Attitudes", *Scandinavian Political Studies*, vol. 37, no. 4 (2014), pp. 366–384.

② 参见臧其胜《政策的肌肤：福利态度研究的国际前沿及其本土意义》，《公共行政评论》2016年第4期。

③ Svallfors, S., *Contested Welfare States: Welfare Attitudes in Europe and Beyond* (Stanford: Stanford University Press, 2012).

（二）福利态度研究的国际视野

从国际上看，关于福利态度的研究最早可以追溯到 20 世纪 50 年代，当时的选举研究和有关的公众调查偶尔会涉及福利态度。国际上对福利态度的专题研究始于 20 世纪 70 年代，是在西方福利国家面临合法性危机的背景下兴起的。福利国家的财政危机导致其难以维持高税收下的高福利水平，因而福利国家的合法性以及政府对各类福利项目大包大揽的做法受到了广泛的质疑。[①] 政府福利责任的范围和深度是社会政策领域讨论的核心议题，公民福利态度是社会成员福利需要的表达，是政府福利向公众提供福利的根本性依据。[②] 研究福利态度既能获取公民对政府福利供给的期待，也能了解公民对社会公平现状、不同社会群体的冲突状况以及收入差距大小等社会问题的认知与判断。公民对特定福利项目的支持度以及对政府承担福利责任的集体倾向性会影响福利国家社会政策的制定，即福利政策的走向通常与福利态度具有某种吻合性。[③] 同时，公民对社会政策的态度在很大程度上是福利国家持续存在的基础，决定了社会福利支出的水平，政治精英在推动政党选举时也会积极地关注选民对相关福利政策的意见。[④]

20 世纪 70 年代以来，关于福利态度的研究大致经历了两个世代。第一代福利态度研究主要是整理、分析和比较关于福利态度的国别调查。由于资料的局限性，其研究结论往往具有内在的脆弱性。第一代福利态度研究有两位代表人物：一位是理查德·考夫林（Richard M. Coughlin），他利用既有的八个国家的调查资料进行了比较分析；另一位是泰勒·古比（Peter Taylor-Gooby），他利用英国的调查数据撰写了颇具影响的分析福利态度的系列文章。值得一提的是，他们的研究成果推动了很多发达国家进行福利态度调查。随着福利态度调查的广泛开展，以及随之而来的数据可

[①] 参见彭华民《中国组合式普惠型社会福利制度的构建》，《学术月刊》2011 年第 10 期。
[②] 参见岳经纶《专栏导语：福利态度：福利国家政治可持续性的重要因素》，《公共行政评论》2018 年第 3 期。
[③] 参见景天魁《底线公平：和谐社会的基础》，北京师范大学出版社，2009，第 7—11 页。
[④] 参见刘继同《国家与社会：社会福利体系结构性变迁规律与制度框架特征》，《社会科学研究》2006 年第 3 期。

得性的提高，福利态度研究在 20 世纪 90 年代进入了第二代。由于考斯塔·艾斯平－安德森（Gosta Esping-Andersen）在 1990 年出版了《福利资本主义的三个世界》并成功建立了福利体制理论，因而，第二代福利态度研究主要是围绕福利体制展开的，重点关注的是福利体制与福利态度的关系。这一时期的福利态度研究具有鲜明的比较视角，代表人物有斯瓦尔福斯。①

整体来说，当前福利态度的国际研究主要以比较描述性为主，理论分析和解释还比较薄弱。根据斯瓦尔福斯的观察，比较福利态度研究尽管取得了重要进展，但依然受制于可资利用的数据；同时，相关统计方法也不尽如人意。此外，在理论分析层面，对于作为解释机制的规范（norms）和利益（interests）之作用的研究还不够深入和系统；同时，对于过去、现在和未来在形成个人福利态度方面的重要性的研究也需要进一步的强化。展望未来，作为一个以调查为基础的研究领域，比较福利态度研究还是一个大有可为的领域。

（三）福利态度研究的中国情境

相对于国际学术界对福利态度研究的热衷，中国的福利态度研究才刚刚起步。整体而言，国内福利态度主要有两个研究方向：一是特定群体福利态度及影响因素的分析；二是特定群体的福利态度比较研究，主要是地区比较研究。总体而言，我国关于福利态度的研究缺少整体福利态度的研究资料，多是从某个特定群体的视角出发的。

邓智平强调了福利态度研究的重要性，认为福利国家首先是一种福利态度、福利理念，其次才是一种福利程度。② 万国威利用适度普惠福利调查数据和 ISSP 数据分析发现，国内弱势群体的福利态度符合东亚福利社会强诉求性与弱保障性的二元特征。③ 黄叶青、余慧、韩树蓉研究发现，

---

① 参见杨琨、黄君《福利国家青年人福利态度的比较研究》，《中国青年研究》2017 年第 12 期。
② 参见邓智平《福利态度还是福利程度：福利国家再认识》，《广东社会科学》2015 年第 4 期。
③ 参见万国威《中国大陆弱势群体社会福利态度研究》，《公共管理学报》2015 年第 1 期。

个人自利因素、社会分层因素和社会公平因素对福利态度有影响。[①] 臧其胜通过定量分析从权利和义务的角度比较了传统文化因素对香港特别行政区、台湾地区与内地福利态度的影响差异。[②] 万国威、金玲通过对弱势群体福利态度影响因素的分析发现，个体资本因素对弱势群体福利态度有影响，而认知因素和福利依赖心理则对弱势群体福利态度没有影响。[③]

值得注意的是，尽管国外学者对社会福利态度的研究如火如荼，但是，国内有关社会福利态度的研究视野还较为狭隘，集中体现在仅围绕某些特定人群的福利态度进行探讨。其中，孙树菡、毛艾琳基于残疾群体的实证研究发现，残疾人群的需要满足状况存在结构性问题，尚需要在政策上提升残疾人福利服务的可及度。[④] 杨琨基于老年群体的分析显示，当前老年人的社会福利体系仍然难以满足其实际需要，社会福利的重点建设方向与老年人的需求并不完全对等。[⑤] 万国威则认为，儿童群体的社会福利服务尚与其福利需要不匹配，针对困难儿童的社会福利服务体系仍然需要进一步完善。[⑥] 岳经纶和尤泽锋以族群竞争假设和群际接触假设的视角，对中国公众和国际移民福利资格的态度及其影响因素进行研究。公众尽管同意让一定数量的国际移民在华工作和学习，但对国际移民的福利资格持较为谨慎保守的态度。[⑦] 张朝雄对大学生社会福利认知的研究表明，教育

[①] 参见黄叶青、余慧、韩树蓉《政府应承担何种福利责任？——公民福利态度的影响因素分析》，《公共行政评论》2014年第6期。

[②] 参见臧其胜《政策的肌肤：福利态度研究的国际前沿及其本土意义》，《公共行政评论》2016年第4期。

[③] 参见万国威、金玲《中国弱势民众社会福利态度的双层解构》，《人口学刊》2015年第5期。

[④] 参见孙树菡、毛艾琳《我国残疾人康复需求与供给研究》，《湖南师范大学社会科学学报》2009年第1期。

[⑤] 参见杨琨《我国老年人个体—家庭福利态度的影响因素及特征研究》，《西北人口》2018年第1期。

[⑥] 参见万国威《我国儿童群体社会福利态度的定量研究》，《南开学报（哲学社会科学版）》2014年第4期。

[⑦] 参见岳经纶、尤泽锋《在华国际移民能享受社会福利吗？——基于公众福利态度的分析》，《华南师范大学学报（社会科学版）》2020年第1期。

水平、生活状态等因素对该群体的整体福利认知具有制约作用。① 薛君基于"80后"青年人群社会福利认知的研究发现，年轻群体存在彰显个体责任与依赖国家福利的双重态度。② 彭国胜对农村居民的研究则发现，社会福利认知在农村话语体系中的地位非常有限。③

基于这些研究可以发现，目前有关中国社会福利态度的研究不但在数量上相对较少，而且在理论深度上也存在两点致命的缺陷：第一，国内学术界并未将中国与东亚其他地区的社会福利态度进行有效的对比，而是主要描述老人、儿童、残疾人、移民等特定群体福利态度的基本特点，这不但不利于从全局上对中国公众的福利态度进行清晰的定位，也不利于检验东亚福利体制内部是否也存在明确的共同意识，因而无法在国别比较层面形成针对中国民众的主观检验；第二，国内学术界针对某个群体主观意愿展开的讨论往往带有该群体的孤立性与特殊性，未能准确衡量弱势民众社会福利态度的群体性差异，因而难以对弱势民众社会福利态度的分化水平做出精准研判。④

党的十八大以来，随着党和政府对社会建设和人民美好生活需要的高度重视，我国出现了社会政策的快速扩张，由此也带来了学术界对福利态度研究的关注。"党的十九大报告高度重视社会治理问题"，"明确指出了社会治理方面存在的问题（'社会矛盾和问题交织叠加''国家治理体系和治理能力有待加强'），不仅将'加强和创新社会治理，维护社会和谐稳定'作为新时代中国特色社会主义思想的重要内容，而且对'打造共建共治共享的社会治理格局'做出新的部署"。⑤ 中国是发展中的社会主义大国，正在致力于满足人民美好生活的需要，社会（福利）政策作为一种重要的国家和社会治理手段，将在中国发挥更大的作用。因此，开展福利

---

① 参见张朝雄《混合福利模式：当代大学生社会福利意识测评》，《青年研究》2007年第9期。
② 参见薛君《80后新生代的福利意识形态实证研究》，《中国青年研究》2012年第2期。
③ 参见彭国胜《欠发达地区农村居民社会福利认知的影响因素研究——以贵州省为例》，《西北人口》2012年第3期。
④ 参见万国威《中国大陆弱势群体社会福利态度研究》，《公共管理学报》2015年第1期。
⑤ 江必新：《以党的十九大精神为指导　加强和创新社会治理》，《国家行政学院学报》2018年第1期。

态度研究具有多方面的重要意义。首先,通过福利态度调查了解人民的美好生活需要,能为制定社会政策提供指引,提升政府社会政策的回应性;其次,可以了解公众对政府福利政策和福利支出的期望,提升政府社会政策的正当性;最后,可以为福利态度的国际研究提供中国样本,同时,推进福利态度研究的本土化。

二、福利态度的影响因素

整体而言,目前现有的福利态度文献大多来自西方福利国家,国内福利态度的相关研究虽刚刚起步,但围绕特殊社会群体的福利态度也开展了一些福利治理本土化的研究。基于已有文献,我们对公民福利态度的影响因素进行归纳,可以划分为个体自利因素、社会价值因素及福利体制因素三个方面。

(一)个体自利因素

在个体层面上,公众对福利国家政策的态度可能受个体自利(self-interest)和意识形态倾向(ideological preference)的影响。自利假设阐述了个体的社会地位与其福利态度之间的直接关系,那些在社会阶层中处于优势地位的群体更少地支持再分配政策,并倾向于认可不平等原则存在的必要性。[1] 自利假设认为,能从社会保护中获利及更依赖福利国家和社会福利制度的群体,对福利国家及其制度安排、制度实施的结果的态度更积极。该假设最重要的两个指标是阶级和收入。[2] 那些福利项目和福利津贴的接受者和可能会成为福利接受者的群体,相比那些不大可能成为福利接受者的人,对这些福利津贴和项目持有更加积极的态度;同时,老年人更倾向于支持有利于他们自身利益的福利项目,更少地支持针对儿童的福利项目。对于福利态度的性别差异,Arts 和 Gelissen 认为,福利态度的性别

---

[1] 参见杨琨《老年人的福利态度及影响因素》,《重庆社会科学》2015 年第 3 期。
[2] Svallfors, S., "The Politics of Welfare Policy in Sweden: Structural Determinants and Attitudinal Cleavages", *British Journal of Sociology*, vol. 42, no. 4 (1991), pp. 609–634.

差异的原因在于，女性更认同平等和需要原则，男性则更强调公平原则。①Svallfors 认为，女性相比男性，更倾向于支持福利国家的一系列政策，这是因为女性和男性对福利的供给有不同的利益立场，女性更有可能成为福利项目和津贴的受益者；而且与男性相比，女性承担了更多的对老年人和病人的照顾工作，如果这些责任被福利国家所承担，她们就更可能被福利国家雇佣。②

也有部分学者进一步将个体自利因素展开为个体认知因素、个体资本因素和个体福利因素三个方面进行讨论。③

首先，个体认知因素的研究着重关注政治意识、种族观念和宗教信仰对社会福利态度的影响。其中，Hasenfeld 和 Rafferty 在 1989 年的研究中着重探索民众的政治意识，且研究表明，支持民主价值的社会群体更容易对福利国家予以政治上的支持。④ Gilens 在其 1995 年的研究中侧重于对种族观念进行解读，他的研究结果发现，具有种族偏见的美国白人更容易反对社会福利项目。⑤

其次，个体资本因素的研究主要围绕教育水平、阶层地位、户籍状况与社会福利态度之间的内在关联进行讨论。1972 年，Alston 和 Dean 就对个人资本与社会福利态度之间的关系进行了分析，他们认为，男性、年轻人、受良好教育者和高阶层人群对于社会福利制度持更加保守与负面的态度。⑥ Breznau 在 2010 年的研究中，对 5 个国家民众的福利倾向进行了量化研究，发现教育水平、家庭收入与职业地位均对民众社会福利态度产生

---

① Arts, W. A., Gelissen, J., "Welfare States, Solidarity and Justice Principles: Dose the Type Really Matter", *Acta Sociologica*, vol. 44, no. 4 (2001), pp. 283–299.

② Svallfors, S., "Worlds of Welfare and Attitudes to Redistribution: A Comparison of Eight Western Nations", *European Sociological Review*, vol. 13, no. 3 (1997), pp. 283–304.

③ 参见杨琨《我国老年人的福利态度及其影响因素——基于适度普惠老年人福利数据库的分析》，硕士学位论文，南京大学，2016。

④ Hasenfeld, Y., Rafferty J. A., "The Determinants of Public Attitudes toward the Welfare State", *Social Forces*, vol. 67, no. 4 (1989), pp. 1027–1048.

⑤ Gilens, M., "Racial Attitudes and Opposition to Welfare", *The Journal of Politics*, vol. 57, no. 4 (1995), pp. 994–1014.

⑥ Alston, J. P., Dean, K. I., "Socioeconomic Factors Associated with Attitudes toward Welfare Recipients and the Cause of Poverty", *Social Service Review*, vol. 46, no. 1 (1972), pp. 1–27.

了直接的影响。① 韩春鹏2012年的研究则关注中国城乡居民的社会福利态度,其研究结果显示,户籍制度的差异使得中国农村居民的社会福利期待要普遍低于城市居民。②

最后,个体福利因素的研究着重关注福利获取、制度设计和政策导向对社会福利态度的影响。2001年,Wertheimer、Long和Vandivere的研究对社会福利态度与社会福利获取之间的联系进行了深入讨论,他们发现,福利接受者对于构建社会福利制度具有更为积极的态度③。Jordan在其2013年的研究中着重围绕政策设计与福利国家的支持度展开讨论,他认为,普惠型社会福利制度比选择型社会福利制度具有更大的公众支持度。④而Schmidt和Spies同年开展的有关研究则试图揭示移民政策与社会福利态度之间的深层关联,他们发现,当政策体系越强调移民议题时,反移民团体对社会福利项目的支持度就越低。⑤

(二) 社会价值因素

福利态度研究的初期集中在态度与体制的关系上,后期才开始转向对社会价值和文化因素的考量。在福利国家政策的比较研究中,跨国差异通常由福利国家制度的特定轮廓与一系列社会行动者所解释,而社会价值和文化差异的解释却常常被忽视,甚至被视为边缘主题。事实上,社会价值与福利国家政策的关系是复杂的和多面向的,它同特定的社会情境和制度

---

① Breznau, N., "Economic Equality and Social Welfare: Policy Preferences in Five Nations", *International Journal of Public Opinion Research*, vol. 22, no. 4 (2010), pp. 458 – 484.

② Han, C., "Attitudes toward Government Responsibility for Social Services: Comparing Urban and Rural China", *International Journal of Public Opinion Research*, vol. 24, no. 4 (2012), 472 – 494.

③ Wertheimer, R., Long, M., Vandivere, S., "Welfare Recipients' Attitudes Toward Welfare, Nonmarital Child-bearing, and Work: Implications for Reform?", *National Survey of America's Families*, Series B (2001), p. 17.

④ Jordan, J., "Policy Feedback and Support for the Welfare State", *Journal of European Social Policy*, vol. 23, no. 2 (2013), pp. 134 – 148.

⑤ Schmidt, A. W., Spies, D. C., "Do Parties 'Playing the Race Card' Undermine Natives' Support for Redistribution? Evidence from Europe", *Comparative Political Studies*, vol. 23, no. 5 (2013), pp. 17 – 29.

发展紧密联系在一起，有时也可能是相互矛盾的。① 社会价值在多大程度上与社会政策有关，社会价值的偏好如何在社会福利政策的文本中留下了它们的踪迹，② 都是值得深入探讨的话题。

追踪福利制度史的研究可知，现有关于福利国家的历史分析主要分为两种路径：一是结构—功能主义路径，关注"结构"并认为工业化具有重要的作用，如工业主义逻辑、涂尔干式路径、新马克思主义等；③ 二是行动者路径，关注"能动"，并认为不同行动者在福利制度生成中具有重要作用，如权力资源理论、国家中心视角、雇主中心视角、性别关系视角等。④ 但这些研究都忽视了文化和社会价值作为社会政策发展的动力在福利制度生成中的作用。有学者认为，自我利益假设不足以解释公民福利态度的形成机制，因为一些社会经济地位处于上层的人也会对再分配政策持有积极的态度。⑤ 据此，文化和社会价值观念也应该被视为影响公众福利态度的重要变量。

文化是一个模糊的、令人难以界定的概念集合，可以被定义为一系列共同的价值、规则与态度。⑥ 在桑德福·施拉姆（Sanford Schram）看来，无论它是"契约""依赖"，还是"保险"，占据优势地位的文化类型都限制了社会福利政策的可能性。相似地，马克斯·韦伯（Max Weber）也认为，文化不只是经济的后果，而且能形塑经济和政治生活的本质。因此，把握其差异并了解它是如何跨文化并随时间而变化的，而非假装看不见，可以使社会政策的效力得到更好的保证。然而，文化研究既不能限于"精

---

① Pfau-Effinger, B., "Culture and Welfare State Policies: Reflections on a Complex Interrelation", *Journal of Social Policy*, vol. 34, no. 1 (2005), pp. 3 - 20.
② Schram, S. F., *After Welfare: The Culture of Postindustrial Social Policy* (New York: New York University Press, 2000).
③ Pierson, P., "The New Politics of the Welfare State", *World Politics*, vol. 48, no. 2 (2001), pp. 143 - 179.
④ 参见刘军强《社会政策发展的动力：20 世纪 60 年代以来的理论发展述评》，《社会学研究》2010 年第 4 期。
⑤ Svallfors, S., *Contested Welfare States: Welfare Attitudes in Europe and Beyond* (Stanford: Stanford University Press, 2012).
⑥ Baldock, J., "Culture: The Missing Variable in Understanding Social Policy?", *Social Policy & Administration*, vol. 33, no. 4 (1999), pp. 458 - 473.

英文化"（elite culture），也不能过度"深描"，前者范围太窄，后者将不会产生任何有意义的研究，因为一切皆为文化，而文化却无法解释任何一切。

然而，文化无论有用与否，都只能通过外在的显示而揭示，不可能被直接观察或测量。文化影响我们的价值，价值影响态度，接着影响行为，而行为又会影响文化。因此，对福利文化的观察与测量最终不得不依赖于询问公众的福利态度进而观察与测量，它对政策的影响只有通过对价值、态度与行为的作用才能生效，这使得福利态度的研究与文化、社会政策的研究始终缠绕在一起。①

广义而言，制度也是一种文化。相对于文化，制度可能是暂时的，但它对公众福利态度转变的影响可能是激烈的，而福利文化对公众福利态度形成的影响通常是潜移默化的。制度并非要等到某种类型的福利文化成熟后才会出现，它有可能通过制度化的传播路径形塑人们的福利态度，进而形成新的福利文化。

当下的文献很少直接关注文化与福利态度的关系，而更多地关注文化与社会政策的关系，它们之间关系的争论可归为"福利文化"研究。这一概念由英国社会政策专家罗伯特·平克（Robert Pinker）最早提出和使用，其包括价值观和行为习惯。现有讨论集中于东亚福利模型的研究中。凯瑟琳·琼斯（Catherine Jones）是东亚福利模型的第一代分析家，她将文化视为决定性变量，认为儒家思想是贯穿过去、现在和未来的发展型意识形态与福利意识形态；② 朴炳铉在解释"为什么经济发展水平大致相同的国家却选择了不同的福利制度"的问题时，同样强调了儒家文化对东亚福利体制建设的作用③。与之相反，戈登·怀特（Gordon White）与罗杰·古德曼（Roger Goodman）则认为，尽管文化的解释在文献中是"一个或多

---

① 参见杨琨《我国老年人个体—家庭福利态度的影响因素及特征研究》，《西北人口》2018年第1期。
② Jones, C. J., "The Pacific Challenge: Confucian Welfare States", in Jones, C. (ed.), *New Perspectives on the Welfare State in Europe* (London & New York: Routledge, 1993).
③ 参见朴炳铉《社会福利与文化：用文化解析社会福利的发展》，高春兰、金炳彻译，商务印书馆，2012，第2页。

或少显著的主题",但它在说明东亚福利体制进化中是一个"无用的"变量。① 目前,富有挑战的研究主要聚焦于国家的作用,并形成了国家中心说而否认文化的作用。②

任何福利制度的设计都必须考虑自身的文化传统和文化基础。福利政策的实施是以个体为基本单位还是以家庭或者以社区、教区为基本单位,是由不同的文化所决定的。③ 不同福利体制下的公民福利态度存在差异的原因在于,一个特定福利国家中的公民由于他们共同的历史背景和文化传统,享有共同的福利文化价值观念,这些想法会内化在他们的福利态度中,影响其对福利国家福利供给的支持和认同。④ 福利文化价值观是指与社会平等、制度化团结、福利供给主体的责任范围相关的一系列知识与看法,它们嵌套在福利国家的历史发展脉络中,可能表现为内在或逻辑上的不一致,会影响福利国家的制度安排和福利政策的范围。现代福利思想以公平正义为基本理念,西方福利制度的建设与维系也是基于普遍"博爱"的伦理基础。在当下围绕福利改革的论争中,福利经济一方主张消极福利,反对养懒汉,倡导和生产与创造财富紧密挂钩的福利政策;而福利国家一方则认为,将福利视为生产的延伸,事实上并没有消除不平等和不公正,依靠国家政策才有可能使生产与福利真正隔开,实现普遍意义的公平与公正。⑤

除了文化方面的影响外,社会价值观念也是公民福利态度重要的影响因素。考斯塔·艾斯平-安德森认为,不同福利体制下公民福利态度的差异是由福利国家基于不同的准则所造成的,国家、市场和社会力量等不同的福利提供者会基于自身角色传输不同的理智理念。⑥ 一个特定国家的公

---

① White, G., Goodman, R., "Welfare Orientalism and the Search for an East Asian Welfare Model", in Goodman, R., White, G., Kwon, H. -J. (eds.), *The East Asian Welfare Model: Welfare Orientalism and the State* (New York & London: Routledge, 1998).
② Holliday, I., "Productivist Welfare Capitalism: Social Policy in East Asia", *Political Studies*, vol. 48, no. 4 (2000), pp. 706 – 723.
③ 参见罗红光《"家庭福利"文化与中国福利制度建设》,《社会学研究》2013 年第 3 期。
④ Arikan, G., Ben-Nun Bloom, P., "Social Values and Cross-national Differences in Attitudes Towards Welfare", *Political Studies*, vol. 63, no. 2 (2015), pp. 431 – 448.
⑤ 参见罗红光《"家庭福利"文化与中国福利制度建设》,《社会学研究》2013 年第 3 期。
⑥ Esping-Andersen, G. *The Three Worlds of Welfare Capitalism* (Cambridge: Polity Press, 1990).

民由于他们共同的历史背景,拥有共同的对公正原则、社会团结的理解,因而这些社会价值观念和想法会内化在他们的福利态度中。这些社会价值观念包括对福利国家的政策、福利服务的接受者的看法及公众的宗教信仰等。[1][2] Pfau-Effnger 的福利文化包含了广义和狭义两个不同的维度,广义的福利文化是福利国家的价值、制度及实践的复杂集合体,而狭义上的福利文化是指与福利制度、福利的行动者及特定的福利政策相关的一系列知识与社会价值观念。[3] 它们可能表现为内在的或逻辑上的不一致,并且这些在福利文化中占据统治地位的价值观念和看法会限制福利国家政策的范围。[4] 而在我国,由于公众具有较强的家庭责任感和自我依赖的观念,因而增强了文化因素在公众福利态度中的作用。[5][6] 毕天云认为,任何一个国家的社会福利制度建设,都必须考虑本国、本民族的福利文化传统,这是由于福利文化既是影响和塑造社会福利制度的一个重要参数,也是解释不同福利制度(模式)差异的关键变量。[7]

与此同时,关于福利态度的意识形态假设认为,公众对福利国家的态度是根植于社会政治观念中的。通常,在政治倾向上更保守的意识形态可能会导致对福利国家政策的较低认同度。[8] 这些社会政治观念和更为普遍

---

[1] Arikan, G., Ben-Nun Bloom, P., "Social Values and Cross-national Differences in Attitudes towards Welfare", *Political Studies*, vol. 63, no. 2 (2015), pp. 431–448.

[2] Van Oorschot, W., Reeskens, T., Meuleman, B., "Popular Perceptions of Welfare State Consequences: A Multilevel, Cross-national Analysis of 25 European Countries", *Journal of European Social Policy*, vol. 22, no. 2 (2012), pp. 181–197.

[3] 参见杨琨《老年人的福利态度及影响因素》,《重庆社会科学》2015 年第 3 期。

[4] Pfau-Effinger, B., "Culture and Welfare State Policies: Reflections on a Complex Interrelation", *Journal of Social Policy*, vol. 34, no. 1 (2005), pp. 3–20.

[5] Tam, T. S. K., Yeung, S., "Community Perception of Social Welfare and its Relations to Familism, Political Alienation, and Individual Rights: The Case of Hong Kong", *International Social Work*, vol. 37, no. 1 (1994), pp. 47–60.

[6] Wong, T. K. Y., Wan, S. P. S., Law, K. W. K., "Welfare Attitudes and Social Class: The Case of Hong Kong in Comparative Perspective", *International Journal of Social Welfare*, vol. 18, no. 2 (2009), pp. 142–152.

[7] 参见毕天云《福利文化引论》,《云南师范大学学报(哲学社会科学版)》2005 年第 3 期。

[8] Van Oorschot, W., Meuleman, B., "Welfarism and the Multidimensionality of Welfare State Legitimacy: Evidence from the Netherlands, 2006", *International Journal of Social Welfare*, vol. 21, no. 1 (2012), pp. 79–93.

的价值观体系反映了个体、福利国家和其他福利提供主体（市场和志愿组织等）之间合理的责任关系。一些相反的观念和价值观，例如，个体成就（achievement）和平等（equality）、资本主义（capitalism）和民主主义（democracy）等都能对个体支持或是反对福利国家的福利津贴和福利项目提供意识形态上的依据。支持福利国家的群体的价值理念是所有公民都具有的基本的社会公民权，包括享有一种可接受的经济福利、安全及基本生活保障的权利。[①] 那些反对福利国家的群体则持经济个人主义（economic individualism）的观念，认为每个人都应该对自己的福利负责，个人福祉是每个人努力工作的结果。现有的一些研究指出，公民对福利国家的态度是与其更为普遍的价值观念联系在一起的，[②] 而认同平等原则的人相比那些认同公平原则的群体，更倾向于支持一系列政府介入福利领域的行动。[③]

（三）福利体制因素

福利体制路径也是福利态度的重要研究路径，这种研究路径主要从制度主义的分析视角，对不同国家和地区的福利体制进行分类，并基于此对公众的福利态度进行比较研究与分析。福利体制可以被定义为国家、市场和家庭之间通过相互依赖组合来生产和分配福利资源的模式，非营利的志愿组织或第三部门也可加入其列。[④]

制度主义视角认为，福利体制是影响公民福利态度的最重要的情境因素（contextual factors），公民对政府提供社会福利服务的支持度受到福利国家体制的制约。基于制度主义分析视角的福利态度研究均是以考斯塔·艾斯平-安德森提出的福利体制的分类作为参考标准。考斯塔·艾斯平-安德森依据政府所承担的社会福利责任的大小将福利体制划分为社会民主

---

① Marshall, T. H., *Citizenship and Social Class and other Essays* (Cambridge: Cambridge University Press, 1950).
② Hasenfeld, Y., Rafferty J., "The Determinants of Public Attitudes toward the Welfare State", *Social Forces*, vol. 67, no. 4 (1989), pp. 1027 – 1048.
③ Blekesaune, M., Quadagno, J., "Public Attitudes toward Welfare State Policies: A Comparative Analysis of 24 Nations", *European Sociological Review*, vol. 19, no. 5 (2003), pp. 415 – 427.
④ Esping-Andersen, G., *Social Foundations of Postindustrial Economies* (Oxford: Oxford University Press, 1999).

主义福利体制、保守主义福利体制和自由主义福利体制三种理想类型。①具体而言，政府承担最多的社会福利责任的是社会民主主义福利体制，政府作为最后的出场者、承担最少社会福利责任的是自由主义福利体制，而介于两者之间的则是保守主义福利体制。② 不同福利体制下的公民对政府承担三种福利责任（缩减贫富之间的收入差距、提供就业机会给想工作的人、为每一个人提供基本的生活保障）的福利态度存在显著差别，表现为不同福利体制国家的公民对政府承担上述再分配的福利责任的认同感存在差异：前共产主义福利体制下（以东德为代表）公民对政府的福利责任认同感最强；其次分别为社会民主主义福利体制（以挪威为代表）、保守主义福利体制（以西德为代表）和自由主义福利体制（以美国为代表），公民对政府的福利责任认同度逐渐减弱。③

福利体制因素着重从国家层面的分析视角对福利态度的影响因素进行归纳。福利体制是影响公民再分配福利态度最重要的情境性因素，公民对政府福利提供的支持度受到福利体制的影响。④ 现有的关于公民福利态度的跨国比较研究都是基于考斯塔·艾斯平-安德森提出的福利体制的三种理想类型，且都围绕着一个基本假设，即公民对福利国家再分配措施的支持度会随着福利体制从社会民主主义向保守主义以及自由主义的转变呈现递减的趋势。⑤ 福利态度研究假设每种体制与福利国家态度的特定模型有关，不同的福利国家体制意味着不同的社会结构，并最终导致福利国家态

---

① Esping-Andersen, G., *The Three Worlds of Welfare Capitalism* (Cambridge: Polity Press, 1990).

② 参见杨珉、袁迎春《共识与分化：福利国家公民的福利态度及其比较研究》，《公共行政评论》2018年第3期。

③ Andreß, H.-J., Heien, T., "Four Worlds of Welfare State Attitudes? A Comparison of Germany, Norway, and the United States", *European Sociological Review*, vol. 17, no. 4 (2001), pp. 337-356.

④ Bean, C., Papadakis, E., "A Comparison of Mass Attitudes towards the Welfare State in Different Institutional Regimes, 1985—1990", *International Journal of Public Opinion Research*, vol. 10, no. 3 (1998), pp. 211-236.

⑤ Linos, K., West, M., "Self-interest, Social Beliefs, and Attitudes to Redistribution. Re-addressing the Issue of Cross-national Variation", *European Sociological Review*, vol. 19, no. 4 (2003), pp. 393-409.

度的不同模式。① 例如，自由体制国家的公民更多地支持政府在疾病与养老方面的立法介入，而社会民主主义体制国家的公民则支持如全面就业政策或保证收入平等的介入等影响深远的政府行动。②

随着 20 世纪 90 年代考斯塔·艾斯平-安德森"福利体制"理论的提出，其研究的重点在于福利体制与福利态度的关系，并试图为前者的划分找寻主观测度上的支持。目前，围绕国别层面展开的研究主要有两种对立的观点，主流观点认为，社会福利体制对社会福利态度具有显著的影响，前者对后者的形成具有明确约束力。其中，Heien 和 Hofäcker 在 1999 年围绕 6 个国家的实证研究中发现，社会福利体制对社会福利态度具有直接的制约作用，其塑造着或塑造了稳定的社会福利态度。③ Kikuzawa、Olafsdottir 和 Pescosolido 在 2008 年基于 21 国的研究结果同样表明，不同社会福利体制的国家在社会福利项目上有差异化的民意基础，社会福利态度不仅与当前的经济人口现状相关，也依赖于社会福利制度的传承。④ 2009 年，Jæger Meier 围绕欧洲 15 国社会福利制度的研究进一步发现，不同的社会福利体制对民众的主观态度产生了直接的影响，分别在自由主义、保守社团主义与社会民主主义体制下的民众态度具有显著的区别。⑤ 2013 年，Jaime-Castillo 通过对不同国家民众的比较研究也发现，保守主义和普惠主义国家的民众更加倾向于通过增加国家财政支出来应对福利资金的短缺，而自由主义和家庭主义国家的民众则更加乐于通过增加个体责任来保障福

---

① 参见杨琨、黄君《福利国家青年人福利态度的比较研究》，《中国青年研究》2017 年第 12 期。

② Andreß, H.-J., Heien, T., "Four Worlds of Welfare State Attitudes? A Comparison of Germany, Norway, and the United States", *European Sociological Review*, vol. 17, no. 4 (2001), pp. 337–356.

③ Heien, T., Hofäcker, D., "How do Welfare Regimes Influence Attitudes? A Comparison of Five European Countries and the United States 1985—1996" (ECSR-Workshop, Causes and Consequences of Socio-Economic and Political Attitudes in Eastern and Western Europe, Germany, Mannheim, 1999, pp. 1–15).

④ Kikuzawa, S., Olafsdottir, S., Pescosolido, B. A., "Similar Pressures, Different Contexts: Public Attitudes toward Government Intervention for Health Care in 21 Nations", *Journal of Health and Social Behavior*, vol. 49, no. 4 (2008), pp. 385–399.

⑤ Jæger, M. M., "United but Divided: Welfare Regimes and the Level and Variance in Public Support for Redistribution", *European Sociological Review*, vol. 25, no. 6 (2009), pp. 723–737.

利项目。①

除了传统的三种福利体制,近年来,东亚福利体制成为国际社会政策比较研究的热门议题。有学者指出,考斯塔·艾斯平-安德森对福利体制类型的划分忽视了西方福利国家以外的福利模式。② 东亚福利体制中的东亚,一般指日本及被称为"亚洲四小龙"的韩国、新加坡、中国香港、中国台湾五大经济体。③ 但是,学术界对于东亚福利体制的概念是否存在一直存在争议。赞同的一方认为,东亚福利体制的概念存在,并具有其独有的特点。万国威和刘梦云认为,东亚福利体制没有明显地受到经济、政治体制的影响,具有自己独立的福利文化,只存在内在的差异而非整体的分裂。④ 也有学者认为,东亚福利体制是一个单独、统一的且区别于西方福利体制的分析单位,具有生产主义、家庭在福利提供中发挥重要作用,以及长期受儒家文化影响三个特征。⑤ Goodman 和 Peng 指出,国家建构作为东亚福利体制的重要特征,表现为国家通过直接参与分配和再分配等方式在经济发展和社会福利中扮演着重要角色。⑥ 而另一方则认为,由于东亚各国在历史背景与传统、政治、社会结构、经济体制等方面存在较大的差别,东亚福利体制难以被称为一个概念。⑦

总而言之,虽然东亚各国家和地区在经济、政治体制及现有的福利模式上存在差异,但并没有妨碍其在福利发展上均呈现生产主义的特点,共享着家庭互济的儒家福利文化,存在重视个体和家庭的福利责任及低社会

---

① Jaime-Castillo, A. M., "Public Opinion and the Reform of the Pension Systems in Europe: The Influence of Solidarity Principles", *Journal of European Social Policy*, vol. 23, no. 4 (2013), pp. 390 – 405.

② 参见郑秉文《福利资本主义模式的变迁与比较——政治经济学的视角》,见考斯塔·艾斯平-安德森《福利资本主义的三个世界》,郑秉文译,法律出版社,2003,第45页。

③ 参见楼苏萍《东亚福利体制研究述评》,《山东社会科学》2012年第3期。

④ 参见万国威、刘梦云《"东亚福利体制"的内在统一性——以东亚六个国家和地区为例》,《人口与经济》2011年第1期。

⑤ 参见黄晓燕、万国威《"东亚福利体制"的外在独立性研究》,《学术界》2010年第12期。

⑥ Goodman, R., Peng, I., "The East Asian Welfare States: Peripatetic Learning, Adaptive Change, and Nation-building", in Esping-Andersen, G. (ed.), *Welfare States in Transition: National Adaptations in Global Economies* (London: Sage Publications, 1996).

⑦ Ramesh, M., *Social Policy in East and Southeast Asia: Education, Health, Housing and Income Maintenance* (London: Routledge Curzon, 2004).

福利开支水平等相似性。东亚福利体制的内在统一性是真实存在的,因而将其作为一种独立的、区别于西方福利体制的研究单位具有一定的合理性。①

与上述观点不同,仍然有部分学者认为社会福利体制与社会福利态度的关系并未明确,两者之间的联系尚未得到实证检验。2006 年,Larsen 基于福利国家的研究结果发现,社会福利体制虽然会对被调查者的福利支持度产生小幅影响,但这种影响作用的形成并非来源于文化约束机制,而是来源于民族的一致性。② Gainous、Martinez 和 Craig 在 2010 年的研究中则坚持社会福利态度绝非福利体制所能左右的,认为其形成机制具有较强的复杂性。③ 而 Schmidt-Catran 在 2014 年基于多个国家的纵贯研究结果表明,虽然民众的社会福利需要源于其福利的缺失,但是,社会福利态度的变化与不同社会福利体制之间的关系并不能得到实践检验。④

此外,还有学者认为,福利体制显著影响了公众对制度化社会团结的态度。Arts 和 Gelissen 利用 1996 年国际社会调查项目(International Social Survey Program 1996)和 1999 年欧洲价值调查(European Values Study 1999)两个数据库中 20 个福利国家公众福利态度数据的分析发现,地中海地区国家的公民对通过政府介入社会福利领域从而实现社会团结的支持度最高,其次是社会民主主义福利国家的公民,制度化社会团结认同度较低的组群是自由主义福利国家、保守主义福利国家、激进主义福利国家及东南亚共产主义福利国家的公民。⑤ Gelissen 于 2000 年在对 14 个欧洲福利

---

① 参见杨琨、袁迎春《共识与分化:福利国家公民的福利态度及其比较研究》,《公共行政评论》2018 年第 3 期。

② Larsen, C. A., "The Institutional Logic of Welfare Attitudes: How Welfare Regimes Influence Public Support", *Comparative Political Studies*, vol. 41, no. 2 (2008), pp. 145 – 168.

③ Gainous, J., Martinez, M. D., Craig S. C., "The Multiple Causes of Citizen Ambivalent: Attitudes about Social Welfare Policy", *Journal of Elections, Public Opinion and Parties*, vol. 20, no. 3 (2010), pp. 335 – 356.

④ Schmidt-Catran, A., "Economic Inequality and Public Demand for Redistribution: Combining Cross-sectional and Longitudinal Evidence", *Socio-economic Review*, vol. 14, no. 1 (2014), pp. 119 – 140.

⑤ Arts, W. A., Gelissen, J., "Welfare States, Solidarity and Justice Principles: Dose the Type Really Matter", *Acta Sociologica*, vol. 44, no. 4 (2001), pp. 283 – 299.

国家的比较研究中发现，自由主义福利体制国家中的公民对福利国家的支持程度最高，相反，社会民主主义福利体制和保守主义福利体制国家的公民对福利国家的支持程度较低。① 与西方福利体制相比，中国的社会福利制度有其自身的特点，具体表现为由户籍制度造成的城乡社会福利二元区隔，以及由地区间经济发展水平不同导致的社会福利资源地区分配不均。②

然而，制度路径的解释机制并非完全没有问题。20 世纪 90 年代以来，该分类受到了众多学者的批评。这些批评主要集中在理论（国家与体制的范围、性别视角缺失的世界、福利国家体制的幻觉）、方法论与经验主义上，因而福利体制的定义、概念与方法都需要澄清。③ 尽管学者们提出了一系列福利体制的类型，但真实的福利国家通常是混合型的，很少是单一的理想类型。同时，由于正式理论学说的缺乏，以及比较研究中仍然无法确定的结果，福利国家的理想类型是什么仍然无法获得满意的回答。因而，福利体制对福利态度影响的研究就更为错综复杂。Larsen 指出，"先前联结制度与福利态度的企图已经不可信"④。这种不可信具体表现在以下两个方面：其一，理论上涉及态度与项目结构之间因果关系的解释。制度安排与福利国家态度的关联或许反映的是成功的政客在提出政策建议或决策时考虑到或受到公共舆论的影响，如此一来，公共舆论应该影响了制度安排。其二，关于制度结构与福利态度关系研究的方法论问题。当每种制度类型仅由少量的国家代表时，国家层面的因素的经验检验是不可信的。国家层面的差异可能归因于已测量的结构特征，也可能归因于其他尚未测量的特征。⑤

---

① Gelissen, J., "Popular support for Institutionalised Solidarity: A Comparison Between European Welfare States", *International Journal of Social Welfare*, vol. 9, no. 4 (2001), pp. 285 – 300.

② 参见万国威、刘梦云《"东亚福利体制"的内在统一性——以东亚六个国家和地区为例》，《人口与经济》2011 年第 1 期。

③ Bambra, C., "Going Beyond the Three Worlds of Welfare Capitalism: Regime Theory and Public Health Research", *Journal of Epidemiology and Community Health*. vol. 61, no. 12 (2007), pp. 1098 – 1102.

④ Larsen, C. A., "The Institutional Logic of Welfare Attitudes: How Welfare Regimes Influence Public Support", *Comparative Political Studies*, vol. 41, no. 2 (2008), pp. 145 – 168.

⑤ Blekesaune, M., Quadagno, J., "Public Attitudes toward Welfare State Policies: A Comparative Analysis of 24 Nations", *European Sociological Review*, vol. 19, no. 5 (2003), pp. 415 – 427.

第三章　中国贫困认知的现实情境

本章对中国贫困认知的现实情境进行了描述和解读。贫困认知和贫困本身一样，具有久远的历史传统。一方面，贫困认知作为一种文化、思想被予以探讨和解释，不同历史时期的反贫困思想和贫困治理实践反映了人们对贫困认知的理解，贫困已嵌入文化情境之中，并经历了传统文化向现代文化的转变。另一方面，对贫困认知的解读，还应结合中华人民共和国成立以来贫困治理的制度背景，包括计划经济时代的体制惯性、市场经济时期的制度转型、21世纪以来社会保障制度的重建强化及基本公共服务均等化的制度理念等，这些都应被纳入贫困认知的现实情境分析之中。

第一节　中国贫困认知的文化基础

一、贫困认知的历史文化传统

在中国传统文化中，文化有文治和教化的双重深刻含义。古代关于贫困问题、贫困现象的主观认知也有着众多的文献记载，并形成了丰富而精辟的论述。追本溯源，从先秦诸子百家的代表性论述中，可以找寻到中国长期以来贫困认知的历史文化传统。

（一）儒家文化的"入世"观念

在先秦时期，古人已经明确认识到个人拥有财货（物质财富）的多少，不仅仅是与个体及其家庭（家族）的生存发展（繁衍）密切相关，而且也与其经济社会地位密切相关。中国传统的儒家思想中对这一问题有着基于人性的认识。"富与贵，是人之所欲也；不以其道得之，不处也。贫与贱，是人之所恶也，不以其道得之，不去也。"① 由此可见，先秦儒家承认人对物质财富追求的合理性和必要性。由于儒家思想总体上表现出积极的入世态度，这也就决定了他们能正确面对贫富问题，而贫困问题的解决程度及社会整体的富裕繁荣程度如何，实际上与儒家的政治和社会理想实现息息相关，并进而影响个人修养及自我价值实现的水平。

儒家的几位主要代表人物在各自对贫困的主张上存在着细微的差别。在孔子看来，贫困不仅仅与个人或家庭事务相关，更关系到整个社会的长治久安及政权的稳固。从社会层面上来看，"好勇疾贫，乱也。人而不仁，疾之已甚，乱也"②，意思是说贫穷和好勇斗狠是社会祸乱的根源。从统治者的角度来讲，则是"四海困穷，天禄永终"③，因此，解决贫困问题，是统治者施政的核心要义。相较于孔子，孟子更强调统治者在治理贫困问题上的责任和义务。在孟子看来，统治者应该积极推行"王道"，实施"仁政"，而"王道""仁政"的关键内容之一就是重视百姓的生计问题。相比而言，作为出入于儒、法之间的人物，荀子既看到了贫困治理的合理性和必要性，又认为统治者的施政效果是治理贫困问题的关键，从这个意义上讲，贫困治理的合法性与公众对反贫政策的评价紧密相关。

整体而言，儒家在礼崩乐坏、民生凋敝的社会背景下，从建设理想社会、巩固统治者地位的立场出发，高度重视统治者在治理贫困问题中的社会责任和政治责任，主张立仁德、行仁政、爱民、惠民，通过政策的实施，解决民众的贫困问题。具体而言，按儒家文化的观点，统治者所应对的贫困问题多为临时性的"尽人事，听天命"的行政举措，长此以往，也使得底层民众形成了在对抗贫困时主要依赖政策和政府扶持的观念，因而不会十分注重脱贫能力的培养与提升。与此同时，在面对贫困问题时，长久形成的安于现状和不思进取的个体思维方式和"救急不救穷"的群体互

---

① 杨伯峻：《论语译注》，中华书局，1980，第232页。
② 杨伯峻：《论语译注》，中华书局，1980，第533页。
③ 杨伯峻：《论语译注》，中华书局，1980，第1345页。

助观念日渐根深蒂固，导致贫困群众的主观能动性不足，缺乏自主脱贫的内生动力，具体表现为"思想观念保守""脱贫志气不足""人生目标模糊"等，"精神'贫根'使他们缺乏穷则思变、穷则思勤的能动性和创造性"。[1]

（二）道家的"安贫乐道"观念

道家思想崇尚"道法自然"，以"无为而治"为导向，重自然而轻文化，对于知识和技术进步并不看重，甚至认为其会产生"机心"而致使人性堕落，因此，对改变贫困常态的做法持反对态度。[2]

道家的代表人物老子和庄子都主张"无为而治"，顺应天命，对自然界要充满敬意，尊重自然界的运行规律，而人类只需满足很低的生活需求，便能在一个自由平等的秩序中率性而为，享受美好人生，进而忽略或者回避贫困问题，甚至对贫困的状态有所美化。这种设想看似美好，实则违背了大多数人对于美好生活的基本向往和追求，只能成为极少数知识分子的人生理想和审美追求。[3]庄子一生甘于贫困，其思想中也颇有愚民色彩，而老子则公开主张愚民，如提到"绝圣弃知，民利百倍"（《老子·十九章》）[4]、"民多智慧，而邪事滋起"（《老子·五十七章》）[5]，提出"小国寡民""鸡犬之声相闻，民老死不相往来"的社会理想。整体而言，道家能够站在个人立场上以比较豁达的态度看待贫困，更为追求在主观精神层面上对贫困的内在超越，试图以精神的富足来对抗物质的贫困。

（三）法家文化与"制造"贫困

法家文化以"严刑峻法"为核心，主张加强中央集权和强化社会控

---

[1] 参见张志胜《精准扶贫领域贫困农民主体性的缺失与重塑——基于精神扶贫视角》，《西北农林科技大学学报（社会科学版）》2018年第3期。
[2] 参见吕广利《传统贫困观对精准扶贫的影响及应对》，《西北农林科技大学学报（社会科学版）》2020年第1期。
[3] 参见吕广利《传统贫困观对精准扶贫的影响及应对》，《西北农林科技大学学报（社会科学版）》2020年第1期。
[4] 〔魏〕王弼、楼宇烈：《老子道德经注校释》，中华书局，2008，第45页。
[5] 陈鼓应：《老子注译与评价》，中华书局，1984，第284页。

制。历代统治者一直推崇法家思想,将其作为维护阶级统治的思想控制工具,不仅导致民众基本生活条件艰难,还造成了社会风气的堕落和人际关系的恶化。

法家认为,通过"弱民",即对贫困的"批量生产",可以使得老百姓丧失羞耻心,激发他们对于财富、地位的追求,而国家治理的理想模式则是"圣人之为国也,一赏,一刑,一教"①,利出一孔,君主便可以利用赏、罚"二柄"来诱导人民依附于统治体制,驱使老百姓去实现君主个人"富国强兵"的梦想,推动"六王毕,四海一"② 的实现。法家思想对贫困问题有意无意间的"制造",可以视其为传统贫困文化的一部分。

法家代表人物商鞅公开宣扬"国弱民强,民强国弱。故有道之国,务在弱民"③。《商君书·弱民》进行解释:"民,辱则贵爵,弱则尊官,贫则重赏。以刑治民,则乐用;以赏战民,则轻死。"④《商君书·说民》也提道:"民贫则弱国,富则淫,淫则有虱,有虱则弱。故贫者益之以刑,则富;富者损之以赏,则贫。治国之举,贵令贫者富,富者贫。"⑤《韩非子·说疑》也提道:"禁奸之法,太上禁其心,其次禁其言,其次禁其事"⑥。这些论述都体现了作为统治阶级的思想恐惧,法家文化不仅要制造经济贫困,还要"愚民""辱民",制造思想贫困。

二、贫困认知的当代文化解释

近代以来,学者们对文化的内涵有了更加深入的认识。与贫困相关的文化也不再只是服务于统治阶级,文化不仅仅包括思想观念意识,还包括了与贫困相关的一系列制度、风俗,它在一定程度上反映了人与社会、人与人、人与自身之间的关系。

---

① 蒋礼鸿:《商君书锥指》,中华书局,1986,第69页。
② 〔清〕吴楚材、〔清〕吴调侯:《古文观止:全2册》,万卷出版公司,2015,第177页。
③ 蒋礼鸿:《商君书锥指》,中华书局,1986,第121页。
④ 蒋礼鸿:《商君书锥指》,中华书局,1986,第121页。
⑤ 蒋礼鸿:《商君书锥指》,中华书局,1986,第35页。
⑥ 〔清〕王先慎、钟哲:《韩非子集解》,中华书局,1998,第400页。

（一）文化与贫困认知

与贫困相关的文化嵌入人们的日常生活之中，并伴随时代印记反映了相应历史时期的社会公众对贫困（贫穷）的态度和看法。这种对贫困认知的文化维度既可以指人们对文化资源的占有量严重不足，甚至不能维持最基本的文化生活；也可以指一定的文化不适应地区经济、社会发展的实际需求，即文化失去了对社会的协调和制约功能。

具体而言，从当前的文化视角对贫困认知的理解主要有以下五种表现形式：①知识贫困。[①] 知识贫困，不仅是指贫困人口受教育水平低下，也指缺乏获取、吸收和交流知识的能力及有效途径。②文化生活单调、落后。[②] 受经济发展水平的影响，我国贫困地区文化事业、文化产业发展相对滞后，由于经费有限，文化基础设施严重不足，贫困人口的业余文化生活单调。③价值观念层次低、信仰迷失。缺乏正确的价值观的引导，部分人价值观扭曲，甚至失去了对共产主义的信仰。④文艺作品品位低、粗俗化，缺乏审美价值。一方面，缺乏反映贫困人口真实生活状况的有内涵的、亲民性的文艺作品；另一方面，贫困人口没有机会接触高雅的文艺表演和文艺作品。⑤生活方式贫困。生活方式贫困是指人们的物质生活和精神生活不平衡、不协调的状态。随着经济社会的发展，贫困人口的物质生活基本得到满足，但是，人们的思想空虚、生活颓废。[③]

文化隐含了贫困的发生逻辑。关于贫困产生的原因，历来有结构论和文化论之争。结构论认为，贫困是人们资源缺乏的一种客观状态和暂时的经济现象，会随着制度的完善和市场的成熟而终结；文化论则认为，贫困与人们的动机、信仰、生活态度和行为特征等主观认知有关，是一种主观的心理感受，并且会长久存在。虽然结构论和文化论都有一定的解释力，

---

① 参见王洪涛《中国西部地区农村反贫困问题研究》，博士学位论文，中央民族大学，2013，第73页。

② 参见胡鞍钢、熊义志《我国知识发展的地区差距分析：特点、成因及对策》，《管理世界》2000年第3期。

③ 参见胡鞍钢、李春波《新世纪的新贫困：知识贫困》，《中国社会科学》2001年第3期。

但从人类历史发展的长河来看，文化论显然更有说服力。①

文化对减缓贫困具有如此大的功效，是因为文化不仅决定个人的基本生活方式和认知方式，影响个人的情感和心理健康，还影响着社会公共生活的道德法则和制度设计。也就是说，文化中的观念、信念、信仰和意识形态对社会系统的形塑作用不可小觑。马克斯·韦伯之所以写出《新教伦理与资本主义精神》这样的传世之作，就是因为意识到了新教教义与资本主义制度之间的关系；人类早期的神话和理论，带有明显的"形而上"色彩，是典型的经验主义，却因为某种信念成为永恒的经典；意识形态是有组织的信念系统，是个体基于某种文化信念而对社会应然状态的期许，是政党进行社会整合的心理依据。可见，在中国现有的国情下，要治理贫困，首先要解决贫困者的心理定式，树立好正确的贫困治理信念和信仰。这同时也说明，在贫困治理中，运用认知科学来构建民众对政府信任的心理基础，具有十分重要的意义。

随着人们生活水平的整体提升，对贫困的关注从原来的绝对贫困走向了相对贫困，贫困的内涵也从客观贫困拓展到了主观贫困，这种研究转向背后体现的是高度的人文关怀，符合公共管理的制度逻辑。② 在越来越多的人虽然解决了温饱但仍然感觉到"被剥夺"和"被边缘化"的今天，主观贫困的认定无疑是回应民众诉求、彰显社会关怀、激励反贫困参与的有效形式，这也再次印证了从文化角度解释贫困问题的合理性。

（二）"共同富裕"理念下的救济式反贫文化

在社会主义建设初期，马克思主义经典著作和苏联的相关经验成为国内反贫困思想的主要理论来源：私有制是一切贫困的根源所在，解决贫困问题唯有废除私有制。因而，这一时期的反贫文化具有很强的政治色彩，并集中体现了共同富裕的治理理念。

中华人民共和国成立初期，国民经济因连年战争遭到严重破坏，政府

---

① 参见周耕《当代中国农村结构性贫困问题研究》，博士学位论文，吉林大学，2018。
② 参见左停、杨雨鑫《重塑贫困认知：主观贫困研究框架及其对当前中国反贫困的启示》，《贵州社会科学》2013 年第 9 期。

采取了农业支持工业、农村支持城市的恢复经济生产方针，其结果是农村生活条件不能满足温饱需求，大量贫困人口聚集。对此，毛泽东提出把共同富裕作为农村反贫困和农业发展的奋斗目标："在逐步地实现社会主义工业化和逐步地实现对于手工业、对于资本主义工商业的社会主义改造的同时，逐步地实现对于整个农业的社会主义的改造，即实行合作化，在农村消灭富农经济制度和个体经济制度，使全体农村人民共同富裕起来。"① 早期的反贫困思想着力形成一套以农村公有制建设为主要内容的社会主义反贫困理论。

中华人民共和国成立初期的第一代领导集体对中国的贫困问题进行了探索，他们坚信在社会主义制度下可以实现共同富裕，这里的共同富裕是物质和精神同步的富裕。② 值得注意的是，毛泽东在中央苏区进行过文化扶贫实践，受时代背景和历史条件的限制，毛泽东并未提出"文化扶贫"这一概念，但是，通过对历史资料的深入分析可以发现，以毛泽东为代表的中国共产党人在中央苏区设立教育局，成立文化部、文化科等部门，以严密的体制机制统一指导人民群众进行文化教育活动，调动全民参与扫盲，改良社会风气，实质上是对中央苏区的工农群众进行了文化扶贫。中华人民共和国成立之后，毛泽东等第一代领导人在充分了解我国基本国情的基础上，进行了"三大改造"、土地革命，这在很大程度上改善了群众的生活。③

（三）"先富带后富"理念下的开发式反贫文化

党的十一届三中全会的召开标志着中国进入了改革开放的新时期，邓小平客观分析了我国的经济发展状况，指出要大力解放和发展生产力，共同富裕成为社会主义的本质要求。改革开放以来，在我国扶贫理论和实践中，贫困人口的精神文化需求逐渐受到关注和重视，马克思主义扶贫理论

---

① 毛泽东：《关于农业合作化问题》，见中共中央文献研究室《建国以来重要文献选编》第6册，中央文献出版社，1993，第436页。
② 参见汪青松《社会主义精神富裕界说》，《郑州大学学报（哲学社会科学版）》，2012年第1期。
③ 参见吕海升《中国利益分享关系演变与发展研究》，博士学位论文，吉林大学，2012。

与中国的贫困实际逐渐紧密结合。在这一时期,以发展生产力为核心的社会主义初级阶段脱贫战略不再设定硬性的经济运行标准,而是把个人的主观能动性放到第一位,依托个人努力和政府帮助以实现脱贫致富。20世纪80年代,中国逐渐解决了温饱问题,这是中国扶贫实现的一大壮举。此后的领导人相继发力,将"先富带后富"的理念融入反贫困政策的制定和实施之中,邓小平提出的"两步走"战略,具有开创性的理论价值:"允许一部分人先富起来"充分照顾到个人追求利益的积极性,"共同富裕"是坚定不移的奋斗目标,先富人群反过来又能更好地带动后富人群的发展。[1] 在邓小平南方谈话后,"两步走"战略成为全国共识,国家确立了"效率优先、兼顾公平"的指导方针,"公有制为主体、多种所有制经济共同发展"确立为社会主义初级阶段的基本经济制度。[2]

随着改革开放的稳步推进,经济发展取得一定成果,反贫困思想对社会公平的关注度大幅提高,党的十六届五中全会提出"更加注重社会公平"的发展要求。[3] 江泽民进一步将消除贫困确立为中国共产党执政的重要任务,也是实现最基本的人权和维护稳定的前提。在胡锦涛的领导下,坚持科学发展观,针对贫困人口集中的农村地区的实际情况,提出要走一条"政府主导、社会参与、扶贫开发"的扶贫道路,使得我国的贫困人口大规模减少,基本解决了农村贫困人口的温饱问题。[4]

(四) 自主脱贫减贫的精准扶贫文化

长期以来,中国传统反贫困理论的特点是救济式扶贫,主要依赖政府兜底和民间力量的支持,在这一扶贫方式下,返贫现象发生率高,贫困治理的脆弱性和风险性也偏高。20世纪80年代,开发式扶贫掀起了主动脱贫的浪潮,讲求增强贫困地区和贫困人口的自我积累和自我发展的能力,

---

[1] 参见薛宝贵、何炼成《先富带动后富实现共同富裕的挑战与路径探索》,《马克思主义与现实》2018年第2期。
[2] 参见张虹、陈岱松《先富帮后富 还得靠法制》,《探索与争鸣》1999年第6期。
[3] 参见王昉、徐永辰《从共同富裕到精准扶贫——新中国反贫困思想的历史考察》,《宁夏社会科学》2020年第1期。
[4] 参见范小建《开创中国特色扶贫开发事业新局面》,《人民日报》2012年12月7日,第16版。

或兴建乡镇企业，或培育壮大区域优势产业，或投资当地基础设施建设。但与此同时，由于贫困的多维度内涵本身就决定了单一开发式扶贫无法完全适应贫困治理的实际需求，因而必须向综合反贫困转变。

党的十八大以来，我国的贫困治理进入精准扶贫阶段。习近平总书记凭借自己多年的基层经验和卓越智慧提出了精准扶贫思想，在破解贫困这一世界性难题上贡献了中国智慧。"发展为了人民，这是马克思主义政治经济学的根本立场。马克思、恩格斯指出：'无产阶级的运动是绝大多数人的、为绝大多数人谋利益的独立的运动'，在未来社会'生产将以所有的人富裕为目的'。"① 这一思想中处处可见习近平总书记的为民情怀、坚持以人民为中心的发展思想及深入调查研究的工作作风。习近平总书记审时度势，在分析了我国贫困状况和当前的扶贫实际的基础上，强调"要注重扶贫同扶志、扶智相结合，把贫困群众积极性和主动性充分调动起来，引导贫困群众树立主体意识，发扬自力更生精神，激发改变贫困面貌的干劲和决心，靠自己的努力改变命运"②。"输血"式扶贫已经不能适应时代所需，必须进行"造血"式扶贫，要彻底摆脱贫困首要是摆脱思想意识的贫困，"脱贫致富不仅要注重'富口袋'，更要注重'富脑袋'"③，这就为今后的扶贫指明了方向，扶贫必须要与扶志扶智相结合。

1. 扶贫先扶志

只有群众自己有志气、有致富的信心，才能有动力去勤劳致富。习近平总书记指出："要引导贫困群众树立'宁愿苦干，不愿苦熬'的观念，自力更生、艰苦奋斗，变'要我脱贫'为'我要脱贫'。"④ 这对于转变贫困人口"等、靠、要"思想有重要的启示作用。早在福建宁德工作期间，习近平总书记就提出"弱鸟先飞"的理念，认为贫困地区完全可以依靠自

---

① 中共中央党史和文献研究院：《习近平扶贫论述摘编》，中央文献出版社，2018，第10页。
② 《习近平概括脱贫攻坚五大经验》，环球网，2017年2月23日，见 https://china.huanqiu.com/article/9CaKrnK0LdT。
③ 《"既要富口袋，也要富脑袋"——习近平论脱贫攻坚"两手抓"》，光明时政网，资料来源于求是网，2020年6月28日，见 https://politics.gmw.cn/2020-06/28/content_33944419.htm。
④ 《习近平：扶贫、扶志、扶智相结合 引导贫困群众摆脱贫困》，央视网-海外网，2021年2月25日，见 https://baijiahao.baidu.com/s?id=1692662117977881607&wfr=spider&for=pc。

身的努力、政策、长处、优势在特定的领域"先飞"。① 贫困地区的穷困大多是由于处于山大沟深、偏远地区,这些地方要致富,就需要转变观念,在山水上做文章,创新性盘活贫困地区的优质资源,"让资源变资产、资金变股金、农民变股民",让贫困群众就近就业,有固定的收入。扶志的理念对新时代的文化扶贫提供了可资借鉴的模式。

2. 扶贫必扶智

扶贫必扶智②,这里的"扶智",要扶的就是智力不足、知识匮乏。社会环境对人的智力发展和习惯养成有着重要的影响,必须营造良好的社会风气和生活环境。通过弘扬尊老爱幼、兄弟友爱、邻里和睦的氛围,塑造家庭老少和顺的良好家风,倡导健康、整洁、文明的生活方式,在和谐的社会氛围中发展智力。通过农民大讲堂、夜校等宣传文化知识,提高贫困群众的文化知识水平。

3. 治贫先治愚

治贫先治愚③,因为愚昧无知是造成贫困的重要原因之一。贫困人口要想富,一是要有文化。让贫困地区的孩子接受良好的教育是阻断贫困代际传递的有效方式,办人民满意的教育,让贫困地区的孩子不仅能识字、算数,还能知中华传统美德、晓礼义廉耻、通诗词歌赋、辨是非曲直;让读书人成为引领乡村风气的带头人、移风易俗的先行者。二是要有技能。"靠着墙根晒太阳,等着别人送小康",终究不能实现精准脱贫,更不能实现真正的小康。因此,要培养贫困群众发展生产、经商、务工的基本生存技能,让贫困群众有脱贫致富的内生动力。"家有良田万顷,不如薄技在身",贫困地区要取得长足发展,必须要有自己的产业,贫困人口要想长期稳定脱贫,必须要有一定的技能。"授人以鱼不如授人以渔",加大对贫困群众的技能培训力度,让群众有一技之长,这样才是脱贫的长久之计。

---

① 参见《重读〈摆脱贫困〉:弱鸟如何先飞? 至贫怎样先富?》,央视网,2017 年 9 月 3 日,见 http://news.cctv.com/2017/09/03/ARTIxkrtEAx4x1K4sLBhi4ll170903.shtml。

② 参见《习近平谈摆脱贫困:扶贫必扶智,治贫先治愚》,人民网 - 中国共产党新闻网,2018 年 10 月 9 日,见 http://cpc.people.com.cn/xuexi/n1/2018/1009/c385476 - 30329647.html。

③ 参见《习近平谈摆脱贫困:扶贫必扶智,治贫先治愚》,人民网 - 中国共产党新闻网,2018 年 10 月 9 日,见 http://cpc.people.com.cn/xuexi/n1/2018/1009/c385476 - 30329647.html。

第二节 中国贫困认知的制度背景

一、计划经济的体制惯性

中华人民共和国成立初期的反贫困政策重在经济生产的重建，并且受到"以阶级斗争为纲"口号的影响。这一时期的反贫政策具有很显著的计划经济体制特征，社会政策体系亦未能很好地与经济发展相配合，甚至忽略了国家经济的实际承受力。

从当时国内经济条件的约束来看，计划经济体制的实施与其社会结构和意识形态是相符合的，为国民经济发展做出了巨大的贡献。中共中央制定了"一化三改造"的过渡时期总路线和总任务，在全国范围内实施计划经济体制。但与此同时，高度集中的计划经济体制为国家和企业带来了沉重的负担，造成了国有企业的低效率，拖累了国民经济的发展。由于对社会经济客观状况的认识存在不足，从社会政策（服务）的提供主体来看，这一时期社会服务供给完全由政府垄断，没有市场和市民社会的元素。

在以毛泽东为核心的第一代中央领导集体带领下，从发展社会主义和满足人民群众现实利益的角度出发，分析反贫困问题，一方面基于长远目标提出了实现"共同富裕"的理念，另一方面积极探索适合中国国情的社会主义贫困治理的道路。例如，毛泽东在1955年指出："全国大多数农民，为了摆脱贫困，改善生活，为了抵御灾荒，只有联合起来，向社会主义大道前进，才能达到目的"[①]；要"在逐步地实现社会主义工业化和逐步地实现对于手工业、对于资本主义工商业的社会主义改造的同时，逐步地实现对于整个农业的社会主义的改造，即实行合作化，在农村中消灭富

[①] 中共中央文献研究室：《毛泽东文集》第6卷，人民出版社，1999，第429页。

农经济制度和个体经济制度,使全体农村人民共同富裕起来"①。从以上论述可以发现,毛泽东关于共同富裕的思想为中国解决贫困问题指明了目标和路径,即最终要达到全体人民共同富裕,其具体路径是通过发展经济、走工业化、现代化道路等来实现。

这一时期的贫困治理政策相对缺乏,主要让位于国民经济恢复重建与社会主义改造。一方面,党中央领导全国各族人民有步骤地恢复国民经济并开展了有计划的经济建设,先是对资产阶级进行和平赎买,然后迅速完成对资本主义工商业的改造,实现农业的社会主义改造。1956年年底,全国加入合作社的农户超过95%,完成了几千年的分散个体劳动向集体所有、集体经营的历史性转变,消灭了剥削制度,成功实现从新民主主义到社会主义的转变,全面确立了社会主义的基本制度,这些都为彻底解决贫困问题和后来的改革开放奠定了根本政治前提和制度基础。另一方面,在"一穷二白"的基础上积极探索建设独立的比较完整的工业体系和国民经济体系。"一五"期间集中力量建设了由苏联援建的156项重点工程,新建了一系列基础工业部门,为建立比较完整的独立工业体系和国民经济体系进行了原始积累,1952—1978年期间,工农业总产值年均增长8.2%,基本建设投资6440亿元,累计新增固定资产比1949年增加了7倍,粮食产量由旧中国最高年份的1.4亿吨提高到1978年的3亿吨,极大地解放和发展了生产力,在没有专项扶贫政策的背景下取得了显著的减贫成效,使人民群众的生活水平、受教育状况和医疗健康状况较新中国成立前有了明显改善。② 正如毛泽东所说的:"没有工业,便没有巩固的国防,便没有人民的福利,便没有国家的富强。"③

然而,贫困人口基数大、自然条件恶劣和抵御风险能力差等客观原因,再加上20世纪50年代末正处在生产关系上仍处于探索与调整期间,

---

① 毛泽东:《关于农业合作化问题》,见中共中央文献研究室《建国以来重要文献选编》第6册,中央文献出版社,1993,第436页。
② 参见王锐《中国社会主义经济建设的历史进程和基本经验》,博士学位论文,中共中央党校,2019。
③ 转引自王灵桂、侯波《新中国70年贫困治理的历史演进、经验总结和世界意义》,《开发性金融研究》2020年第1期。

导致农业生产遭到极大的破坏，广大人民利益受损，城乡人民的生活遇到很大的困难。直到改革开放初期，我国农村的贫困发生率仍然处于一个较高的水平。

计划经济体制带来的另一个显著影响是社会福利制度出现显著的城乡二元分割。① 受制于国家有限的财政能力，这一时期我国的社会福利和服务只能维持在极低的水平，而且城镇普遍优先于乡村。这一时期，国家主导了社会资源分配和个人发展机会，在高度组织化、集权化和单一化的社会结构中，建立起国家主导的、城乡二元的社会政策体系，形成了"二元"社会中国。在这个"二元"社会中国中，国家在福利中的角色具有二重性：既有制度性的一面（国家通过单位体制为城镇居民提供比较全面的福利和服务），又有补救性的一面（对单位体制以外的城市居民和农村居民只提供十分有限的救助和援助）。② 具体而言，国家在实施优先发展重工业的经济政策的同时，在户籍制度的基础上，按照城乡分割的原则，在城乡实施两套截然不同的社会政策体系。在城镇，国家建立了一套以终身就业为基础的、由单位直接提供各种福利和服务的社会政策体系。在这种社会政策体系下，国家对城镇国有企业职工实施了大包大揽的劳动保险制度，为中国工人阶级提供了十分完整的社会保护，包括医疗服务、住房、教育、养老，以及各种生活福利和困难救济，这些被认为是社会主义优越性的体现。这套体系被称为"单位福利制度""单位社会主义""迷你福利国家"。③ 在农村，在集体经济的基础上，建立了包括合作医疗制度、五保户制度等在内的集体福利制度。虽然城乡社会福利水平差距很大，形成了二元制福利体系，但是，国家直接或间接地在社会福利提供中扮演了重要角色，城乡居民的基本福利需要，如教育、医疗、就业等，都得到了一定程度的满足，至少在城镇或农村内部没有出现严重的社会不公平问题。④

---

① 参见岳经纶《中国社会政策 60 年》，《湖湘论坛》2009 年第 4 期。
② 参见岳经纶《社会政策与"社会中国"》，社会科学文献出版社，2014，第 6 页。
③ 参见岳经纶《建构"社会中国"：中国社会政策的发展与挑战》，《探索与争鸣》2010 年第 10 期。
④ 参见岳经纶《社会政策视野下的中国民生问题》，《社会保障研究》2008 年第 1 期。

二、市场经济的制度转型

(一) 农村改革先行突破下的政策扶贫

改革开放启动后,以邓小平同志为核心的第二代中央领导集体将工作重心重新转移到经济建设上来,提出社会主义阶段的主要任务是解放和发展生产力,目标是实现共同富裕。在这样的大背景下,国家以农村改革为突破口,实施了家庭联产承包责任制等一系列政策变革。一些地区在解放思想、实事求是思想路线和中央有关农业发展精神的鼓舞下,紧紧围绕调动农民生产积极性和提高农业生产效率进行大胆创新。例如,1977年年底,安徽省委制定了《关于当前农村经济政策几个问题的规定(试行草案)》,主要内容涉及尊重生产队自主权、落实按劳分配制度、允许鼓励社员经营自留地和正当的家庭副业等,这份文件突破了以往政策"禁区",得到广大农民的热烈欢迎;四川省积极鼓励一些生产队进行"包产到组"和"分组作业,定产定工,超产奖励"的措施;广东省从1978年开始逐步在全省推广定劳力、定地段、定产量、定成本、定工分到作业组,以及超产奖励的"五定一奖"管理办法。随后,在全国范围内逐步推行了以大包干(包干到户)为主要形式的家庭联产承包责任制,取消了原来政社合一的人民公社,成立了独立核算、自负盈亏的农业生产合作社,实行了"三多一少"的农村商品流通体制改革,乡镇企业也异军突起,当这些政策的供给红利传导到贫困人口身上时,极大地激发了他们的生产热情,推动了中国经济的快速增长,使农村贫困现象大幅缓解。

与此同时,党和政府从制度建设入手,开始就贫困帮扶机制和转移支付等做出政策安排,一方面,通过举国体制的优势,促进物质、人才和技术等向边远地区、民族地区的贫困人口倾斜;另一方面,通过东西部地区协作的形式,对民族地区、革命老区、偏远地区的农村进行定向援助。例如,20世纪80年代,设立支援经济不发达地区发展资金、下发《关于帮助贫困地区尽快改变面貌的通知》等措施出台,我国扶贫事业逐步成为一个专业工作领域,逐步成为一个专项工作领域,进入了专业化治理的新阶段。1978年，我国没有解决温饱的贫困人口是2.5亿，到1985年，没有解决温饱的贫困人口是1.25亿，占农村人口的比例下降到14.8%。[1]

（二）就业体制转换与失业贫困

改革开放之前，我国一直实行的计划型就业体制实现了一种完全就业的状态，对解决失业和扩大就业发挥了很大作用，在计划经济体制运行中起着重要的作用。但是，随着中国经济规模不断扩大和经济结构日趋复杂，计划经济体制对社会生产力发展的阻碍日益显现。同时，计划型就业体制的弊端也随之暴露出来。

计划型就业体制改革最初表现为就业渠道的多元化，开始突破传统的劳动力统包统配制度。这种变革与以计划经济为主、市场调节为辅的经济体制相伴随，开始加入了市场调节的因素。1980年8月，党中央提出的劳动部门介绍就业、自愿组织起来就业、自谋职业相结合的"三结合"就业方针，拓宽了就业的领域，将国有经济、集体经济、个体经济都纳入了就业渠道，使传统的就业思路发生了根本的变化，也使城镇劳动力的就业观念发生了转变。劳动就业方针的改变，一方面大大地增加了就业岗位，另一方面也使得一部分劳动者进入就业不稳定状态，开始面临失业的风险。

随着国有企业改革的步伐大大加快，在社会保障没有健全的情况下，结构调整和深化企业改革无疑会影响劳动者的生活，进而出现以下岗和失业为主体的贫困群体。在20世纪90年代后期的国企改革中，"两个确保"和"三条保障线"发挥了保驾护航的作用，为缓解下岗失业高峰做出了贡献。仅以1998年至2002年6月底为例，全国国有企业累计下岗职工达2600多万人，90%以上进入企业再就业服务中心；领取基本养老金的企业离退休人数从2700多万人增加到3200多万人，每年平均增加150万人，基本能够按时足额领到了养老金，并补发了历史拖欠的215亿元。[2]

---

[1] 参见《中国扶贫攻坚25年：从2.5亿到2900万》，搜狐网，资料来源于新华网，2004年5月24日，见http://news.sohu.com/2004/05/24/24/news220242412.shtml。

[2] 参见贺劲松、齐中熙《招待会背景资料："两个确保"和"三条保障线"》，搜狐网，来源于新华网，2002年11月11日，见http://news.sohu.com/10/59/news204255910.shtml。

在那个特殊的历史时期,刚刚确立的社保制度较好地保障了上述困难居民的基本生活,维护了社会稳定,促进了经济体制改革和经济结构调整的顺利进行。

(三) 户籍制度改革与农民工权利贫困

我国的二元户籍制度,也可称之为农村户口和城市户口"二元"户籍制度,是新中国成立后,随着计划经济体制的建立而逐步形成的,城市、农村两大群体也因此被人为地分割开来,实行分类管理。户籍制度在维护城乡社会秩序上发挥了重要作用,它不仅仅对城乡人口的管理发挥着作用,对整个社会、经济、文化等方面的影响也是广泛而深远的,并且深深地影响着人民美好生活的获得和贫困治理的进程。

改革开放以来,户籍制度的转型改革应运而生。1980年以后,国家一方面继续严格控制城镇人口的增长,另一方面对一些特殊的"农转非"问题开始放宽条件。1984年,国务院发出了《国务院关于农民进入集镇落户问题的通知》,允许在集镇务工、经商、办服务业的农民自理口粮到集镇落户。20世纪80年代末开始,随着我国城市化步伐的加快、市场经济体制的逐步发展,大量的农业剩余劳动力自发地、大规模地、持续地跨地区流向大城市,从而产生了"民工潮",其足迹遍及全国各大中城市。在民工流动的过程中,不仅出现了农民工贫困群体,而且其规模也越来越大。

本籍居民与外来居民在教育、医疗、社保、就业、抚恤等方面享受的福利待遇差异依然非常明显。例如,社会保障政策具有明显的社会身份排他性,城市用工单位会为正式职工购买强制性社会保险,但绝大部分城市用工单位没有为农民工办理社会保险,忽视了农民工群体为城市发展做出的巨大贡献,这种国家制度安排附加的差别福利待遇,也间接造成了农民工的权利贫困。

三、社会保障制度的重建强化

由于改革开放前期对经济发展的偏重,随着市场经济体制目标模式的确立，包括反贫困政策在内的一系列社会福利制度都经历了深刻的范式转变。① 无论是劳动就业政策、教育政策、医疗政策，还是住房政策，都经历了从国家主导向市场主导转变的过程。旧的城乡社会保障体系逐步瓦解，变得支离破碎，许多人失去了基本的社会福利和服务。

进入21世纪，我国社会保障制度正逐渐作为一项独立的社会福利制度在建设，在制度安排上逐渐纠正过去的不公正倾向，随着社会保障制度的重建和强化，社会公平理念也得到了强化。② 这一时期，以胡锦涛同志为总书记的党中央提出科学发展观的指导思想，扶贫开发工作紧紧围绕以人为本、全面协调可持续发展的总基调，并将实施西部大开发战略与解决贫困问题同步推进，进一步加大对贫困地区的投入，以增强自我发展能力为主线，更加注重基础设施建设，着力提升发展保障能力。胡锦涛指出："要把保障和改善民生作为加快转变经济发展方式的根本出发点和落脚点，坚定不移走共同富裕道路，完善保障和改善民生的制度安排，加快发展各项社会事业，坚持优先发展教育，着力抓好就业这个民生之本，合理调整收入分配关系，加快推进覆盖城乡居民的社会保障体系建设，加快医疗卫生事业改革发展，加快推进住房保障体系建设，继续推进扶贫开发，发展妇女儿童事业，培育壮大老龄服务事业和产业，健全残疾人服务体系，使发展成果更好惠及全体人民。"③

2005年12月，第十届全国人大常委会第十九次会议决定废止《中华人民共和国农业税条例》，中国农民告别了延续2600多年的"皇粮国税"；此外，国家以广覆盖、保基本、多层次、可持续的原则，积极构建起了我国农村社会保障制度的基本框架，改变了农村无社保的局面。在此基础上，国务院于2001年起开始实施《中国农村扶贫开发纲要（2001—2010年）》，并明确21世纪头10年的扶贫开发目标、基本措施和保障体系，即

---

① 参见莫家豪《改革开放以来中国社会政策范式的转变》，《中国公共政策评论》2008年总第2卷。
② 参见刘继同《社会福利：中国社会的建构与制度安排特征》，《北京大学学报（哲学社会科学版）》2003年第6期。
③ 参见《胡锦涛：着力解决人民最关心最直接最现实利益问题》，南海网，资料来源于新华网，2011年2月19日，见 http://www.hinews.cn/news/system/2011/02/19/012035734.shtml。

把解决极少数贫困人口的温饱问题作为底线,在此基础上不断改善贫困地区的基本生产生活条件,进一步提高贫困人口的生活质量、生产能力和科学文化素质,改善贫困乡村的通水、通电、通路和广播电视等基础设施状况,逐步改变贫困地区社会、经济、文化的落后现状,为达到小康创造条件。可见,这一阶段党和政府的贫困治理思想主要体现在三方面:在个体层面,把以人为本的理念贯穿在扶贫开发过程中,更加强调农村贫困人口的主体地位和现实需求;在社会关系层面,以构建社会主义和谐社会为引领,对扶贫的本质和内涵赋予了新的更高的要求;在国家战略层面,大力实施社会主义新农村建设,着力探索农村经济发展、解决贫困问题与有效乡村治理有机结合的路径。①

经过这一时期的不懈努力,我国贫困治理成效发生了巨大变化,进入了从总体上解决贫困人口的生存问题向提高贫困人口综合素质和发展能力、加快脱贫致富、缩小发展差距转变的新阶段。在此期间,我国的扶贫治理体系和治理能力也发生了重大变化,基本形成了开发式扶贫和社会保障相结合,外部支持与自力更生相结合,专项扶贫与行业扶贫、社会扶贫相结合的多维立体贫困治理格局。特别是全面取消农业税、实行多种农业补贴、加强农村基础设施建设、不断增加对贫困地区的财政转移支付和专项扶贫资金等政策的实施,为 21 世纪中国扶贫减贫事业增添了新的动力,也为贫困人口获得平等发展机会和共享现代化成果奠定了基础。

值得注意的是,深化社会保障制度改革的同时,我国依然面临巨大的社会压力和贫困治理挑战。首先,政策的制定缺乏预见性和全局性,导致贫困治理"碎片化"格局加剧并有固化的趋势。中国贫困治理改革受渐进改革和"摸着石头过河"的改革思路影响,表现为事后补救的"下游干预"型政策范式,② 不断为制度"打补丁"的社保制度安排使路径依赖不断固化,导致中国贫困治理制度进一步"碎片化"③。其次,责任划分不

---

① 参见李忠杰《新中国 70 年贫困治理的历程和经验》,《社会治理》2019 年第 7 期。
② 参见张秀兰、徐月宾、方黎明《改革开放 30 年:在应急中建立的中国社会保障制度》,《北京师范大学学报(社会科学版)》2009 年第 2 期。
③ 参见郑功成《中国社会保障改革:机遇、挑战与取向》,《国家行政学院学报》2014 年第 6 期。

清，责任分担机制效果不佳。主要表现为历史责任与现实责任划分不清，政府责任与市场、社会、个人责任划分不清，以及中央政府与地方政府责任划分不清。① 原有社会保障制度下的历史债务与新制度的现实责任一直处于模糊状态，商业保险应该如何发挥作用，慈善公益事业需要承担哪些责任均不明确。各项社会保险虽然已建立了国家、企业和个人缴费分担机制，但个人所负责任大小并不明确。中央和地方财政责任非制度化与缺位现象并存，② 缺乏中央政府对贫困治理财政投入的保障机制。最后，社会保障公共服务分享不均与供给不足并存。城乡差别、地区差别和群体差别问题突出，贫困治理的互济性和公平性不足，阻碍了劳动力资源的合理流动和优化配置。社会保障公共服务能力低下，③ 进一步阻碍了普惠式、均等化的贫困治理目标的实现。

四、基本公共服务均等化理念

党的十九大报告指出，当前中国社会的主要矛盾已经转化为人民日益增长的美好生活需要和不平衡不充分的发展之间的矛盾。随着生活水平的日益提高，人们在公共教育、医疗健康、社会保障等方面的公共服务需求也相应增加。现阶段公共服务地区间及城乡间的不均衡发展已越来越无法满足人们对基础设施、教育、医疗及社会保障等方面的公共服务需求，公共服务方面的短板问题也是很多地区致贫的原因之一。④

中国当前的基本公共服务存在供给不足、质量不高、发展不均等问题，导致基本公共服务对低收入群体的惠及程度不足。⑤ 在经济增长减贫效应日趋乏力的趋势下，重视收入差距、公共服务水平差距等问题显得尤

---

① 参见张彭《我国社会保障支出的政府间分工研究》，硕士学位论文，电子科技大学，2017。
② 参见丁元竹《社会体制改革的切入点：公共领域的投资体制》，《社会保障研究》2008年第1期。
③ 参见杨燕绥、杨娟《论社会保障公共服务》，《社会保障研究》2009年第1期。
④ 参见郝晓薇、黄念兵、庄颖《乡村振兴视角下公共服务对农村多维贫困减贫效应研究》，《中国软科学》2019年第1期。
⑤ 参见王谦《城乡公共服务均等化问题研究》，博士学位论文，山东大学，2008。

为重要。公共服务的低水平发展及不均等化现象不仅影响着中国扶贫事业的发展，更制约着中国经济的一体化发展进程，阻碍经济社会的和谐健康发展。

贫困治理不应只重视短期贫困率的降低，更应重视维护已有扶贫成果，从长远着手，以确保真正长期有效的扶贫。仅依靠单纯的"输血式"扶贫往往难以实现长期可持续性的脱贫，通过提升公共服务水平，推进公共服务均等化进程来进行"造血式"扶贫反而更有意义。不断提高公共服务水平，既是政府职能所在，也是经济可持续发展的需要。同时，不断推进城乡公共服务均等化进程，也有利于进一步缩小地区和城乡间服务可获得性的差距，以确保广大人民群众都能够享受到基本的公共服务。[①]

通过合理配置公共服务，努力缩小公共服务的地区差异及城乡差异来缓解相对贫困问题，这种减贫效果将更加明显。因此，在努力提升公共服务水平的同时，更应该重视公共服务均等化进程的推进，以公共服务的均衡化发展来推动扶贫攻坚工作的顺利完成，并巩固扶贫成果，助力小康社会目标的实现。具体而言，针对基本公共服务城乡差异、地区差异较大的情况，应着力推进基本公共服务均等化进程。例如，对农村和省内基本公共服务相对薄弱的区域适度实施一定的政策倾斜，努力实现地区间、城乡区域间基本公共服务的大体均衡发展。针对贫困地区基本公共服务水平普遍偏低的情况，应着力改善贫困地区基本公共服务水平，尤其是医疗、教育、公共设施、社会保障等关键领域，以保障这些地区基本公共服务的整体水平接近国家的平均水平，确保广大困难群众能够摆脱贫困，实现老有所养、病有所医、学有所教、居有其所。

[①] 参见杨迎亚、汪为《城乡基本公共服务均等化的减贫效应研究》，《华中科技大学学报（社会科学版）》2020年第2期。

第四章 公众贫困认知的生成逻辑

本章基于贫困认知、主观贫困和福利态度的研究概况，构建了公众贫困认知的分析框架，对贫困认知的生成逻辑、解释路径和作用机制进行详细分析，为后续实证章节提供理论支撑。公众贫困认知基于贫困认知的双重维度，可以基本归纳为公众贫困状况的认知和对反贫困政策的态度两个方面，前者又可以进一步区分为对个体贫困的认知和对群体贫困的认知，后者则包括了政府反贫困责任、反贫困救助水平、反贫困治理效果三个不同侧面。而基于主观贫困的归因和福利态度的影响因素，公众贫困认知的解释路径可以归纳为个体特征、社会价值和制度情境三个方面，区域差异也被纳入考量。与此同时，公众贫困认知对社会融合的作用也不容忽视，因此，对公众贫困认知现状及影响因素的分析，有利于检视贫困者在社会融合进程中面临的主要问题和症结，进而促进贫困群体真正地实现社会融合。

第一节 公众贫困认知的分析框架

态度是人们在现实世界经历的综合映射，也是人们行为方式的重要预测因素。贫困认知，即如何看待贫困，是一个国家福利文化和道德经济的重要方面。[1][2] 对公众贫困认知的探讨可以更加全面地了解公众的需求，

---

[1] Mau, S., *The Moral Economy of Welfare States: Britain and Germany Compared* (London: Routledge, 2003).

[2] Larsen, C. A., *The Institutional Logic of Welfare Attitudes: How Welfare Regimes Influence Public Support* (Hampshire, UK: Ashgate, 2006).

第四章　公众贫困认知的生成逻辑

影响政策的制定，并为反贫困政策的设立提供合法性。与此同时，贫困认识也塑造着公众对贫困的看法，尤其影响着贫困者的思维方式。

西方学者对贫困认知的研究，主要集中在贫困的归因和主观贫困两类关于贫困的态度研究上。贫困的归因，即指贫困的产生原因是什么，最常见的莫过于 Feagin 的三类型学视角[1]、二维度四类型学视角[2][3]、贫困文化解释视角[4]等。但是，当前的贫困归因研究仅仅从以上几个视角展开，较少探讨公众为何会做出这样的选择；这使得其无法充分解释公众对贫困状态（包括对自身、贫困户的处境）和对社会贫困状态的认知，以及对公众的反贫困政策的评价。据此，本书在理解贫困认知时引入了两个理论维度——主观贫困和福利态度，以便更全面地对贫困认知进行理论思考，并对中国情境下的公众贫困认知现状和影响机制进行分析。

具体来说，主观贫困是一种贫困感受，指的是个体对自身是否属于贫困状况的评估。[5] 关于主观贫困的大量研究都探讨了影响公众自主判断的因素。但是，主观贫困的现有研究也存在一定的缺点，例如，主观贫困常常以个体贫困为研究主体，研究对象较为单一，使得其在解释群体贫困时虽然具备一定的拓展性和延伸性，但仍十分受限。而福利态度研究视角的引入则有助于理解贫困认知对公众反贫困政策的评价，同时，从反贫困政策的多个维度入手，包括责任归属、救助水平和治理效果等，也有助于全面分析公众反贫困政策的态度。

据此，本书在解析贫困认知的概念及其影响因素的基础上，提出了公众贫困认知的分析框架（见图 4-1），以便于阐释公众贫困认知的生成逻辑、解释路径和作用机制。

---

[1] Feagin, J. R., "Poverty: We Still Believe That God Helps Those Who Help Themselves", *Psychology Today*, vol. 6, no. 6 (1972), pp. 101 – 129.

[2] Halman, L., Van Oorschot, W., "Popular Perceptions of Poverty in Dutch Society" (WORC Paper from Tilburg University, Work and Organization Research Centre, no 99.11.01, 1999).

[3] Van Oorschot, W., Halman, L., "Blame or Fate, Individual or Social? An International Comparison of Popular Explanations of Poverty", *European Societies*, vol. 2, no. 1 (2000), pp. 1 – 28.

[4] Lewis, O., *Five Families: Mexican Case Studies in the Culture of Poverty* (New York: Basic Books, 1975).

[5] 参见左停、杨雨鑫《重塑贫困认知：主观贫困研究框架及其对当前中国反贫困的启示》，《贵州社会科学》2013 年第 9 期。

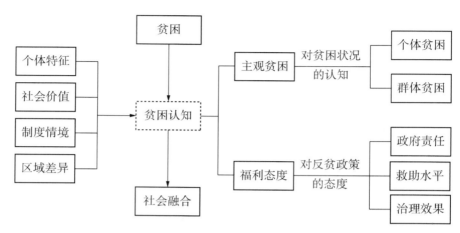

图4-1 公众贫困认知的分析框架

首先,贫困认知可以划分为对贫困状况的认知和对反贫政策的态度两个部分,对应前文中主观贫困和福利态度两个理论维度,可以更全面地反映个人的贫困认知现状。进一步而言,对贫困状况的认知又可以细分为对个体贫困和对群体贫困的认知,能全面地反映个人或群体对自身贫困状况和对社会贫富差距、贫困程度的认知情况。相应地,对反贫困政策的态度则可以细分为政府反贫困责任、反贫困救助水平和反贫困治理效果三个方面,即通过公众对反贫困政策的责任归属、社会救助标准及贫困治理效果的综合评价来全面地反映公众对反贫困政策的态度。

其次,贫困认知的解释路径在概念化和理论上基本对应前文中对主观贫困和福利态度的归因,主要包括个体特征、社会价值和制度情境三个方面。具体来说,第一,个体特征包括个人及所在家庭的一系列人口统计学基本特征,包括性别、年龄、户籍类型、户口所在地、受教育水平、婚姻状况、工作单位、就业状态、年收入等。社会价值则包括广义上的社会价值观念和社会结构因素。第二,个人在理解社会现象或对社会政策做出评价时,会受到一系列既有思维惯性和已有社会价值观念的影响,因此,在解释贫困认知时,需要综合考虑这些发挥间接作用的社会价值因素,具体包括家庭分工伦理、社会公平原则等。第三,由于态度与社会政策的关系是态度与福利体制的关系的直接表现,个人或公众的态度受社会政策/福利体制设计的影响，因此，在分析公众贫困认知时，也应综合考虑宏观的制度背景和其他社会政策的影响，如与个人生计和基本生活保障密切相关的市场经济制度和社会保障制度。

与此同时，在分析公众贫困认知现状及其解释路径时，还应考虑到外生的区域差异。例如，相比于西部内陆省份，通常东部沿海地区公众的生活水平更高，当地的社会保障制度体系也更完善，这表明各地公众的贫困认知现状可能存在不同。此外，不同地区公众的个体特征、社会价值观念及制度情境因素也会有所不同，因而，为了全面地对公众贫困认知的现状及其影响因素进行检视与分析，需要考虑比较不同地区的发展程度及区域差异。

最后，贫困认知作为公众对社会贫困状况的综合反映，为分析贫困群体的社会排斥现状，以及理解弱势群体的社会融合提供了心理动力机制分析。对公众贫困认知现状及影响因素的分析，有利于检视贫困者在社会融合进程中面临的主要问题和症结，进而促进贫困群体真正地实现社会融合——获得生存机会和生活资源，积极参与到当地的社会经济和文化生活之中，逐渐缩减与当地居民的差距，最终享有平等的社会福利。

第二节 公众对贫困状况的认知

一、个体贫困

个体贫困，主要指个人对自身贫困的现实状况的认知。贫困感知研究主要基于个人经济禀赋的不同，对不同人群的贫困认知进行测量和分析。它主要包括三类群体：一类是正被贫困深深困扰的贫困者；一类是掌控政治、经济、社会、文化等各种资源的精英群体，他们对贫困的认知通常体现在反贫困政策的制定和具体的公共行动的实施上；还有一类是普通民众，普通民众的贫困感知被视为一个国家福利文化的重要组成部分，因为它不仅与福利制度的设计有关,而且还决定着具体福利项目或政策的合法性。[①] 在已有研究中可以发现,不同群体的贫困认知的关注点各有不同,本书倾向于使用普通民众的贫困感知,因为其不仅能体现多数人对贫困的一般性看法,而且从福利国家建设合法性的角度来看,能代表绝大多数公众的合法性利益。

个体贫困的测量主要体现为公众对社会阶层的认知。社会阶层认知是公众参照自己过往和他人的贫富状况,进而形成对自己当前贫富状况的主观判断。倘若公众认为自己所处的社会阶层越低,则其认为自己当前的收入状况越不可观,陷入贫困的可能性就越高。

二、群体贫困

区别于个体贫困,群体贫困并不关注自身或特定个人的贫困状况,而是从群体层面或整个经济社会发展现实的视角来看待贫困问题。

群体贫困的测量主要包括对收入贫富差距的认知和对社会整体贫困严重程度的认知两个方面。其一,贫富差距认知关注的是收入不平等的现状,揭示穷人出现的可能性。如果公众认为个体间的收入差距越大,即收入不平等性越高,则表明当地人两极分化的可能性越大,这也意味着穷人变穷的概率将更高。其二,贫困问题严重度认知关注的是由收入不平等引发的贫富两极分化状况,进而产生的"穷者愈穷"的结果,反映穷人聚集的情况。如果公众认为当地的贫困问题相对严重,则说明当地的贫富分化情况相当严峻,潜在的穷人数量也将越多。

[①] Lepianka, D., Van Oorschot, W., Gelissen, J., "Popular Explanations of Poverty: A Critical Discussion of Empirical Research", *Journal of Social Policy*, vol. 38, no. 3 (2009), pp. 421–438.

第三节 公众对反贫困政策的态度

一、福利责任：政府反贫困责任

福利责任，是指政府对社会福利项目的责任，与福利政策的目标和实质相呼应，这也是罗思坦所呼吁的"实质公正"（substantive justice），即政府应该做什么。福利责任的对象可以包括公共部门、市场组织、家庭、志愿组织和公民社会的其他机构。由于学者们在对福利责任边界的认识上存在不同，因而产生剩余型福利责任和普惠型福利责任的争议。当前中国的反贫困政策具有明显的剩余补救型特点，公众对政府的反贫困责任认识上也会存在差异。

政府反贫困责任蕴含着深刻的责任伦理问题。[①] 一方面，政府是反贫困政策的制定主体，在治理贫困中起着至关重要的作用。例如，反贫困政策的设立、出台与执行，反贫困资源的调度与配置，对其他反贫困主体的外部激励与积极动员，等等，政府都负有不可推卸的责任。另一方面，反贫困责任又不仅仅是政府这一主体的责任，还包括公众自身的责任。公众应负的反贫困责任体现了个体责任伦理，它是指个体在贫困治理中应该对自己负责，积极主动地自我造血、自我脱贫，而不是等着政府的救济，甚至形成福利依赖。

检视改革开放以来的贫困治理进程可以发现，贫困治理经历了从完全依靠政府兜底的救济式扶贫，向政府主导社会力量参与的开发式扶贫，再到政府主导全民动员参与的复合式精准扶贫过程。在此过程中，虽然政府的反贫困责任一直居于主体地位，但社会力量广泛参与，贫困户和普通公众的主体地位也在进一步提升，在脱贫和致富的进程中不再完全依赖政府

[①] 参见唐宜荣《中国城市反贫困责任伦理问题研究》，博士学位论文，湖南师范大学，2004。

兜底。就政府反贫困责任而言，可以借助公众对反贫困责任归属的认知来衡量，即如果公众将反贫困的主要责任归到穷人自己身上，则说明公众认为政府在穷人脱贫中应负的责任不大，穷人才是反贫困的主要力量；如果公众将反贫困的主要责任归到政府身上，则说明公众认为政府应担负主要的反贫困责任；如果公众将反贫困的责任同时归到政府和穷人身上，则说明公众对扶贫责任的认识呈现一定的平衡性，并不走极端化的政府担责或穷人担责，而是倡导政府和穷人均应协同参与贫困治理。

二、福利绩效：反贫困救助水平

福利绩效，是指再分配过程中公民对福利项目的资金充足性和服务质量的态度。由于社会福利的可用资源和预算是有限的，公众对具体福利项目的态度和评价势必会影响政府对相应福利项目的现金提供和实物支持。在综合评价反贫困政策的效率水平时，可以从当地的救助标准和水平进行判断。参照国际经验，在应对因社会经济结构调整而导致的较大规模的贫困问题时，社会救助不失为一个重要且有效的手段。[①]

我国政府反贫困主要有两个抓手：最低生活保障制度（以下简称低保）和扶贫开发，二者共同构成我国社会救助制度的主要内容。其中，最低生活保障制度是人们俗称的"城乡低保"，是指政府对家庭生活年人均收入低于当地最低生活保障标准的城乡居民实行救助的制度，该制度主要采取差额的货币补贴的方式。低保作为兜底民生的"安全网"和减贫的重要工具，在保障弱势群体的基本生活和反贫困进程中发挥着重要的作用。

反贫困救助水平可以通过公众对当地低保救助标准的评价进行测度，即地方政府设置的最低生活标准线能否满足低保户日常的基本生活开支。当地方政府设置的最低生活标准越发合理，即越贴近低保户的日常水平时，人们通常会认为当地反贫困政策的效率越高。地方政府一般参照国家每年公布的贫困标准来制定各自的低保标准，地方低保标准原则上不应低

---

① 参见王茜《最低生活保障制度发展中的居民认知问题分析》，硕士学位论文，华中科技大学，2007。

于国家公布的贫困标准,唯此才能实现稳定持久地解决贫困人口温饱问题的目标。地方政府在确定低保标准时,主要参照维持当地居民基本生活所必需的吃饭、穿衣、用水、用电等费用,当地的经济发展水平和财力状况,以及当地物价水平等,从而科学地测算适合当地的最低生活标准。据此,当某个区域的反贫困救助水平越合理,或者说救助标准越能满足穷人的基本生活需要时,其所发挥的减贫作用越大。

三、福利结果:反贫困治理效果

福利结果,是指与某些福利项目预期目标相比最终实现的效果,其不仅体现在客观上的物质方面的效果,也包括主观上的满意度的评价。因而,公众对福利项目结果的评价是实施福利项目不容忽视的重要部分。

以反贫困政策为例,政府反贫困政策的治理效果主要体现为反贫困政策的瞄准度。按照狭义瞄准的标准,许多研究发现,社会救助政策在逐级实施的过程中未能完全实现瞄准的预期目标,而存在挤出效应、目标偏离、标提量减的现象。① 这种社会救助资源发生"挤出"和"遗漏"的现象即为瞄准偏差,并且可以进一步划分为排斥性偏差和内含性偏差两种类型。排斥性偏差,指的是部分贫困者未能被贫困资源所覆盖,其应得利益受损,反贫困目标未能落实;内含性偏差,指的是非贫困者被纳入反贫困政策中,挤占了贫困者的应得资源,造成瞄准目标的偏离。相应地,个人对于两种瞄准偏差结果的主观感知可以分为排斥性偏差感知和内含性偏差感知。②

以最低生活保障政策为例,低保政策的瞄准情况可以从漏保水平和错保水平两方面入手。漏保,是指将本应该享受低保的公众排除出去,体现为"去真",即让穷人失去低保;错保,是指将本不应该享受低保的公众吸收进来,体现为"纳伪",即让富人获得低保。只有当漏保率和错保率

---

① 参见胡联、王唤明、王艳等《政治关联与扶贫项目瞄准》,《财经研究》2017年第9期。
② 参见岳经纶、程璆《福利污名对瞄准偏差感知的影响研究》,《社会保障研究》2019年第5期。

维持在一个合理且较低的水平时，才能产生最大化的低保政策的反贫困治理效果。

第四节 公众贫困认知的解释路径

本书关注公众的贫困认知，因而在此贫困认知是一个较为宽泛的概念。从已有的研究来看，贫困认知关乎主观贫困感知、贫困归因及反贫困政策或反贫困项目的态度等，究其本质是公众对贫困的态度。国外对贫困认知的研究起步较早，且已形成相当丰富的研究基础，而中国关于贫困认知的研究尚处于起步阶段。基于贫困认知的国内外研究，结合主观贫困和福利态度的影响因素，本书将贫困认知的解释路径归纳为个体特征、社会价值和制度情境三条路径。

一、个体特征

主观贫困的归因和福利态度的影响因素研究都有对个体特征维度的因素进行归纳。主观贫困倾向于将该类因素指向个人主义，并将贫困的责任主要归咎于穷人自身，例如，缺乏节俭、缺乏努力/懒惰[1]、性生活不检点、道德约束不够、吸毒、酗酒等。此外，年龄、性别、族群、宗教信仰、受教育程度、收入状况等，也都被认为是影响主观贫困的主要因素。例如，Feagin 的研究发现，不同地区、族群和宗教信仰的人对贫困归因的态度不同，美国南部、北部和中部地区的白人新教徒和天主教徒、50 岁以上的人群、收入在 4000～10000 美元的中等收入阶层、具有中等教育水平的人群主要将贫困原因归结为个人主义。[2]

---

[1] Furnham, A. F., "Why are the Poor Always with Us? Explanations for Poverty in Britain", *British Journal of Social Psychology*, vol. 21, no. 4 (1982), pp. 311–322.

[2] Feagin, J., "Poverty: We Still Believe that God Helps Those Who Help Themselves", *Psychology Today*, vol. 6, no. 6 (1972), pp. 101–129.

第四章 公众贫困认知的生成逻辑

同样地，这类与个体特征紧密关联的因素，在福利态度的相关研究中也得出相似结论，个体自利路径（self-interest of individual approach）的解释路径认为，个人偏好受工具理性和个人得失的影响，并影响个人对社会福利的评价。个人自利模式表明，影响福利态度的主要因素是个人的社会经济地位，或者是个人所处的阶级、阶层。而影响阶级或阶层地位的因素则涉及客观的收入、教育、职业身份，以及主观的自我阶层认同。此外，性别、年龄、婚姻状况等因素也会影响个人福利态度。从认知角度看，个人自利模式的一个基本假设是个人社会经济地位与福利态度之间存在直接联系。

除了基于主观贫困和福利维度的理论讨论之外，个体特征的解释路径也回应了"人力资本理论"（human capital theory）的经典研究假定。个体因素影响着主观贫困认知，例如，劳动力市场参与、婚姻状况、性别、年龄、受教育程度等。[①][②] 一个人拥有更高的学历和更高的技能，就有可能获得更高的收入，从而减少贫困的发生。而年龄和婚姻状况也会导致不同的贫困状况，因为在不同年龄阶段或者婚姻状态中有着差异化的经济福利。一般来说，不结婚的老人比结婚的老年夫妇更容易陷入贫困之中，而更年长的老人比年龄较小的老人更容易面临贫困的风险，例如，75岁以上的老年群体比65～74岁的老年群体有着更高的贫困发生率。[③] Ritakallio在跨国比较研究中调查了家庭成员就业与贫困率的变化情况，研究发现，如果家庭中所有成年人都参与劳动力市场的话，贫困率变化不大；而家庭中如果有失业的成年人，贫困率则呈现上升的趋势。[④]

个体层面因素之所以会影响公众对贫困的态度，是因为理性选择逻辑

---

① Becker, G. S., *Human Capital: A Theoretical and Empirical Analysis, with Special Reference to Education* (New York: Columbia University Press, 1975).

② Becker, G. S., *Human Capital: A Theoretical and Empirical Analysis, with Special Reference to Education* (Chicago: The University of Chicago Press, 1993).

③ Burkhauser, R. V., Smeeding, T. M., "Social Security Reform: A Budget Neutral Approach to Reducing Older Women's Disproportionate Risk of Poverty" (Syracuse, NY: Maxwell School Center for Policy Research, 1994, p. 41).

④ Ritakallio, V., "Trends of Poverty and Income Inequality in Cross-national Comparison", *European Journal of Social Security*, vol. 4, no. 2 (2002), pp. 151–177.

所发挥的支配性作用，其使得福利资源的接受者或者潜在的接受者更倾向于展现出与自己利益相关的贫困态度。① Van Oorschot 在对获取福利资源条件的研究中指出，荷兰的公众对穷人的判断取决于年龄、受教育水平和收入。与年轻人相比，老年人更倾向于支持穷人，受教育程度较低的公众更倾向于支持穷人，而收入较高的群体在支持穷人方面则表现出较低的支持度。② 更年轻的公众、受过更好教育的公众和高收入群体都不太认为贫困是由运气不好造成的。女性和男性在关于贫困归因上则呈现出较大的差异，女性认为贫困是由社会造成的，男性则认为贫困是由个人造成的。③ 可以看出，个体层面路径在关于贫困的态度上存在着差异和分化。

二、社会价值

社会价值观念是贫困认知的重要解释路径。主观贫困的归因和福利态度的影响因素研究也对社会价值维度的因素进行了相应的归纳。

在主观贫困归因的研究中，社会结构因素是比较具有代表性的维度，其基本思路是将导致贫困的主要成因指向外部社会和经济力量，例如，缺乏教育、工资过低、偏见和歧视、工作机会少、工会力量弱等。此外，另一个比较有代表性的解释是文化主义。文化主义是用于解释富裕的最广泛的原因，文化主义将个人主义和社会价值因素融合在一起，对短时性的贫困现状和持续性的贫困陷阱进行了解释。文化主义认为，人格特质、贫富之间的社会结构张力及社会情境是自我延续的，但彼此经过长时间的相互强化，并且能在代际传递中得到进一步的增强，从而造成了代际贫困和贫困陷阱的发生。④

---

① Hasenfeld, Y., Rafferty J. A., "The Determinants of Public Attitudes toward the Welfare State", *Social Forces*, vol. 67, no. 4 (1989), pp. 1027 – 1048.

② Van Oorschot, W., "Who Should Get What, and Why? On Deservingness Criteria and the Conditionality of Solidarity among the Public", *Policy and Politics*, vol. 28, no. 1 (2000), pp. 33 – 48.

③ Halman, L., Van Oorschot, W., "Popular Perceptions of Poverty in Dutch Society" (WORC Paper from Tilburg University, Work and Organization Research Centre, no 99.11.01, 1999).

④ Coward, B. E., Feagin, J. R., Williams, J. A., et al., "The Culture of Poverty Debate: Some Additional Data", *Social Problems*, vol. 21, no. 5 (1974), pp. 621 – 634.

福利态度的相关研究也纳入了社会价值观念因素的讨论，研究的主流路径是意识形态路径或者说是社会价值路径（ideology or social value approach）。在意识形态路径下，个人的社会经济地位与福利态度之间没有直接的联系，它们之间关系的建立需要通过价值观或者意识形态这个中介。经验研究表明，公众的福利态度与社会整体的价值观念有关，而不只是取决于自己的物质利益。如果一个社会整体的意识形态强调社会公平和社会权利，个人也可能会基于社会的价值取向和规范要求而改变自己对福利的态度。显示意识形态对福利态度影响的一个重要方面，就是人们对贫困原因的看法往往会影响人们的福利态度。[1]

三、制度情境

制度情境因素是在主观贫困和福利态度归因研究的基础上的进一步延伸。鉴于中国的社会经济环境和贫困治理的制度背景，有必要将制度情境因素纳入贫困认知的解释分析。

主观贫困归因的经典解释是个人主义、社会结构因素，以及与个体命运关联的宿命论。Halman 和 Van Oorschot 对现有的理论和实证研究进行了拓展和延伸，[2] 并基于个人和社会两个维度将宿命论原有的模糊的理解区分为个体命运、社会命运、个人责任和社会责任。其中，社会责任类型，是指贫困是社会排斥过程的结果，其由社会中某个特定的团体或者政党行为所诱导和控制。社会命运类型，是指社会性因素和社会过程导致贫困，这是任何行动者或者集体所无法掌控的，是非个人的、客观的和难以避免的，例如，市场经济的运行、通货膨胀或者通货紧缩、自动化技术的发展，这些因素对理解中国贫困治理的制度背景和公众的贫困认知现状都有帮助。

福利体制路径（contextual factors），是福利态度的首要研究路径。这

---

[1] 参见岳经纶《专栏导语：福利态度：福利国家政治可持续性的重要因素》，《公共行政评论》2018 年第 3 期。

[2] Halman, L., Van Oorschot, W., "Popular Perceptions of Poverty in Dutch Society" (WORC Paper from Tilburg University, Work and Organization Research Centre, no 99.11.01, 1999).

种研究路径主要从制度主义的分析视角对不同国家和地区的福利体制进行了分类,并基于此对公众的福利态度进行了比较研究与分析。考斯塔·艾斯平-安德森最早依据政府所承担的社会福利责任的大小进行实证数据的检验,并据此将福利体制划分为社会民主主义福利体制(北欧)、保守主义福利体制(西德)、自由主义福利体制(英国)三种理想类型。值得注意的是,福利体制因素主要着重从国家层面的分析视角对福利态度的影响因素进行归纳。但福利体制的内涵是十分丰富的,不仅仅表现为国家间社会制度的差异,[1] 也体现在各国的社会经济、公共服务、社会保障等诸多方面,因而,制度情境也是影响公众贫困认知的重要因素,公民对政府社会救助和贫困治理的支持程度受其影响。

改革开放以来,中国的贫困治理经历了多次政策范式的转变。长期以来,农村地区主要采取开发扶贫的经济政策范式,而城市则主要采取社会保障的社会政策范式。自20世纪90年代以来,这种通过经济政策来实现减贫目标的观念开始发生转变,农村也开始大力发展社会保障制度,从而走上了经济政策与社会政策相结合的范式。贫困治理范式的转变从侧面反映了社会对穷人主体性和社会政策促进经济发展作用的重视,这也成为社会政策合法性的重要基础。

据此,结合制度情境因素进行分析和思考,特别是改革开放以来市场经济发展带来的制度转型、21世纪以来社会保障制度的重建强化,以及城乡公共服务均等化发展等制度背景,将有利于形成更为全面和科学的公众贫困认知现状分析与解释机制。

---

[1] Bean, C., Papadakis, E., "A Comparison of Mass Attitudes towards the Welfare State in Different Institutional Regimes, 1985—1990", *International Journal of Public Opinion Research*, vol. 10, no. 3 (1998), pp. 211 – 236.

第五节 公众贫困认知的区域差异

尽管自20世纪80年代以来，中国的宏观经济发展取得了巨大的飞跃，但经济增长在各个地区的分布是非常不均衡的。地区不平等是中国政府非常关注的问题，因为它影响经济繁荣、社会稳定和民族团结。由于各地经济发展的不平衡，会导致公众对社会现象的评价和公共政策的态度差异化。据此，在对公众贫困认知的解释路径进行探讨时，有必要考虑不同发展程度地区的差异。

福利态度的情境解释路径认为，不同福利体制下的公民福利态度存在差异的原因在于，一个特定福利国家中的公民由于处在共同的历史背景和文化传统之中，享有共同的福利文化价值观念，这些想法会内化到他们的福利态度中，影响其对福利国家福利供给的支持和认同程度。[1] 虽然福利体制的研究路径通常是对不同国别的福利态度进行比较研究，但在解释地区差异上也有一定的适用性。例如，Song、Chu和Chao的研究发现，相比于经济发达的东部沿海省份，中国中西部地区经济明显处于弱势，其福利资源、服务和设施的发展都相对滞后。[2] 因此，这些欠发达地区的人们可能更支持政府对社会福利负责。Yang、Peng和Chen也发现成都和天津的老年人比南京的老年人更支持政府对混合福利负责。[3]

与此同时，公众贫困认知的解释因素在不同地区的解释力也存在差异。比如，学者们在论证主观贫困的影响因素时，发现在不同地区传统的个人主义、社会结构因素及文化因素的解释力存在显著差异。Cozzarelli、

---

[1] Arikan, G., Ben-Nun Bloom, P., "Social Values and Cross-national Differences in Attitudes towards Welfare", *Political Studies*, vol. 63, no. 2 (2015), pp. 431–448.

[2] Song, S., Chu, G., Chao, R., "Intercity Regional Disparity in China", *China Economic Review*, vol. 11, no. 3 (2000), pp. 246–261.

[3] Yang, K., Peng, H., Chen, J., "Chinese Seniors' Attitudes towards Government Responsibility for Social Welfare: Self-interest, Collectivism Orientation and Regional Disparities", *International Journal of Social Welfare*, vol. 28, no. 2 (2019), pp. 208–216.

Wilkinson 和 Tagler 以美国中西部大学调查数据为基础,分析了公众的贫困认知,并对贫困归因进行了研究,发现在诸多解释因素中,宿命论的解释力最低,文化因素成为个人主义和结构主义的重要补充性解释。但是,由于样本主要为高校在读大学生,没有经历过经济衰退或者经济萧条等影响个人观念的重要历史事件,其研究结论存在一定的局限性。[①]

据此,在对公众的贫困认知现状进行检视,以及对其影响路径进行分析时,需要考虑地区差异的因素。依据中国的实情,不同的省份在贫困治理的具体执行过程中,会根据中央政府的行政命令和统一部署,结合实际的省情采取不同的贫困治理策略,例如,不同的省份在最低生活保障线的划定上就存在着差别。因此,在分析公众贫困认知的解释因素时,需要横向比较不同省份的实际情形,以便更全面地对贫困认知进行实证检验。

第六节 公众贫困认知的社会融合作用

一、社会融合的定义

社会融合(social integration)这一概念起源于欧洲学者对社会排斥(social exclusion)的研究。目前,对社会融合还没有形成一个标准的、统一的定义,但以下机构或学者对社会融合做出了各自的定义。2003 年,欧盟对社会融合做出了如下定义,即社会融合是这样的一个过程,它确保具有风险和社会排斥的群体能够获得必要的机会和资源,通过这些资源和机会,他们能够全面参与经济、社会和文化生活,以及享受正常的生活和社会福利,社会融合要确保他们能更好地参与生活和获得基本权利的决策机会。[②] 阿马蒂亚·森认为,融合的社会应该是成员们积极地、充满意义

---

① Cozzarelli, C., Wilkinson, A. V., Tagler, M. J., "Attitudes Toward the Poor and Attributions for Poverty", *Journal of Social Issues*, vol. 57, no. 2 (2001), pp. 207–227.

② 参见欧盟委员会《社会融合联合报告》,欧盟委员会就业、社会事务和包容总司,布鲁塞尔,2004,第 1 页。

地参与，享受平等和社会福利，相互之间分享社会经历的社会。①

整体来说，国外学者主要是以种族和移民等为研究对象，开展社会融合研究，在理论研究和实证研究等方面均取得了较多的研究成果。相比而言，国内学者在借鉴国外研究成果的基础上，也取得了较为丰硕的研究成果，但主要集中对农民工、新生代农民工、流动人口等人群的城市融入问题进行研究。②

结合国内外研究现状，本书认为，社会融合是指社会中的个人或群体能够在流入地通过获得的机会和资源，积极、全面地参与到当地的社会经济和文化生活之中，享有当地的社会福利，并逐渐缩小与当地居民的差距，从而真正满足个人的美好生活需要。③

二、贫困认知与社会融合

社会融合作为一个社会政策概念，起源于欧洲学者对社会排斥的研究。被社会所排斥的群体通常是弱势群体，往往处于社会的最底层；而且，社会排斥常常表现为不同阶层之间的排斥与疏离，以及存在于人与人之间、群体与群体之间的社会距离，并与贫困关联紧密。④ 20 世纪 90 年代以来，"社会融合"概念逐渐取代"平等"概念，成为社会政策实践和研究中的核心概念之一。

值得注意的是，社会融合具有多个层次，公众的贫困认知也能在一定程度上反映贫困群体在不同时间阶段的社会融入深度。以贫困户为例，首先应该达到经济上的适应，满足基本的生活需要是立足之本。其次，才是对新的生活方式和社会交往有进一步的需求，反映贫困户脱贫之后融入社会生活的广度。在此基础上，贫困户不再依赖于政府的兜底扶持，而是寻

---

① Sen, A., *Development as Freedom* (New York: Anchor Books, 2000), pp. 213 – 231.
② 参见杨秀菊、刘中起《生活、关系、空间：城市社区融合共建的三维逻辑——基于上海市 D 社区的案例研究》，《城市观察》2018 年第 1 期。
③ 参见王鹏宇《基于居住空间视角的流动人口社会融合研究——以厦门殿前社为例》，硕士学位论文，华侨大学，2018 年。
④ 参见黄匡时、嘎日达《社会融合理论研究综述》，《新视野》2010 年第 6 期。

求彻底摆脱贫困并取得正常工作的机会和生活的途径。最后，是心理层面的适应，这是完全融入社会的标志，只有在这个意义上才完全实现社会融合。

社会融合理论是一个更高层次的理论，其基础理论包括脆弱群体理论、社会分化理论和社会排斥理论，① 这些理论从不同的视角为贫困认知和社会融合提供了理论依据。

脆弱群体理论认为，人类的脆弱性并不意味着所有的脆弱性（比如痛苦、变态和伤残）应该被淘汰，从而形成完美的人类，而是意味着人类对脆弱性的尊重和保护。罗伯特·古丁认为，脆弱群体的脆弱性是我们对他人特别责任的来源。脆弱性来自生命中不可避免的一部分，或者来自社会的安排。我们不仅要承认对脆弱的家人和朋友负有特殊的责任，而且要以更广泛的道义责任去保护社会中的脆弱群体。② 因为脆弱性的根本原因，在于他们出于自身的某种障碍，在现有的经济和社会生活中缺乏必备的竞争能力，以及暴露在自然灾害面前缺乏应对能力，而这些因素几乎都是由于他们自身不可控制造成的。脆弱群体如果得不到必要的社会保护，就会很容易被主流社会抛弃、疏离和排斥。因此，保护脆弱群体应该是一个社会的基本伦理。

社会分层理论揭示了社会结构中的阶级或阶层差异，以及由于这种差异而导致的社会分裂或社会排斥。一方面，每一个阶层都有可能形成一个共同体，拥有自己的阶层意识，由此便造成了一个社会存在多个阶层意识，不仅增加了社会融合的难度，而且造成了阶层之间的对抗或冲突。另一方面，社会的分层结构必然存在以富人为代表的上层和以穷人为代表的底层，这两个阶层不仅可能存在剥削关系，而且更可能造成贫富悬殊，从而引发社会的动荡。因此，社会分层理论不仅启发人们关注阶层之间的社会融合，而且要求人们更加关注底层阶层的社会融合。

1995年，欧盟基金会将"社会排斥"定义为"个人或群体被全部地

---

① 参见黄匡时、嘎日达《社会融合理论研究综述》，《新视野》2010年第6期。
② Goodin, R. E., *Protecting the Vulnerable: A Reanalysis of Our Social Responsibilities* (Chicago, IL: University of Chicago Press, 1985).

或部分地排除在充分的社会参与之外的一个过程"①。社会排斥理论是以经济资源贫困背后的社会关系为核心范畴的,其从权利、机会、参与的角度,运用多维、综合、动态的方法,围绕劳动力市场研究失业、贫困与社会排斥的关系,突出强调了非经济性因素或社会机制的动因,从而深化和拓展了传统贫困理论的内容与视野。更重要的是,社会排斥理论通过对后工业社会的社会关系的考察,不仅加深了对后工业社会的社会结构的认识,而且为协调后工业社会的社会关系和促进社会融合提供了独特的视角。

---

① 黄匡时、嘎日达:《社会融合理论研究综述》,《新视野》2010年第6期。

第五章 公众贫困认知的现状分析：广东案例

本章以广东样本为案例，对中国公众的贫困认知现状现状进行了描述和分析，包括公众对贫困状况（个体贫困和群体贫困）的认知和对反贫困政策的态度（政府反贫困责任、救助水平和治理效果）。其中，调查数据涵盖2017—2018年广东省21个地级市，每个地级市每年均抽取314个有效样本，以保证分析的代表性。同时，根据广东省统计局的统计惯例，基于地理位置将广东划分为四个区域进行对比分析，分别是珠三角、东翼、西翼和粤北山区。[①] 分析结果发现，公众对贫困认知的现状呈现出显著的地区差异性：经济发展较为落后的粤北山区公众对自身收入的自评状况更差，而经济发达的珠三角地区公众认为当地的贫富差距更大。此外，公众普遍认为，政府反贫困责任应当相对弱化，个体的脱贫主动性应该相应增强，但同时也对低保标准抱有更高的期待，珠三角地区公众对反贫困治理效果的评价总体好于其他地区。

---

① 珠三角包括广州、深圳、佛山、珠海、东莞、中山、惠州、江门、肇庆九市；东翼包括汕头、潮州、揭阳、汕尾四市；西翼包括湛江、茂名、阳江三市；粤北山区则包括韶关、梅州、清远、河源和云浮五市。

第五章 公众贫困认知的现状分析：广东案例

第一节 公众对贫困状况的认知

一、公众对个体贫困的认知

公众对贫困状况的认知可以从个体层面和群体层面展开分析。在个体层面，主要体现为公众对自身社会阶层的认知。社会阶层认知是公众对自身所属社会阶层高低的主观判断，公众认为自己所处的社会阶层越低，说明公众对自己当前收入状况的评价越不乐观。此处，以"您认为您的家庭属于哪个阶层"这一题项来分析受访者对社会阶层的认知，其对应选项为"高收入阶层、中高收入阶层、中等收入阶层、中低收入阶层、低收入阶层"。

就广东省而言，在2018年样本中，26.39%的受访者认为自己的家庭属于低收入家庭，33.92%的受访者认为自己的家庭属于中低收入阶层，仅有0.41%的受访者认为自己在社会上属于高收入阶层。具体看省内各地的情况（见图5-1），在低收入阶层的主观认知上，占比最高的是粤北山区，涵盖30.62%的受访者；占比最低的是东翼，有23.76%的受访者；珠三角和西翼依次居中，前者占比将近1/4，后者占比为26.91%。由此可知，大部分受访者认为自己的社会地位相对较低，属于中低收入甚至更差的低收入阶层；仅有极少的受访者认为自己属于高收入阶层。

二、公众对群体贫困的认知

从群体层面看公众的贫困认知，主要包括两方面：对贫富差距的认知和对贫困问题严重程度的认知。一方面，贫富差距认知关注的是收入不平等的现状，如果公众认为个体间的收入越不平等，则表明当地人陷入贫困的概率越高；另一方面，贫困问题严重度认知关注的是由收入差距过大而导致的贫富两极分化，进而产生的"穷者愈穷"的结果，反映穷人聚集的

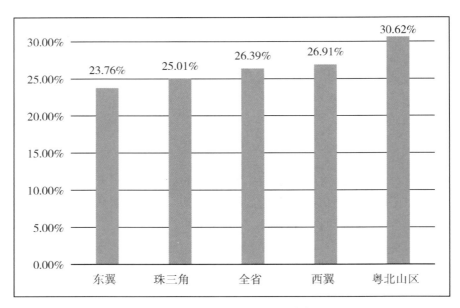

图 5-1 属于低收入阶层的受访者占比

注：图中数值为选择"低收入阶层"的受访者人数占总受访人数的比重。
数据来源："中山大学 2018 年人民美好生活需要调查项目"。

情况。如果公众认为当地的贫困问题越严重，则说明当地的贫富分化情况越严峻，所产生的穷人也将越多。

在贫富差距的认知方面，以"您认为您当地的收入差距大吗？"这一题项进行分析，其对应选项为"非常小、比较小、一般、比较大、非常大"。参照图 5-2 可知，最终得分越接近 3 分，说明当地受访者认为本地收入差距处于正常水平，尚可接受；最终得分越接近 4 分，则说明当地受访者认为本地收入差距比较大。

就广东省而言，广东各区域的贫富差距得分连续两年的调查样本显示均在 3 分以上，且呈现逐年上升的趋势，这表明大部分受访者都认为收入不平等现象较为严峻。认为当地收入差距比较大的受访者占比从 2017 年的 33.82% 增加至 2018 年的 37.73%，与此同时，认为收入差距比较小的受访者占比从 2017 年的 19.55% 减少至 2018 年的 18.09%。

此外，珠三角地区的得分明显高于非珠三角地区，即受访者认为珠三角的收入不平等状况比非珠三角更严峻，珠三角 2018 年样本的具体得分为 3.63 分，比 2017 年增加了 0.09 分。在非珠三角地区中，受访者认为贫富差距最小的是东翼，2018 年样本的具体得分为 3.49 分，两年间上升了 0.06 分；西翼和粤北山区的贫富差距依次加大，两年间的变化幅度分别为 0.08 分和 0.10 分。虽然得分变化幅度整体上不大，但是人们普遍认为贫富差距的问题在日益加剧。

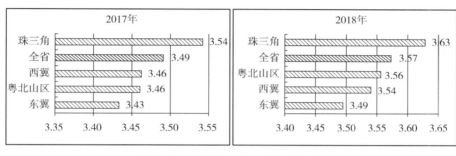

图 5-2 受访者对贫富差距的评分

注：在计算贫富差距得分时，重新对选项进行赋值，令非常小 = 1 分，比较小 = 2 分，一般 = 3 分，比较大 = 4 分，非常大 = 5 分，再根据编码结果计算均值。图中数值的单位为分。

数据来源："中山大学 2017 年人民美好生活需要调查项目""中山大学 2018 年人民美好生活需要调查项目"。

关于贫富差距的成因，此处使用了问卷中的多选题："您认为造成收入不平等的原因是＿＿＿"，其对应选项为"户籍制度带来的不平等、特权与腐败严重、教育不平等、行业间不平等、个人能力不同、其他"。2018 年，受访者认为，对收入不平等影响最大的是个人能力不同，其次是行业间不平等，再次是教育不平等，从次是特权与腐败严重，最后是户籍制度带来的不平等，相应的比重分别为 62.58%、35.43%、23.73%、23.65%、13.14%。虽然 2017 年同期的次序与之相似，但比重略有不同。2017 年，仅有不到 60% 的受访者认为个人能力导致收入不平等，22.83% 的人认为教育不平等影响贫富差距状况，其余选项的占比均略高于 2018 年。通过对比分析可知，在受访者眼中，个人能力和受教育水平对个体收入的影响日渐增大，受教育水平构成就业的隐性门槛，个人能力则成为影响职位上升的潜在瓶颈。需要注意的是，行业不平等、特权与腐败现象和户籍制度对人们收入不平等影响的比例有所减小，原因可能是广东在此时期积极推进了反腐败斗争、人才引进等系列举措。

结合图5-3来分析广东省内的情况，可以发现两期受访者对致贫原因的认知上存在一定的相似性。

关于个人能力对贫富差距的影响，2018年样本中占比最大的是珠三角地区，65.26%的受访者都认为其发挥着重要的作用；与此同时，2017年占比最高同样是珠三角地区，占比为61.09%。其次是东翼，62.58%的人认为个人能力的差距带来贫富差距，该数值比2017年高出3.58%。之后依次是粤北山区和西翼，两地比例相近，约为57%。但是在2017年，粤北山区的占比为54.27%，即便仅比西翼低0.56%，仍是四个地区中占比最低的。

关于行业间不平等对贫富差距的影响，2018年样本中占比最高的地区依然是珠三角，超过40%的受访者赞同其有影响，而在2017年却只有不到40%的人表示赞同。同时，占比次高的地区是粤北山区，有40.76%的受访者认可该说法，但在2017年却低至33.95%。占比略低的地区是西翼，比重为38.00%，比2017年高出3.64%。占比最低的地区是东翼，占比为35.43%，比2017年降低2.15%。由此，在2017年，对行业间不平等带来贫富差距这一说法，占比依次降低所对应的地区排序为：珠三角、东翼、西翼和粤北山区。

关于教育不平等对贫富差距的影响，2018年样本中占比最高的地区是西翼，占比为27.92%；其次是粤北山区，占比为26.18%；再次是珠三角，占比不到1/4；最后是东翼，占比为23.73%。而在2017年，西翼是占比最高的地区，比重为27.47%，之后依次是粤北山区、珠三角和东翼，三个地区的比重分别为：23.76%、21.72%和20.70%。两年的次序并没有变化，只是比重均略有上升，其中变化幅度最大的地区是珠三角，2018年的比重比2017年高出3.22%。可以发现，相比珠三角地区，位于非珠三角地区的粤北山区和西翼的受访者更看重教育对缩小贫富差距所发挥的作用。

关于特权与腐败严重对贫富差距的影响，2018年样本中，占比最高的地区是西翼，最低的地区是珠三角，两者比重相差约8%；东翼和粤北山区地区的占比则居中，两者比重分别为23.65%和22.74%。而在2017年，西翼地区的占比同样最高，为28.42%，同时，珠三角地区的占比仍旧最低，为21.40%；东翼和粤北山区地区的占比仍然居中，两地比重分别为25%和26.43%。连续两年的次序并没有发生变化，但是比重均有所下降，其中变化幅度最大的地区是粤北山区，2018年的比重比2017年降低3.69%。因此，在受访者看来，珠三角地区的特权与腐败的严重程度比非珠三角地区更低，使得其对贫富差距的影响相对较小。这也从侧面说明非珠三角地区应多向珠三角地区学习反腐败斗争方面的经验做法，以降低特权与腐败现象对收入不平等状况的影响。

关于户籍制度引发的不平等对贫富差距的影响，占比最高的地区是珠三角，其在2017年和2018年的占比分别为18.54%和16.87%；占比最低的地区是东翼，其在2017年和2018年的占比分别为12.98%和13.14%。居中的两个地区分别为粤北山区和西翼，前者连续两年的比重分别为15.61%和15.86%，后者连续两年的比重则分别为17.71%和16.03%。由此可知，珠三角和西翼地区的占比逐年在下降，东翼和粤北山区两地则刚好相反，其成因可能为珠三角和西翼两地在户籍制度改革上做得相对成功，使得户籍制度引发的不平等现象较少，进而降低其对公众间贫富差距的影响。

在贫困问题严重程度的认知方面，运用"您认为____市的贫困问题严重吗？"这一题项来展开分析，其对应选项为"非常严重、严重、一般、不严重、非常不严重"。如图5-4所示，2017年有近30%的受访者认为所在城市的贫困问题较为严重，但绝大多数受访者认为广东的贫困问题尚可接受。

具体看广东省内各区域情况，粤北山区有42.08%的受访者认为当地的贫困问题较为严重。其次是西翼和东翼，两地分别有37.28%和28.83%的受访者认为当地存在较为严重的贫困问题。珠三角仅有不到20%的受访者认为当地有较为严重的贫困问题，54.75%的受访者认为珠三角城市的贫困严重程度为一般。由此可推测，广东省在此时期的扶贫工作取得了较为突出的成效，但省内各地的贫困状况差距依然存在，且非珠

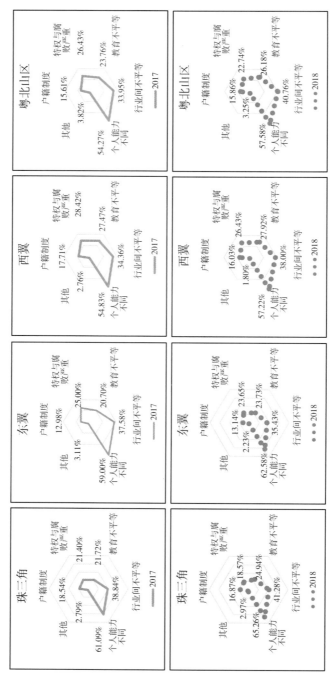

图5-3 选择不同贫富差距成因的受访者占比

注：图中数值为选择该选项的人数占总受访人数的比重。

数据来源："中山大学2017年人民美好生活需要调查项目""中山大学2018年人民美好生活需要调查项目"。

第五章 公众贫困认知的现状分析：广东案例

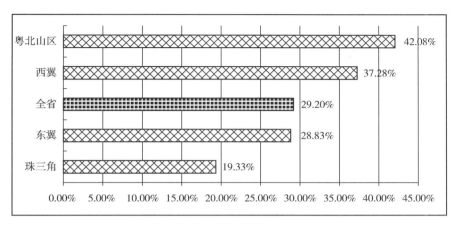

图 5-4 认为贫困问题严重的受访者占比

注：图中数值为选择"严重"或"非常严重"的受访者人数占总受访人数的比重。

数据来源："中山大学 2017 年人民美好生活需要调查项目"。

三角地区的贫困问题比珠三角地区严重，这表明广东民政部门应持续关注并着力解决非珠三角地区（尤其是落后粤北山区）的贫困问题。

第二节 公众对反贫困政策的态度

一、公众对福利责任的认知

公众对反贫困政策的态度可以从福利责任（政府反贫困责任）、福利绩效（反贫困救助水平）、福利结果（反贫困治理效果）三方面展开分析。公众对福利责任的认知集中体现在对政府反贫困责任的态度，可以借助公众对反贫困责任归属的认知来衡量。对此，在问卷中的题设是"您认为改善穷人的生活水平主要是谁的责任？"，对应选项为"政府的责任、穷人自己的责任、双方的责任"。如果公众将反贫困的主要责任归到穷人自己身上，则说明公众认为政府在穷人脱贫中应负的责任不大；如果公众将反贫困的主要责任归到政府身上，则说明公众认为政府应主要担负反贫困责任；如果公众将反贫困的责任同时归到政府和穷人身上，则说明公众认为政府需要在反贫困中负有一定的责任，而穷人也应是反贫困的主要力量。

从图 5-5 中可知，就全省而言，在 2018 年样本中，认为政府在改善穷人生活水平上负有主要责任的受访者占比不到 8%，比 2017 年下降 5.90%；认为穷人自己负有主要责任的受访者占比为 15.40%，比 2017 年上升 2.70%；74.90% 的受访者持更为中庸的看法，即认为政府和穷人双方都应着手改善穷人的生活水平，但这一占比在 2017 年约为 71.10%。由此可知，广东受访者认为穷人在改善自身生活水平中应发挥更大的作用，而不再完全期望政府在穷人脱贫中担负全部责任。

就省内的不同区域而言，粤北山区受访者更依赖政府解决穷人生活水平低的问题，2018 年样本中，10% 的受访者认为政府要负主要责任，但该比重较 2017 年下降 5.40%。虽然有将近 74.90% 的粤北山区受访者认为双方都要负主要责任，但其比重是四个区域中最低的，在 2017 年亦是如此，占比仅为 69.20%。珠三角地区则刚好相反，该地区受访者更强调政府和穷人在脱贫上发挥的协同作用，认可该观点的受访者占比为 76.20%，是四个区域中最高的，但其比重在 2017 年并非最高，占比为 71.80%。而且，珠三角受访者是省内赞同政府在脱贫上负主要责任比例最低的，占比不到 7%，而且相比 2017 年又降低了 5.50%。东、西翼则处于中间位置，在 2018 年样本中，东翼认为政府应负主要脱贫责任的受访者占比为 7.70%，与西翼持平；同时，东翼认为政府和穷人都应对脱贫负责的受访者占比为 75.20%，比西翼高出 1.50%。在 2017 年，东翼认为政府负主要责任的占比为 13.20%，比西翼低了 2.20%；东翼认为双方都应负责的占比为 72.40%，比西翼高出 2.10%。就其变化幅度而言，在受访者对政府负主要脱贫责任的比例分布中，变化幅度最大的是西翼，2017 年和 2018 年间的占比差距为 7.70%；珠三角地区的年度变化则最小，两年的比重差为 5.50%。而在受访者对双方均负主要脱贫责任的认知中，前后两年变化幅度最大的是粤北山区，为 5.70%，变化幅度最小的是东翼，为 2.80%。

综上分析可知，两期样本的统计结果大体一致，但相比 2017 年，

第五章 公众贫困认知的现状分析：广东案例

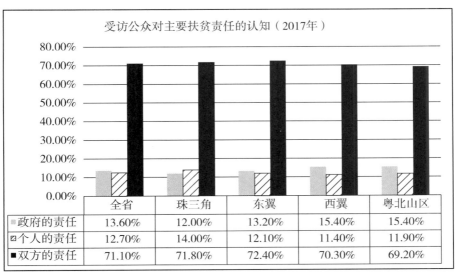

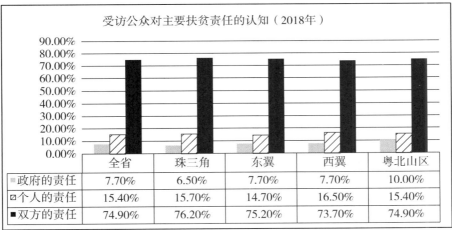

图 5-5 公众对主要扶贫责任的认知

数据来源："中山大学 2017 年人民美好生活需要调查项目""中山大学 2018 年人民美好生活需要调查项目"。

2018 年样本中，公众认为政府在穷人脱贫方面担负完全责任的比例在减少，而意识到个体在自身脱贫中可发挥作用的比例在显著增加。这也表明地方政府在推进扶贫工作时，应尽可能调动受帮扶对象的积极性，以实现由政府买单向自主脱贫的转变。

二、公众对福利绩效的认知

公众对福利绩效的认知，集中体现在对现有反贫困救助水平的态度上。鉴于数据的可得性，在测量公众对反贫困救助水平的认知状况时，以低保政策为例进行分析。从 2017 年的调查问卷中，相应的问题设置是"您当地目前的低保线为____，您认为是否合理？"，对应选项为"太高、有点高、刚刚好、有点低、太低"。重新对选项赋值，令太低 = 1 分，有点低 = 2 分，刚刚好 = 3 分，有点高 = 4 分，太高 = 5 分，再根据编码结果计算均值。2018 年的问卷在询问受访者的具体过程中，相应的问题有部分调整："您当地目前的低保线为____，与日常生活支出相比，您认为目前'低保'水平能满足基本开支吗？"，对应选项为"完全可以、基本可以、一般、基本不可以、完全不可以"。在对 2017 年和 2018 年的调查问卷的数据进行处理时，均将该变量逆向操作化，重新对选项赋值，令完全不可以 = 1 分，基本不可以 = 2 分，一般 = 3 分，基本可以 = 4 分，完全可以 = 5 分，即分值越高，对低保标准和救助水平越满意。与此同时，在描述分析政府反贫困救助水平时，不但可以聚焦政府在低保方面的投入，还可以关注政府在整个扶贫过程中的财政投入，具体题项为"您觉得____市的政府在救助穷人方面花的钱是否足够？"，对应选项为"非常多、比较多、刚刚好、比较少、非常少"（2017 年问卷）。

伴随着地方经济的快速发展，以及公众生产、生活状态的显著变化，地方政府往往会因时、因地、因人制宜地调整当地的最低生活保障标准，使之最终在整体上呈现逐年上调的态势。其中，表现相对突出的是广东省，与 2016 年相比，2017 年广东低保标准的变化幅度极大，平均提高幅度均为 21%，按每人每月的标准来看，城镇低保标准平均增加了 127.5 元，农村低保标准平均增加了 120 元；城镇低保补差水平平均增加了 58.75 元，相应地，农村为 42.25 元，平均提高幅度均为 12%。[①] 结合表 5-1 可知，2017 年广东城乡低保最低标准的制定共包括四类地区，低保标准最高由 2016

---

① 参见广东省民政厅《广东省民政厅关于发布 2017 年全省城乡低保最低标准的通知》，雷州市人民政府网，2017 年 11 月 07 日，见 http://www.leizhou.gov.cn/xxgk/zdlyxxgkzl/bzxzfxxgk/fgzc/content/post_201812.html。

第五章 公众贫困认知的现状分析：广东案例

年每人每月 745 元上调至 2017 年每人每月 900 元，如一类地区中的广州市和深圳市；最低也由 2016 年每人每月 335 元上调至 2017 年每人每月 400 元，如四类地区中的清远市，由此可知，广东保障水平已位居全国前列。

表 5-1　2017 年广东省城乡低保最低标准

类别	城乡低保标准		城乡低保补差水平[①]		适用地区
	城镇	农村	城镇	农村	
一类	900		727	534	广州市、深圳市
二类	740		528	430	珠海市、佛山市（含顺德区）、东莞市、中山市
三类	680		504	370	惠州市、江门市（不含台山市、开平市、恩平市）、肇庆市（不含所辖县）
四类	580	400	457	206	汕头市、韶关市、河源市、梅州市、汕尾市、阳江市、湛江市、茂名市、清远市、潮州市、揭阳市、云浮市、江门市列入三类地区以外的市、肇庆市所辖县

注：表中数值单位为元/人·月。

资料来源：广东省民政厅：《广东省民政厅关于发布 2017 年全省城乡低保最低标准的通知》，雷州市人民政府网，2017 年 11 月 7 日，见 http://www.leizhou.gov.cn/xxgk/zdlyxxgkzl/bzxzfxxgk/fgzc/content/post_201812.html。

但是，从受访者对低保救助水平的评价来看，公众对当地低保标准的期望和评价存在着差异。由 2017 年的数据可知（见图 5-6 左侧），受访者认为地方低保线设置较为合理，但得分偏低，得分为 2.12 分，将近 40% 受访者认为当地低保线有点低，仅不到 5% 的受访者认为当地低保线

[①] 城乡低保补差水平是指县（市、区）当月城乡低保资金支出（含分类施保）金额除以当月城乡低保对象人数得出的月人均补差水平。

有点高。需要注意的是，得分越接近3分，说明低保线设置越合理；得分越接近2分，说明低保水平偏低。由此可见，受访者对低保救助水平的评价存在地区差异，东翼低保线设置最为合理，得分为2.18分；其次是西翼和珠三角，得分分别为2.13分和2.12分；最后是粤北山区，其得分为2.07分，说明受访者认为该地区低保线设置相对较低。但是，四个区域的得分差距较小，低保标准均处于偏低水平。

对比2018年的数据可知（见图5-6右侧），得分越高说明低保水平越符合公众对实际日常生活支出的预期，得分在2分到3分之间说明低保水平处于"基本不可以"和"一般"之间，即受访者对低保标准设置的合理性评价较低。对比广东省内各区域情况可发现，2018年，全省反贫困政策救助水平最高的地区是珠三角，平均得分为2.33分，其次是粤北山区，再次是西翼，最后是东翼，得分分别为2.27分、2.25分和2.24分，受访者对低保标准设置的合理性评价较低。从全省来看，平均得分为2.29分，表明受访者对广东省低保标准设置的合理性总体评价较低。其中，认同低保水平能满足穷人基本开支这一说法的受访者占比不到40%；有60.34%的受访者认为政府反贫困政策的效率较低，无法保证低保户的基本开支。

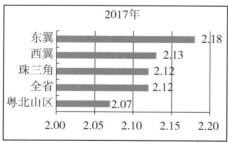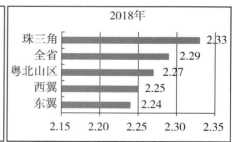

图5-6 受访者对低保线设置合理性的评分

注：图中数值的单位为分。

数据来源："中山大学2017年人民美好生活需要调查项目""中山大学2018年人民美好生活需要调查项目"。

综上分析可知，受访者普遍认为地方低保标准设置偏低，虽然2018

第五章 公众贫困认知的现状分析：广东案例

年地方低保标准有所上调，但受访者对低保救助水平的评价仍然较低。这也从侧面说明，虽然广东各地政府极力使低保标准与本地居民生活水平和日常开支的变化相匹配，但是随着地方低保工作越做越好，受访者对地方政府的期望也与日俱增，使得实际低保标准与理想低保标准间始终存在一定的差距。这启示地方政府要综合考虑并在调查地方的财政状况、公众基本生活开支、物价水平等因素后，尽可能更加科学、合理地制定和调整当地的低保标准，以满足公众的美好生活需要。

值得注意的是，受访者对当地低保标准抱有更高期待的原因可能是，各地受访者在评价当地低保标准的合理性时，可能受到自身主观价值观念的影响。广东省作为改革开放的前沿阵地，虽然整体市场经济发展状况优于其他省份，但是，省内各地区的发展态势存在较大的差距，部分地区的经济发展水平位于全国平均水平之下，这使得省内发展相对落后的地区的受访者有着更为强烈的相对剥夺感，更期待能通过低保救助来缩小与其他地区的差距。例如，分析结果显示，相比珠三角地区，东、西翼的受访者更不满足于当地的低保水平。

值得注意的是，在描述分析政府反贫困救助水平时，不仅可以聚焦政府在低保方面的投入，还可以关注政府在整个扶贫过程中的财政投入。为此，以2017年调查问卷中的"您觉得____市的政府在救助穷人方面花的钱是否足够？"题项进一步展开分析，其对应选项为"非常多、比较多、刚刚好、比较少、非常少"。

如图5-7所示，2017年样本中，在全省层面，一方面，有6.70%的受访者认为地方政府为了救助穷人而花费的财政资源过少，有17.70%的受访者认为地方政府在扶贫中的投入刚刚好；另一方面，认为地方政府的扶贫投入较多和非常多的受访者占比分别为37.10%和14.00%，因此，绝大部分受访者认为地方政府对穷人的救助是充分的。其中，东翼的受访者认为政府投入刚刚好的占比最高，18.60%的受访者对此表示认同；其次是珠三角；最后是粤北山区和西翼。与此同时，认为政府在扶贫方面花的钱非常少的受访者占比最高的地区是西翼，占比为2.30%；其次是粤北山区和珠三角，占比分别为1.80%和1.50%，占比最低的是东翼，具体为1.10%。而认为政府在扶贫上花的钱非常多的受访者占比最高的地区是西翼，比重接近17.30%；其次是粤北山区和东翼，占比分别为16.00%和15.20%；最后是珠三角，占比为11.20%。由此可见，相比其他区域，粤北山区受访者对当地政府扶贫方面的投入的评价最满意，这进一步启示广东政府在反贫困工作继续增加落后地区投入的同时，还需注意财政资源的合理配置，先富带后富，逐渐迈向共同富裕。

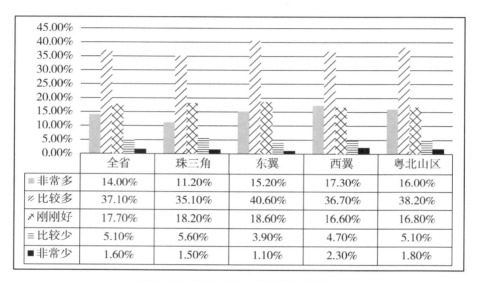

图5-7 公众对政府扶贫投入的认知

数据来源："中山大学2017年人民美好生活需要调查项目"。

三、公众对福利结果的认知

公众对福利结果的认知集中体现在政府反贫困政策的治理效果上，主要表现在公众对反贫困政策资源瞄准效果的评价，具体又可以分为"是否漏保"和"是否错保"两种情况。漏保情况在问卷中的相应问题是"您身边有符合'低保'条件但没能享受'低保'待遇的家庭吗？"，对应选项为"普遍、有一小部分、基本没有"；错保情况在问卷中的相应问题是"您身边有不符合'低保'条件却能享受'低保'待遇的家庭吗？"，对应选项为"普遍、有一小部分、基本没有"。除此之外，基于2017年问卷，

第五章 公众贫困认知的现状分析：广东案例

还对低保申请过程的合理性进行了分析，包括受申请条件、申请材料、申请程序、审批过程、评议环节等方面，问卷中相应的题设是"您认为当地低保户申请程序存在哪些不合理地方？"，对应选项为"1. 申请条件较苛刻；2. 需要准备的申请材料太多；3. 申请程序漫长；4. 审批过程不够公开透明；5. 民主评议环节不合理；6. 还有其他不合理之处；7. 没有不合理的地方"。

就低保政策的漏保情况而言，全省有近50%的受访者认为地方政府实施的低保政策的漏保率较低，基本能做到"应保尽保、应扶尽扶"，但仍有超过34.16%的受访者认为存在少数低保漏保现象，有16.10%的受访者认为低保漏保现象普遍存在。（见图5-8）

具体看省内各地情况，在2018年的样本中，认为当地低保漏保情况较为严峻的地区是粤北山区，仅有40%左右的受访者认为基本不存在漏保现象；其次是东翼和西翼，具体比重分别为46.94%和42.46%；珠三角的低保漏保水平最低，58.69%的受访者都没有发现漏保现象。同时，认为当地仍存在少部分漏保家庭的地区钟，珠三角地区的占比最低，仅有29.14%的受访者认为存在漏保现象；西翼占比则最高，41.10%的受访者发现存在较少漏保家庭；粤北山区略低于西翼，占比为40.02%；东翼比粤北山区还低些，为32.97%。因此，从受访者对漏保现象的感知分析可以发现，低保漏保偏误最小的地区是珠三角，非珠三角地区仍需在降低漏保率上多加努力。

就广东省低保政策的错保情况而言，在2018年样本中，有近60%的受访者认为地方政府实施的低保政策的错保率非常低，比2017年增加近10%；认为仍存在错保现象的受访者占比为34.16%，比2017年降低7.47%；认为错保现象普遍的受访者占比仅为6.21%，比2017年降低1.50%，逐年下降的低保错保偏误表明广东在低保错保的治理上取得了一定的成效。（见图5-9）

具体看省内各区域的情况，2018年低保错保情况最严峻的是西翼，50%的受访者发现身边有人冒领低保，比2017年同期增加了8.92%。其次是粤北山区，基本没有发现低保错保家庭的受访者占比为53.06%，与2017年相比提高了10.58%。再次是东翼，2018年的比重将近60%，比

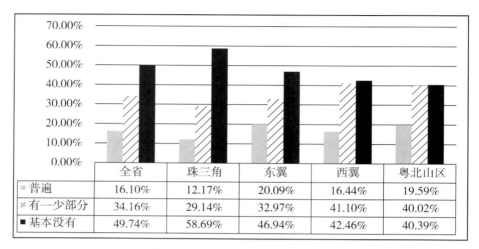

图 5-8 公众对漏保现象的认知

数据来源:"中山大学 2018 年人民美好生活需要调查项目"。

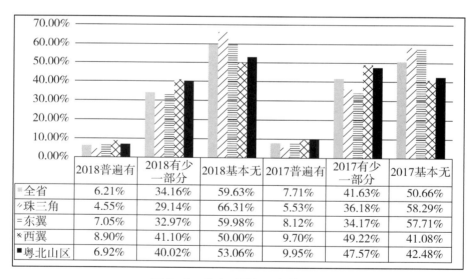

图 5-9 公众对错保现象的认知

数据来源:"中山大学 2017 年人民美好生活需要调查项目""中山大学 2018 年人民美好生活需要调查项目"。

2017年增加了8.27%。珠三角的低保错保水平依旧最低，66.31%的受访者没有发现错保现象，比2017年同期上升了8.02%，同时，仅有5%左右的人认为错保现象较为普遍，远低于其他地区。由此可知，珠三角地区低保政策错保偏误最少，而在非珠三角地区中，西翼低保错保率最高，该区域的地方政府更需着力降低低保错保率。

据此，可以发现，在低保瞄准认知上，整体上受访者认为漏保率高于错保率，而且非珠三角地区的瞄准偏误均大于珠三角地区。下一阶段，各地区尤其是非珠三角地区应更聚焦漏保偏误的降低，同时，珠三角地区也可总结并推广自身在降低低保瞄准偏误上的经验，从而提高广东整体的反贫困治理效果。

此外，通过运用2017年数据，本节对公众关于低保申请过程合理性的评价进行了分析，具体包括受申请条件、申请材料、申请过程、审批过程、评议环节等方面。粤北山区受访者对当地低保申请程序的认可度最高，有6.69%的受访者认为申请程序非常合理；占比最低的地区是西翼，比重为5.09%。（见图5-10）

进一步分析低保申请程序的不合理之处可以发现，在审批过程的公开透明中做得最好的地区是珠三角，仅有37.71%的受访者认为审批过程过于封闭，而其他地区的受访者占比均在40%以上，这表明广东（尤其是非珠三角地区）应在低保审批过程的公开透明上多下功夫。

争议次多的是"低保审批程序漫长"这一项，在低保审批程序的简化上做得最好的地区是东翼，仅有1/4左右的受访者提出该问题，其次依次是粤北山区、珠三角，最后是西翼。

争议较多的是"申请低保需要准备太多材料"这一项，全省有23.97%的受访者意识到该问题的存在，其中，珠三角地区的受访者认为当地申请材料太多的占比最高，超过1/4的受访者指出该问题，其次是东翼和西翼，最后是只有22.04%的受访者提及该问题的粤北山区。相比非珠三角地区，珠三角地区反而普遍要求低保申请人提交大量的申请材料，这反映地方政府对低保瞄准度的重视，但是，材料越多并非等价于低保瞄准效率，地方政府需进一步根据实际情况优化申请材料的提交设置。

尚存争议的是"低保民主评议环节不合理"和"低保申请条件较苛

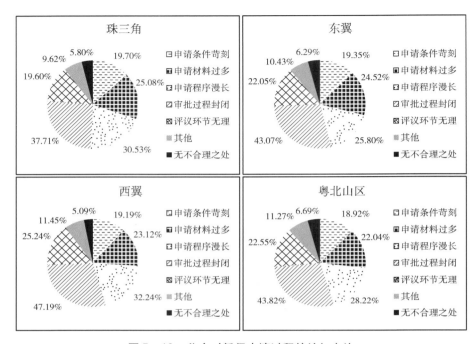

图 5-10 公众对低保申请过程的认知占比

注：图中数值为选择该选项的人数占总受访人数的比重。

数据来源："中山大学 2017 年人民美好生活需要调查项目"。

刻"的问题，全省有超过 20% 的受访者选择前者，后者则有接近 20% 的受访者提及。具体看各区域的情况，在评价"低保民主评议环节不合理"的受访者中，西翼占比最高，比重为 25.24%，其次是粤北山区和东翼，占比最低的是珠三角，比重为 19.60%。相比珠三角地区，非珠三角地区受访者认为民主评议环节不合理的比重更大，原因可能是这些地区的"人情保""关系保"问题更为严重，这表明地方政府在实施低保时应强化对基层工作人员在扶贫工作上的规范化管理，提高低保的经办服务水平。在"低保申请条件较苛刻"的问题上，占比最高的地区是珠三角，其次是东翼和西翼，最后是粤北山区，四个区域的比重皆在 19% 上下波动，差距并不明显。

据此，低保审批存在的问题可以为广东行政审批改革提供启示，地方政府在服务企业、服务群众的同时，需将一部分注意力转移到弱势群体

（如低保户）身上，要进一步优化低保审批，例如，精简低保审批材料，简化低保审批环节，缩短低保审批时长，实现低保审批过程的公开透明，等等。

第三节 公众贫困认知的解释因素

一、个体特征因素

影响公众贫困认知的个体特征因素主要包括性别、年龄、户籍类型、户口所在地、受教育水平、婚姻状况、工作单位、就业状态、年收入等人口统计学因素，以及个人对致贫原因认知中的与个人素质和个体命运关联的若干因素。以下对个体特征因素进行逐一分析。

就性别而言，2018年全省受访者中男性占比为53.22%，女性占比为46.78%，与2017年相比，男性占比下降了4.92%，女性占比上升了4.92%，同时，四个地区连续两年的性别占比基本与广东省持平。

就年龄而言，由于思想更为成熟的公众才具备了解并作答问卷的能力，因此，该调查将受访者的年龄限定在18岁及以上。在全省样本中，2018年有97.06%的受访者的年龄在18岁到60岁，不到3%的受访者大于等于60岁；而在2017年则有95.78%的受访者的年龄在60岁以下，剩下不到5%的受访者大于等于60岁，且四个地区的年龄分布状况基本与全省相似。

就户籍类型而言，问卷中的具体题项为"您的户口是在＿＿"，对应选项为"本市、广东省其他城市、广东省外"。整合"本市"和"广东省其他城市"两项数据，重新编码为"广东省内"数据。在2018年全省样本中，有将近60%受访者的户口为农业户口，比2017年提高了5.51%，这一比例在粤北山区达到最高，有61.59%的粤北山区受访者为农业户口。同时，全省有不到1/4的受访者的户口为居民户口，该比重比2017年降低了2.85%。其中，2018年拥有居民户口的受访者占比最高的是东翼，为26.53%；其次是珠三角地区，比重为25.25%；最低为西翼，比重仅为20.67%。

就户口所在地而言，2018年全省样本中受访者有近90%公众的户口所在地在广东，非广东省户籍的受访者比2017年减少了1.45%。珠三角地区的本地受访者比重最低，仅80%的受访者是本地人，近20%的受访者是外来流动人口，该比重与2017年相比有所下降，降幅为1.07%。在非珠三角地区的来粤人员占比均不高于1/10，其中比重最高的是东翼，其次是西翼，最后是粤北山区；但东翼和粤北山区2018年的比重均低于2017年，仅西翼比重有所上升。珠三角地区来粤人口占比远高于非珠三角地区，这表明珠三角地区对广东省外人口的吸引力最强。倘若一个城市无法吸引其他地区的劳动人口聚集其中，其经济发展将变得更加困难。因此，为推动当地经济加速发展，非珠三角地区必须增加对外来人才的吸引力，特别是技术硬、学历高、素养佳的人才，对此，可通过完善当地的人才政策等方面实现。（见图5-11）

就受教育水平而言，问卷中具体题项为"您目前的最高学历是____"，对应选项为"1. 未上过学；2. 小学/私塾；3. 初中；4. 普通高中；5. 职业高中；6. 技校；7. 中专；8. 大专；9. 大学本科；10. 硕士；11. 博士；12. 其他"。在全省层面，2018年仅有0.75%的受访者没有上过学，3.58%的受访者的最高学历是小学及以下，16.38%的受访者的最高学历是初中，20.07%的受访者的最高学历是普通高中，受教育水平为职业高中、技校、中专、大专的占比分别为2.36%、0.75%、9.18%、22.77%，本、硕、博学历的占比分别为22.91%、1.00%、0.19%，即受访者的学历大多为大专或大学本科。而在2017年，广东受访者的学历大多为大专、初高中和本科，占比分别为21.18%、19.77%和18.56%。这说明广东省的受访者整体受教育水平有所上升，随着大学扩招等政策的推进，初高中毕业的受访者占比有所下降，即更多的人选择修读大专或本科。

在省内层面，最高学历为本科的受访者占比最高的地区是珠三角，2017年的比重为23.58%，2018年则上升至26.90%，与非珠三角地区拉开了一定的差距（见图5-12）。但是，在东翼、西翼和粤北山区中，最高学历为本科的受访者占比也并不低，2018年的比重均在20%左右，与

第五章　公众贫困认知的现状分析：广东案例

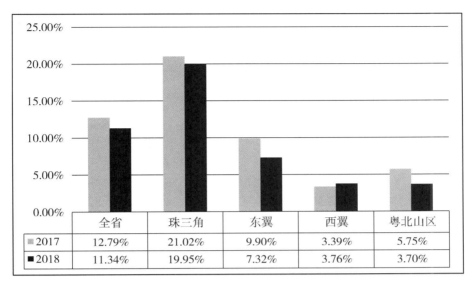

图 5-11　户口在广东省外的受访者占比

注：图中数值为选择"广东省外"的受访者人数占总受访人数的比重。

数据来源："中山大学 2017 年人民美好生活需要调查项目""中山大学 2018 年人民美好生活需要调查项目"。

2017 年同期相比均上涨了 5% 左右。与此同时，2018 年最高学历为初中的受访者占比最低的是珠三角地区，为 14.49%；东翼的占比则最高，为 20.13%。同时，各地最高学历为初中的占比情况较 2017 年均有所下降，其中，降幅最小的是东翼，仅为 1.06%；降幅最大的是西翼，为 6.96%。出现上述变化的原因可能是珠三角地区的第二产业和第三产业更为发达，劳动力市场供不应求，外来流动人口在当地的占比相对较大，而且珠三角地区还推出各种措施来培养和留住高素质人才，因而使得劳动力市场竞争更为激烈。随着产业转型升级、就业人口竞争白热化等因素的影响，珠三角地区劳动人口的就业门槛变得更高，高中学历的含金量开始急剧下降，更多公众为提高自身的就业竞争力而选择提升自身的受教育水平，这使得本科和大专学历的公众占比迅速上升，同时也意味着仅完成九年义务教育的公众数量快速减少。与此同时，非珠三角地区也和珠三角地区呈现出相似的变化趋势，最终使得广东省全体公众的受教育水平均有所提高。

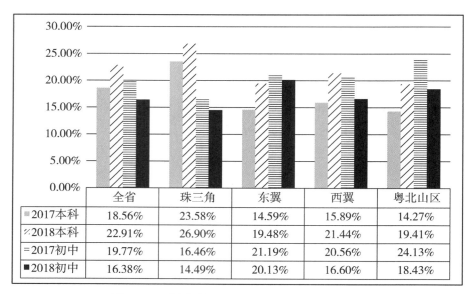

图5-12 最高学历为本科或初中的受访者占比

注：图中数值为选择"本科"或"初中"的受访者人数占总受访人数的比重。

数据来源："中山大学2017年人民美好生活需要调查项目""中山大学2018年人民美好生活需要调查项目"。

就婚姻状况而言，在问卷中的具体题项为"您的家庭婚姻状况是____"，对应选项为"未婚、已婚、离婚"。在2018年全省样本中，受访者选择未婚的占比为48.62%，与2017年同期相比增幅为9.73%，更多的受访者为未婚；此外，广东已婚受访者的占比为50.31%，离婚受访者的占比为1.07%。结合图5-13来看各个地区的情况，2018年未婚率从低到高的地区依次为粤北山区、珠三角、东翼和西翼，而在2017年未婚率从低到高的地区依次为珠三角、粤北山区、东翼和西翼。虽然各地区未婚率的次序变化并不大，但是变化幅度均在10%左右，且均呈现上升趋势，其中增幅最大的地区是粤北山区，为11.57%；增幅最小的地区是东翼，为8.42%，可见不婚主义逐渐在广东各地兴起。2018年已婚率从低到高的地区分别为西翼、东翼、珠三角和粤北山区，具体占比45%～55%。离婚率从低到高的地区按序为东翼、西翼、珠三角、粤北山区，其比重分别为

0.74%、0.98%、1.07%和1.38%。由此可知，与广东的其他地区相比，粤北山区的已婚率和离婚率均最高，未婚率最低；东、西翼地区则恰好相反，其已婚率和离婚率均位居末尾，未婚率最高；珠三角地区则一直居中。

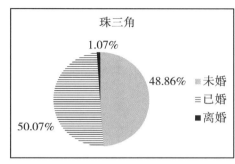
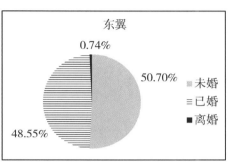
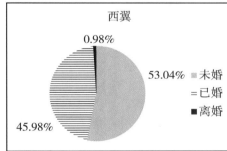
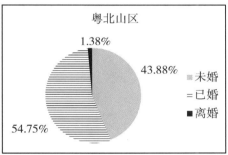

图 5-13　受访者的婚姻状况

注：图中数值为选择"未婚""已婚"或"离婚"的受访者人数占总受访人数的比重。

数据来源："中山大学 2018 年人民美好生活需要调查项目"。

就工作单位状况而言，在问卷中的具体题项为"您这份工作的单位属于以下哪种？"，对应选项为"1. 党政机关、人民团体、军队；2. 事业单位；3. 国有企业；4. 集体企业；5. 村居委会等自治组织；6. 民营、私营企业；7. 外资、合资企业；8. 民办非企业、社团等社会组织；9. 个体工商户（包括登记过的个体工商户或未登记的各类店主）；10. 务农：农林牧副渔业生产（如种地、养殖鸡鸭水产等）；11. 自由工作者（自由职业者，零散工，摊贩，无派遣单位的保姆，自营运司机，手工工匠等）"。为了便于对职业类型进行统计分析，此处将公众的工作单位分为三种情况：

一是体制内的党政机关、事业单位、国有企业、集体企业等；二是体制外的民营和私营企业、外资和合资企业、个体工商户等；三是没有具体工作单位的情况，如务农、自由工作者等。就全省而言，2018年，有近70%受访者在体制外的工作单位就业，不到30%的受访者在体制内的工作单位就业，剩下7.21%的受访者没有具体工作单位（见图5-14）。与2017年相比，在体制内和体制外工作过的受访者数量均有所上升，具体占比增幅分别为0.27%和1.09%，同时，选择务农和从事自由职业的受访者的数量有所减少。从整体来看，绝大部分受访者都选择到体制外就业，体制外工作单位提供的就业机会远大于体制内。

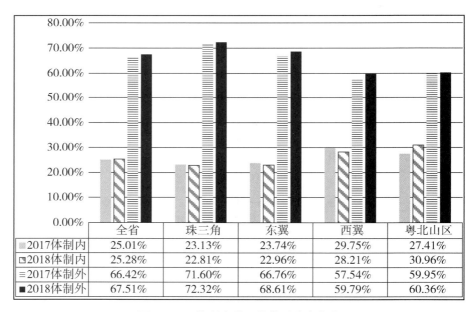

图5-14 体制内外工作的受访者占比

注：图中数值为选择"体制内"或"体制外"的受访者人数占总受访人数的比重。
数据来源："中山大学2018年人民美好生活需要调查项目"。

就省内而言，2018年在体制内工作的受访者占比最高的地区是粤北山区，有30%多受访者在体制内就业，其次是西翼和东翼，最后是珠三角地区，仅有22.81%的受访者在体制内就业。而在2017年，该占比最高的

第五章 公众贫困认知的现状分析：广东案例

地区是西翼，有将近30%的受访者在体制内工作，其次是粤北山区和东翼，最后是珠三角，仅23.13%的受访者在体制内就业。除了粤北山区以外，2018年，珠三角、东翼和西翼的受访者选择到体制内就业的人数均有所下降，考公务员的热度均稍有所减轻。

2018年在体制外单位工作的受访者占比最高的地区是珠三角，超过70%的受访者在体制外就业；其次是有将近70%的受访者的东翼；再次是粤北山区，为60.36%；最后是59.79%的受访者的西翼。而在2017年，该占比最高的地区是珠三角，其次是有超过65%的受访者的东翼，再次是粤北山区，最后是西翼。由图5-14可知，所有地区在2018年选择到体制外就业的人数均有所上升，其中增幅最大的地区是西翼，提高了2.25%。

2018年没有具体工作单位的受访者占比最高的地区是西翼，为12.00%，其次是粤北山区和东翼，最后是比重不到5%的珠三角地区。2017年的次序基本一致，但占比均略高于2018年，即更多的人转而从事有工作单位的职业。尤其是粤北山区，与2017年相比，2018年的占比降低了3.96%。这也表明广东各地的产业转型和经济发展均有所成效。

结合上述分析可知，一个地区的经济越发达，当地体制外单位提供的就业机会就越多，也会有越多人选择到体制外工作。同时，在可就业单位相对较多的情况下，人们倾向于选择到单位工作，而非选择务农等无单位的工作。

在就业状态方面，在问卷中的具体题项为"您的职业状况是____"，对应选项为"1. 在学；2. 在职-全职；3. 在职-兼职；4. 失业；5. 已退休；6. 其他非在职者（包括家庭主妇）"。2018年的广东省样本中，处于在学状态的受访者占比为15%，比2017年提高了5.69%；拥有全职工作和兼职工作的受访者占比分别为65.49%和8.36%，在2017年对应的比重分别为63.84%和9.29%；处于失业状态的受访者占比为3.71%，比2017年降低了1.94%；处于退休状态的受访者占比为1.44%，在2017年则为4.01%；其他非在职者（如家庭主妇）的比重为6%，比2017年降低了1.91%。

结合图5-15可知，在省内各区域，2017年全职工作的受访者占比最高的地区是珠三角，有超过70%的受访者处于全职状态，不到8%的受访者处于兼职状态；其次是东翼，有超过60%的受访者处于全职状态，10.53%的受访者处于兼职状态；最后是西翼和粤北山区，占比分别为57.81%和57.66%，其中西翼兼职的受访者占比为全省最高，有11.31%的人选择兼职工作。而在2018年，全职工作的受访者占比从高到低排序，依次对应的地区分别为珠三角、东翼、粤北山区和西翼，其对应比重分别为72.61%、63.18%、60.90%和54.95%。兼职工作的受访者占比最高的地区是东翼，有4.24%的人选择兼职工作；最低的地区是珠三角，仅有3.12%的人选择兼职工作。2018年，受访者处于失业状态最多的地区是粤北山区，比重为4.32%，比2017年降低了3.17%；处于失业状态最少的地区是珠三角，比重为3.12%，比2017年减少了1.9%。整体上，全省各地的失业状态呈现逐年下降的趋势。

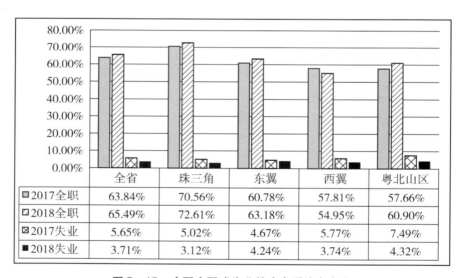

图 5-15　全职在职或失业的广东受访者占比

注：图中数值为选择"在职 - 全职"或"失业"的受访者人数占总受访人数的比重。

数据来源："中山大学2017年人民美好生活需要调查项目""中山大学2018年人民美好生活需要调查项目"。

就年收入状况而言，在问卷中的具体题项为"请问您前一年的年收入大约是＿＿＿"，对应选项为"1.1.2万元以内；2.1.2万～2.2万元；

3.2.2万～8万元；4.8万～15万元；5.15万～30万元；6.30万～50万元；7.50万～100万元"。2018年的全省样本中，受访者的年收入大多在2.2万～8万元，占比为43.66%，比2017年调查样本增加了4.62%。其次是年收入在1.2万元以内的受访者，比重为26.83%，该比重较2017年调查样本有所下降。此外，2018年有超过10%的受访者年收入在1.2万～2.2万元，比2017年调查样本降低了0.20%。

如图5-16所示，2018年的调查样本中，年收入在1.2万元以内的受访者占比最高的是西翼，比例为34.54%；占比最低的是珠三角，比重约为1/5。同时，2017年的调查样本中，年收入在1.2万元以内的受访者占比最高的是西翼，比例为34.36%，占比最低的依旧是珠三角，比重略高于1/4。

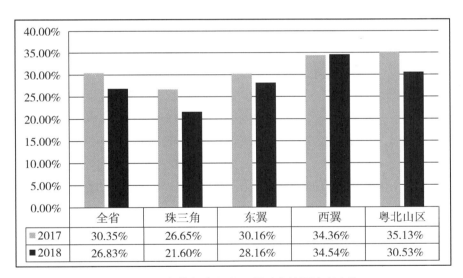

图5-16 年收入在1.2万元以内的受访者占比

注：图中数值为选择"1.2万元以内"的受访者人数占总受访人数的比重。

数据来源："中山大学2017年人民美好生活需要调查项目""中山大学2018年人民美好生活需要调查项目"。

由此可见，受访者的年收入呈现逐年上升的趋势，大部分人的月收入高于1000元，即高于低保线，同时，受访者月收入大多在7000元以内。

因此，通过年收入的比较可知，非珠三角地区的富裕程度远低于珠三角地区，或者说，广东省内各地区间的经济发展不均衡程度较高。

此外，将公众对致贫原因的认知进行分析，问卷中的具体题项为"为什么＿＿市会有穷人？"，对应选项为"1. 穷人的运气不好；2. 穷人懒惰或缺乏勤俭美德；3. 穷人缺乏必要的教育和技能；4. 社会保障制度不完善；5. 市场经济的必然结果"。此处对前三点与个体特征紧密关联的因素进行了统计分析。如图 5 - 17 所示，在个人运气方面，2018 年全省有 11.08% 的受访者认为部分穷人是因为运气不好才变穷的，比 2017 年上升了 1.38%。其中，最认可该观点的是珠三角的受访者，占比为 12.03%，粤北山区、东翼、西翼受访者对运气的关注度依次下降，占比分别为 10.70%、10.19% 和 10.08%，比重均比 2017 年同期有所上升。在个人品德方面，关于懒惰或缺乏勤俭美德使人变穷这一说法，2018 年全省超过 1/4 的受访者表示认同，较 2017 年增加了 1.34%。其中，最赞同该说法的依旧是珠三角的受访者，比重为 27.03%，最不赞同该说法的是西翼的受访者，比重为 22.82%，东翼和粤北山区则居中，其比重均较 2017 年有所提高。

对于缺乏必要的教育和技能这一观点，2018 年全省有 49.12% 的受访者表示赞同，2017 年则有超过 40% 受访者表示认可。其中，最同意该观点的是珠三角的受访者，比例为 51.59%，其次是占比略过半的西翼，之后是粤北山区和东翼。四个地区的比重均高于去年同期，增幅最大的地区是粤北山区，其变化幅度接近 10%。

由上可知，在致贫原因的探讨中，受访者愈发看重个体的运气、品德、教育和技能等所具有的减贫效应。同时，相比运气和品德，各地受访者认为掌握一定的知识和技能更能使人脱贫致富，这也从侧面说明政府在脱贫中应更侧重穷人的教育和技能培训等方面。此外，珠三角作为广东省内最富庶的地区，在四个地区中却最认可个人运气和品德所发挥的作用，这说明运气和品德在脱贫致富中也能发挥一定的作用，尤其是身处经济相对发达地区的穷人，更应培养勤劳和勤俭的美德。

第五章 公众贫困认知的现状分析：广东案例

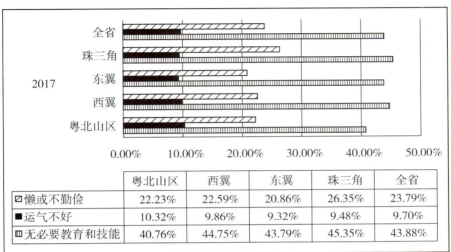

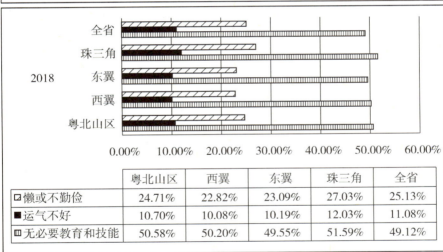

图 5-17 选择不同致贫原因的受访者占比

注：图中数值为选择"穷人懒惰或缺乏勤俭美德""穷人的运气不好""穷人缺乏必要的教育和技能"的受访者人数占总受访人数的比重。

数据来源："中山大学 2017 年人民美好生活需要调查项目""中山大学 2018 年人民美好生活需要调查项目"。

二、社会价值因素

影响公众贫困认知的社会价值因素主要包括社会公平感、工作伦理观念及对生活的预期,以下对社会价值因素逐一进行分析。

就社会公平感而言,在问卷中的具体题项为"请您评价这些做法对社会的重要性:1. 消除老百姓之间的较大不平等;2. 保证所有人在衣食住、教育和健康等方面的基本需要得到满足",选项为"非常重要、重要、一般、不重要、完全不重要"。重新对选项赋值,令完全不重要=1,不重要=2,一般=3,重要=4,非常重要=5,再根据编码结果计算均值,对公众的社会公平感设定为单位为分的数值。2018年,超过80%的受访者认为,消除老百姓之间较大的不平等,以及保证所有人在衣食住、教育和健康等方面的基本需要得到满足,对整个社会而言十分重要,尤其是后者。而在2017年,仅有66.61%的受访者认为消除个体间的不平等是重要的,以及75.22%的人认为满足人们的基本需要也是重要的。

具体看各个地区的情况(见图5-18),得分均在4分以上,说明人们的社会公平感相对较高。2017年受访者关于消除个体间不平等对社会的重要性认知的得分呈现出"粤东西北高,珠三角低"的情形,粤北山区、西翼和东翼的得分均为4.07分,而珠三角为4.04分。而在2018年该次序发生了变化,得分从高到低依次为西翼、珠三角、粤北山区和东翼。可以看到,除了东翼得分下降以外,其他地区的得分均有所上升,而其中上升速度最快的地区是西翼。换句话说,大部分地区的人都越发认可消除个体间较大的不平等对社会的重要性。

2017年最认可满足个体基本需要对社会的重要性的地区是东翼,得分为4.26分;其次是粤北山区,得分为4.24分;再次是珠三角,得分跟粤北山区仅相差0.0001分;最后是西翼,得分为4.22分。在2018年该次序同样发生了变化,得分从高到低依次为西翼、珠三角、东翼和粤北山区。由图5-18可知,各个地区2018年的得分均比2017年高,其中,西翼的变化幅度最大,为0.23分。由此可知,各地受访者均越发认可满足个人基本生活需要对社会的重要性。

第五章　公众贫困认知的现状分析：广东案例

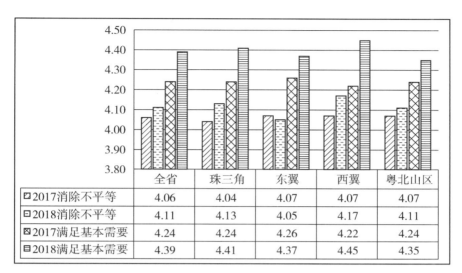

图 5-18　受访者的社会公平感

注：图中数值的单位为分。

数据来源："中山大学 2017 年人民美好生活需要调查项目""中山大学 2018 年人民美好生活需要调查项目"。

综上所述，受访者十分推崇人人平等的公平原则，尤其认可每个人的基本需要都应得到满足的说法。正如习近平总书记所说，"我们要随时随刻倾听人民呼声、回应人民期待，保证人民平等参与、平等发展权利，维护社会公平正义，在学有所教、劳有所得、病有所医、老有所养、住有所居上持续取得新进展，不断实现好、维护好、发展好最广大人民根本利益，使发展成果更多更公平惠及全体人民，在经济社会不断发展的基础上，朝着共同富裕方向稳步前进。"① 对应到扶贫工作中，就是要满足穷人的基本生活需要，保障其在工作、受教育、医疗、居住等方面的生存权，能过上体面的生活，能有尊严地活着，这也是扶贫工作必须坚守的原则。

就工作伦理观而言（见图 5-19），此处就"不劳而获可耻""不上班

---

① 《习近平在第十二届全国人民代表大会第一次会议上的讲话》，2013 年 3 月 17 日，http://cpc.people.com.cn/n/2013/0318/c64094-20819130.html。

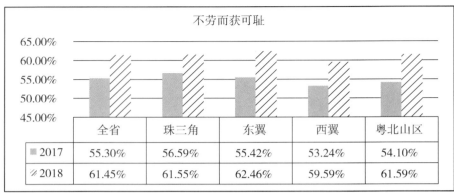

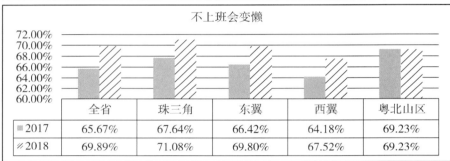

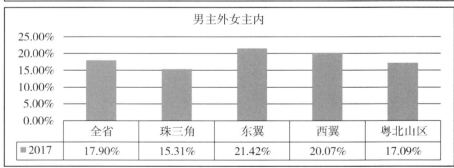

图 5-19 认可"不劳而获可耻""不上班会变懒"和"男主外女主内"
的受访者占比

注：图中数值为选择"不劳而获可耻"或"不上班会变懒"的受访者人数占总受访人数的比重，"男主外女主内"问题仅在 2018 年调查。

数据来源："中山大学 2017 年人民美好生活需要调查项目""中山大学 2018 年人民美好生活需要调查项目"。

第五章　公众贫困认知的现状分析：广东案例

会变懒"和"男主外女主内"三种具体看法展开分析，对应选项为"非常同意、同意、既不同意也不反对、反对、非常反对"。

对于"不劳而获可耻"这一说法表示认同的受访者，在2018年的全省样本中，其占比为61.45%，较2017年提高了6.15%。在省内占比最高的是东翼，其次是粤北山区，再次是珠三角，占比分别为62.46%、61.59%和61.55%，而西翼则不到60%。与2017年相比，各地占比均有所提高，其中，变化幅度最大的是粤北山区，增加了7.49%。这说明各地受访者大多认可"劳有所得，多劳多得"的看法，社会倡导的主流价值观是劳有所获。

对于"不上班会变懒"这一说法表示赞同的受访者，在2018年的全省样本中，其占比为69.89%，较2017年上升了4.22%。具体看各区域情况，2018年该项占比在珠三角超过70%；接着占比较高的是东翼、粤北山区，均在69.89%以上；最后是西翼，赞同该观点的公众比例为67.52%。与2017年相比，各区域支持该观点的受访者人数均有所增加，其中，支持人数变化得最快的地区是珠三角，比2018年增加了3.44%。这说明相比其他地区，珠三角地区受访者对工作的热情更甚，在工作中的投入也相对较高。

对"男主外女主内"这一说法表示支持的受访者，2018年在全省样本中的占比为17.59%。而在省内，东、西翼的占比相对较高，分别为21.42%和20.07%；粤北山区则居中，为17.09%；而珠三角受访者最不支持该说法，仅有15.31%的人表示认同。可见，大部分受访者都不大认可传统的男性在外挣钱、女性在家操持的分工模式，因此，随着时代的变迁，公众的工作伦理观也发生较大的变化。对"不劳而获可耻"及"不上班会变懒"的说法，绝大多数受访者依旧表示认同。相比其他地区的受访者，珠三角地区的受访者更看重工作的作用，认为规律有序的工作生活能让人变得勤快起来，这也从侧面体现珠三角地区的工作氛围相对比较浓郁，工作节奏相对较快。同时，由于女性自身所蕴含的人力资本价值愈发被重视和发掘出来，以及家庭构成的小规模化，"男主外女主内"这一传统社会性别角色分工受到冲击并瓦解，性别平等的分工模式逐渐成形，超过80%的受访者认为女性不应被局限在家庭之内，而应拥有自己想做的工作，即女性的形象变得更加积极独立。尤其是在经济较为发达的珠三角地区，将近85%的受访者不认同"男主外女主内"的思想。

就生活预期的认知而言，在问卷中的具体题项为"您认为在未来一年中，您和您家人的生活和目前相比会如何？"，对应选项为"更好、更差、没有区别"。通过分析结果可以发现，地区差异和年度差异同时存在。在全省层面，一方面，2018年，认为未来生活会变得更好的受访者占57.78%，与2017年相比上升了5.54%；另一方面，认为未来的生活会变得更差的受访者在2017年占比6.47%，在2018年则下降至4.51%。

具体看省内各区域情况（见图5-20），对生活预期最乐观的是东翼的受访者，有59.21%的人认为未来的生活不会变好，虽然比2017年增加4.75%，但占比仍然较高。其次是珠三角地区受访者，2018年的比重比2017年增加了5.92%。相对而言，对未来生活预期较低的是粤北山区和西翼受访者，相应的比重略超过55%，其中，西翼有55.46%的受访者认为未来的生活会变得更好，较2017年增加4.3%；粤北山区有56.33%的受访者认为未来的生活会变得更好，较2017年增加6.23%，其增幅是四个地区中最大的。上述变化说明，绝大部分受访者在2018年的生活均过得比2017年要好，才会对未来的生活有着更乐观积极的态度，尤其是变化幅度相对较大的珠三角地区和粤北山区的受访者。

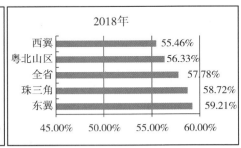

图5-20 认为未来的生活会变得更好的受访者占比

注：图中数值为选择"更好"的受访者人数占总受访人数的比重。

数据来源："中山大学2017年人民美好生活需要调查项目""中山大学2018年人民美好生活需要调查项目"。

此外，由图 5-20 可以发现，可以说相比 2017 年，受访者在 2018 年有着更高的生活满意度、更强烈的幸福感。由于个体的生活预期与自身的幸福感或者生活满意度关联紧密，因此，当个人认为自己的生活预期会实现时，其生活满意度更高；当个人认为自己的生活预期难以或者不能实现时，其生活满意度将下降，这契合了"预期理论"的观点。[1] 与此同时，人们的幸福感或者生活满意度也会受到相对收入的影响，个人通过对比自身和别人的收入情况，会形塑自身的幸福感，亦即，如果个体发现自己当前的收入状况差于别人，或者与以往相比更差，其生活满意度将有所下降，反之则有所上升。[2]

三、制度情境因素

影响公众贫困认知的制度情境因素可以从市场经济制度和社会保障制度展开分析，在问卷中的具体题项为"为什么____市会有穷人？"，对应选项为"1. 穷人的运气不好；2. 穷人懒惰或缺乏勤俭美德；3. 穷人缺乏必要的教育和技能；4. 社会保障制度不完善；5. 市场经济的必然结果"。此处对后两点与制度情境紧密关联的因素进行了统计分析。

市场经济制度所固有的竞争性必然会导致贫富两极分化，使得大量财富集中到少部分人手中，即市场经济对部分人而言起到了"致富"作用，对部分人而言却产生了"致贫"作用。为了降低市场经济制度带来的风险，或者说解决部分人收入维持的问题，从而使得人们能保持基本的生活水准而不至于陷入贫困，进而不会因为变穷而威胁社会稳定，世界各国均纷纷构建并完善自身的社会保障体系，中国亦然。而我国社会保障制度的产生和发展几乎跟经济体制改革同步进行，这说明社会保障制度是维系我国整个改革事业顺利进行、经济持续发展和社会稳定的基

---

[1] Fuentes, N., Rojas, M., "Economic Theory and Subjective Well-being: Mexico", *Social Indicators Research*, vol. 53, no. 3 (2001), pp. 289–314.

[2] Kingdon, G. G., Knight, J., "Race and the Incidence of Unemployment in South Africa", *Review of Development Economics*, vol. 8, no. 2 (2004), pp. 198–222.

本制度保障。① 因此，上述两项制度均对个体贫困有所影响，且都兼具正面效应和负面效应。

结合图5-21可知，对"市场经济必然导致穷人的产生"这一说法，2018年的全省样本中，有44.56%的受访者表示赞同，较2017年降低了0.44%，但是过半数的受访者并不认可该说法。在广东最发达的珠三角地区，有46.13%的受访者认为市场经济制度使得当地产生穷人，其占比是四个地区中最高的。在将贫穷的原因归结为市场经济制度在不同地区的比例有所差异，粤北山区占比相对较高，2018年的比重为44.46%；其次是西翼，占比为43.84%；东翼是四个地区中支持率最低的，仅有41.72%的受访者表示赞同。与2017年同期相比，粤北山区和东翼的占比均有所降低，西翼和珠三角的占比均有所提高，其中变化幅度最大的地区是东翼，降幅为3.82%；变化幅度最小的地区是粤北山区，为0.06%。

对于"社会保障制度不完善导致穷人的产生"这一观点，2018年的全省样本中持赞同态度的受访者占比为42.76%，比2017年同期降低了1.49%。超过50%受访者认为社会保障制度不完善并不必然产生穷人，或者说两者之间并不存在必然的关系。其中，相比珠三角地区，非珠三角受访者更认可社会保障制度不完善会带来消极影响，比重为44%~46%，高于占比仅为40.08%的珠三角。其成因可能在于珠三角地区的社会保障制度比东、西翼和粤北山区更完善，对个体可能遭遇的风险的规避作用更强，因此，非珠三角地区的社保制度尚待优化，地方公众对社会保障体系所能发挥的预防性作用更为期待。就其变化趋势而言，除了粤北山区以外，其他地区选择该项的受访者占比均逐年降低。这说明相比其他地区，粤北山区的地方政府更应着力完善当地的社会保障制度。

综上可知，受访者认为市场经济制度的作用更偏向于"致富"，社会保障制度的作用更偏向于"防贫"。在对制度的负面效应的探讨中，相比

---

① 参见郑功成《从国家—单位保障制走向国家—社会保障制——30年来中国社会保障改革与制度变迁》，《社会保障研究》2008年第2期。

第五章 公众贫困认知的现状分析：广东案例

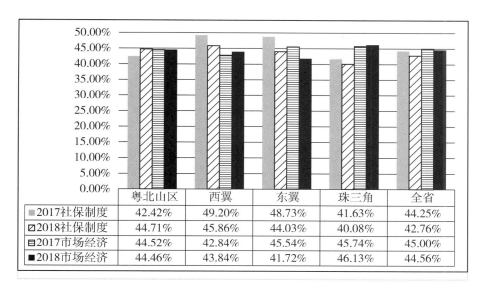

图 5-21 认为社保或市场制度致贫的受访者占比

注：图中数值为选择"社会保障制度不完善导致穷人的产生"或"市场经济必然导致穷人的产生"的受访者人数占总受访人数的比重。

数据来源："中山大学 2017 年人民美好生活需要调查项目""中山大学 2018 年人民美好生活需要调查项目"。

社会保障制度，受访者认为市场经济制度更易使人变穷，这是因为市场经济制度带来的机遇和风险都相对较高，使其成为"致贫"的直接原因。与此同时，公众期待政府能完善社会保障制度，即通过养老保险、医疗保险、失业保险等的完善来提高人们的生产力，保障人们的就业，解决人们的收入维持问题，进而降低市场经济制度带来的冲击。

第六章　公众贫困认知的解释机制分析：广东案例

本章基于"中山大学 2018 年人民美好生活需要调查项目"的广东样本，从个体特征、社会价值和制度情境三个维度对公众贫困认知进行影响因素分析。具体来说，对贫困认知的双重维度，即对贫困状况的认知和对反贫困政策的态度进行了详细分析，主要采用了描述性统计、定序概率比回归（ordered probit，简称 Oprobit 回归）的模型和方法。首先，描述性分析运用于对变量观测值数、均值、标准差、最小值、最大值等特征的描述。其次，运用 Oprobit 回归探讨公众对个体贫困认知的影响因素及形成机制。最后，给出结论和政策启示。

第一节　公众对贫困状况认知的解释机制分析

党的十九届四中全会《中共中央关于坚持和完善中国特色社会主义制度　推进国家治理体系和治理能力现代化若干重大问题的决定》（简称"《决定》"）中，提出要坚决打赢脱贫攻坚战，巩固脱贫攻坚成果，并建立解决相对贫困的长效机制。从大众的贫困感知中了解贫困归因的影响因素，既有助于重新审视当前的社会保障制度，也有助于选择更加合理的扶贫方式和与政策对象更加有效的沟通方式。

第六章 公众贫困认知的解释机制分析：广东案例

一、公众对个体贫困认知的影响因素分析

（一）变量操作化表

根据表 6-1 可知，因变量为个体贫困感知，即个人对自身家庭的主观阶级地位评价。[①] 本节从个体特征因素、社会价值因素、制度情境因素的三维视角来考察公众对个体贫困认知的影响因素。个体特征因素包括个人运气、个体懒惰与缺乏勤俭美德、穷人缺乏必要的技能，需要说明的是个体特征因素也包括人口统计因素，并将人口统计变量纳入控制变量；社会结构因素包括工作伦理、公平原则、生活预期；制度情境因素包括社会保障制度是否完善、市场经济的冲击。

表 6-1 变量操作化表

变量名	具体题目	选项编码
个体贫困认知	您认为您的家庭属于哪个阶层？	"个体贫困"对应"低收入阶级"。"非个体贫困"对应"高收入阶层、中高收入阶层、中等收入阶层、中低收入阶层"。 "1" = 个体贫困； "0" = 非个体贫困
个人命运	为什么会有穷人？	对应"穷人运气不好"。 "1" = 选中； "0" = 未选中
懒惰与道德缺失		对应"穷人懒惰或缺乏勤俭美德"。 "1" = 选中； "0" = 未选中

[①] 参见田雅娟、刘强、冯亮《中国居民家庭的主观贫困感受研究》，《统计研究》2019 年第 1 期。

续表 6 – 1

变量名	具体题目	选项编码
教育与技能	为什么会有穷人？	对应"穷人缺乏必要的教育和技能"。 "1" = 选中； "0" = 未选中
消除不公平	请评价这些做法对社会的重要性	对应"消除不公平"。 "1" = 完全不重要； "2" = 不重要； "3" = 一般； "4" = 重要； "5" = 非常重要
满足基本需要		对应"满足基本需要"。 "1" = 完全不重要； "2" = 不重要； "3" = 一般； "4" = 重要； "5" = 非常重要
不劳而获可耻	请提供您对这三个工作伦理的意见	"1" = 非常反对； "2" = 反对； "3" = 既不同意也不反对； "4" = 同意； "5" = 非常同意
不上班会变懒		
男主外女主内		
生活预期	您认为，在未来一年中，您和您的家人的生活和目前比会如何？	"1" = 更好； "2" = 没有区别； "3" = 更差
社会保障制度	为什么____市会有穷人？	对应"社会保障制度不完善"。 "1" = 选中； "0" = 未选中
市场经济	为什么____市会有穷人？	对应"市场经济的必然结果"。 "1" = 选中； "0" = 未选中

第六章 公众贫困认知的解释机制分析：广东案例

续表 6-1

变量名	具体题目	选项编码
性别	您的性别是____	"1" = 男； "2" = 女
年龄	您是哪年出生的？	连续变量，用（2017年 - 出生年份）计算
受教育年数	您目前的最高学历是____	对应"受教育年数"。 "0" = 未上过学； "6" = 小学； "9" = 初中； "12" = 普通高中、职业高中、技校、中专； "15" = 大专； "16" = 本科； "19" = 硕士； "23" = 博士
地区	请问您目前居住在广东哪个地区？	"1" = 珠三角； "0" = 非珠三角
户籍	您的户口是在____	"1" = 农村； "0" = 城市
婚姻	您的婚姻状况是____	"1" = 已婚； "0" = 未婚、离婚
收入	您的年收入大约是____	"1" = 小于1.2万元； "2" = 1.2万~2.2万元； "3" = 2.2万~8万元； "4" = 8万~15万元； "5" = 15万~30万元； "6" = 30万~50万元； "7" = 50万~100万元
工作单位	您这份工作单位属于____	"1" = 体制内； "0" = 体制外

续表 6-1

变量名	具体题目	选项编码
职业状况	您的职业状况是____	"0" = 非全职； "1" = 全职

（二）描述性统计结果

通过表 6-2 的描述性统计结果可知，因变量"主观贫困认知"的均值为 0.24，说明大多数受访者对自我贫困的评价尚可。对于致贫原因，从描述统计上看，技能和教育的均值为 0.52，说明大多数人认为贫困是由于缺乏必要的教育和技能造成的。

从公平原则上看，"消除百姓之间的不平等"和"保证所有人基本需要得到满足"方面的均值分别是 4.14、4.43，说明人们认为社会公平很重要。在工作伦理上，"不上班会变懒"的均值为 3.72，说明大多数人较为同意这一观念。"生活预期"的均值为 1.47，说明人们对于未来的生活的期望值较高。在控制变量中，"户籍"的均值为 0.58，说明在本次调查中，农村户籍的人口居多。"受教育年数"的均值为 13.09，说明大多数人的学历是在普通高中、职业高中、技校、中专水平、大专水平。

表 6-2 描述性统计结果

变量名	观测值	均值	标准差	最小值	最大值
被解释变量					
主观贫困认知	3087	0.24	0.43	0	1
社会价值因素					
消除不公平	3087	4.14	0.76	1	5
满足基本需要	3087	4.43	0.62	1	5
不劳而获可耻	3087	3.50	1.20	1	5
不上班会变懒	3087	3.72	0.10	1	5
男主外女主内	3087	2.63	0.91	1	5
生活预期	3087	1.47	0.58	1	3

续表 6-2

变量名	观测值	均值	标准差	最小值	最大值
制度情境因素					
社会保障制度	3087	0.45	0.50	0	1
市场经济发展	3087	0.47	0.50	0	1
个体特征因素					
懒惰与道德缺失	3087	0.25	0.43	0	1
技能和教育	3087	0.52	0.50	0	1
个人命运	3087	0.10	0.31	0	1
性别（男性）	3087	1.46	0.50	1	2
年龄	3087	29.71	9.16	18	80
年龄的平方	3087	966.84	650.13	324	6400
地区（珠三角）	3087	0.43	0.50	0	1
受教育年数	3087	13.09	2.86	0	23
户籍（农村）	3087	0.58	0.49	0	1
婚姻	3087	0.50	0.50	0	1
收入	3087	2.66	1.20	1	7
工作单位	3087	0.17	0.38	0	1
职业状况	3087	0.31	0.46	0	1

（三）公众对个体贫困认知的回归分析

为了验证公众对个体贫困认知的影响因素，研究采取了逐步回归的方法，将控制变量与三组自变量依次加入回归方程中，根据表 6-3 的回归分析结果显示，模型 1-1—模型 1-3—模型 1-2—模型 1-4，不同的自变量放入后，R^2 的值逐渐变大，从模型 1-1 的 0.090 上升到模型 1-4 的 0.107，各变量系数的方向保持一致且大小变化较小。社会价值因素对模型的解释力贡献最大，这说明社会价值因素是解释公众对个体贫困感知影响因素的最主要路径。

通过表 6-3 回归分析结果的模型 1-4 可以看出，在社会价值因素中，生活预期在0.1%的显著性水平下显著，这说明，公众对未来生活的向往越不抱希望，更有可能感受贫困。在制度情境因素中，市场经济发展变量在模型1-3、模型1-4中均呈正向显著，说明公众认为市场经济运行状况影响人们的贫困感知。需要注意的是，在本节中，属于个体特征变量的诸多人口统计因素对贫困感知有着显著的影响。具体来说，在控制其他变量不变的情况下，男性比女性在贫困感知方面更加悲观。并且，年龄越大，贫困感知越明显。此外，受教育年数与贫困感知之间呈现负向变动，即学历越低的公众越容易感受到贫困。与城市户籍的公众相比，农村户籍的公众更容易感受到贫困。收入也是影响贫困感知的显著变量，居民主观上的感受贫困的发生率随着收入水平的上升呈现负向变动，收入越低越容易在主观上感受到贫困。

表6-3　公众对个体贫困认知的回归分析

变量名	模型1-1	模型1-2	模型1-3	模型1-4
个人运气	0.220* (0.088)			0.148 (0.09)
懒惰与道德缺失	-0.057 (0.064)			-0.008 (0.066)
教育与技能	-0.098 (0.054)			-0.082 (0.055)
消除不公平		0.029 (0.037)		0.031 (0.037)
满足基本需要		0.029 (0.044)		0.027 (0.044)
不劳而获可耻		0.008 (0.022)		0.009 (0.022)
不上班会变懒		-0.009 (0.027)		-0.006 (0.027)
男主外女主内		0.015 (0.030)		0.012 (0.030)
生活预期		0.318*** (0.044)		0.309*** (0.045)

续表 6-3

变量名	模型 1-1	模型 1-2	模型 1-3	模型 1-4
社会保障制度			0.103 (0.053)	0.066 (0.054)
市场经济发展			0.141** (0.053)	0.120* (0.054)
性别（男性）	-0.425*** (0.056)	-0.439*** (0.058)	-0.453*** (0.056)	-0.451*** (0.059)
年龄	0.103*** (0.020)	0.092*** (0.020)	0.100*** (0.020)	0.089*** (0.020)
年龄的平方	-0.001*** (0.001)	-0.001*** (0.001)	-0.001*** (0.001)	-0.001*** (0.001)
受教育年数	-0.077*** (0.010)	-0.075*** (0.010)	-0.084*** (0.010)	-0.077*** (0.010)
地区（珠三角）	-0.075 (0.053)	-0.076 (0.053)	-0.066 (0.0534)	-0.074 (0.054)
户籍（农村）	0.186** (0.056)	0.210*** (0.057)	0.188** (0.056)	0.216*** (0.057)
婚姻	0.058 (0.074)	0.067 (0.075)	0.061 (0.074)	0.062 (0.075)
收入	-0.177*** (0.027)	-0.158*** (0.027)	-0.177*** (0.272)	-0.160*** (0.028)
工作单位	-0.070 (0.077)	-0.068 (0.077)	-0.071 (0.076)	-0.064 (0.078)
职业状况	-0.120 (0.068)	-0.123 (0.069)	-0.122 (0.068)	-0.122 (0.069)
观测值	3087	3087	3087	3087
R^2	0.090	0.104	0.092	0.107
Prob > chi2	0.001	0.001	0.001	0.001

注："*$p<0.05$""**$p<0.01$""***$p<0.001$"分别代表5%、1%和0.1%的显著性水平。

二、公众对群体贫困认知的影响因素分析

公众对贫困状况的认知还包括公众对群体贫困的认知,从群体层面看公众的贫困认知,可以从贫富差距或者说收入不平等状况的认知着手。如果公众认为个体间的收入越不平等,则表明当地贫困发生的概率越高。本节从个体特征因素、社会价值因素、制度情境因素三个维度来考察哪些因素将会对收入不平等产生影响,从人们对收入不平等的感知间接性地揭示可能性贫困的发生。

(一) 变量操作化表

变量操作化表见表6-4。

表6-4 变量操作化表

变量名	具体题目	选项编码
群体贫困认知	您认为您当地收入差距大吗?	"1"=非常小; "2"=比较小; "3"=一般; "4"=比较大; "5"=非常大
消除不公平	请评价这些做法对社会的重要性	对应"消除不公平"。 "1"=完全不重要; "2"=不重要; "3"=一般; "4"=重要; "5"=非常重要
满足基本需要		对应"满足基本需要"。 "1"=完全不重要; "2"=不重要; "3"=一般; "4"=重要; "5"=非常重要

第六章 公众贫困认知的解释机制分析：广东案例

续表 6-4

变量名	具体题目	选项编码
不劳而获可耻	请提供您对这三个工作伦理的意见	"1" = 非常反对； "2" = 反对； "3" = 既不同意也不反对； "4" = 同意； "5" = 非常同意
不上班会变懒		
男主外女主内		
生活预期	您认为，在未来一年中，您和您的家人的生活和目前比会如何？	"1" = 更好； "2" = 没有区别； "3" = 更差
行业不平等	您认为造成收入（贫富）不平等的原因是___	对应"行业不平等"。 "1" = 选中； "0" = 未选中
特权与腐败		对应"特权与腐败"。 "1" = 选中； "0" = 未选中
教育不平等		对应"教育不平等"。 "1" = 选中； "0" = 未选中
性别	您的性别是___	"1" = 男； "2" = 女
年龄	您是哪年出生的？	连续变量，用（2017年 - 出生年份）计算
受教育年数	您目前的最高学历是___	对应"受教育年数"。 "0" = 未上过学； "6" = 小学； "9" = 初中； "12" = 普通高中、职业高中、技校、中专； "15" = 大专； "16" = 本科； "19" = 硕士； "23" = 博士

续表 6-4

变量名	具体题目	选项编码
地区	请问您目前居住在广东哪个地区？	"1" = 珠三角； "0" = 非珠三角
户籍	您的户口是在____	"1" = 农村； "0" = 城市
婚姻	您的婚姻状况是____	"1" = 已婚； "0" = 未婚、离婚
收入	您的年收入大约是____	"1" = 小于1.2万元； "2" = 1.2万~2.2万元； "3" = 2.2万~8万元； "4" = 8万~15万元； "5" = 15万~30万元； "6" = 30万~50万元； "7" = 50万~100万元
工作单位	您这份工作单位属于____	"1" = 体制内； "0" = 体制外
职业状况	您的职业状况是____	"0" = 非全职； "1" = 全职
个人能力	您认为造成收入（贫富）不平等的原因是____	对应"个人能力不同"。 "1" = 选中； "0" = 未选中

（二）描述性统计结果

表 6-5 展示了各变量的观察值、均值、标准差、最小值、最大值。观察值为 3181 个。被解释变量"群体贫困认知"的均值为 3.54，说明大部分公众认为当地收入差距比较大。在社会价值变量中，"行业不平等"的均值为 0.41，说明较多人认为存在着行业不平等的现象。在制度情境变量中，认为造成收入（贫富）不平等的原因是由"特权与腐败"造成的均值为 0.23，说明只有较小部分人持该观点。认为收入不平等是由"教

第六章　公众贫困认知的解释机制分析：广东案例

育不平等"造成的平均分为 0.26，说明持该观点的人较少。而在个体特征因素中，认为收入或者贫富不平等是由"个人能力"造成的均值只有 0.16，说明大多数人不认为个人能力是造成收入差距的原因。

表 6-5　描述性统计结果

变量名	观测值	均值	标准差	最小值	最大值
被解释变量					
群体贫困认知	3181	3.54	1.04	1	5
社会价值因素					
消除不公平	3181	4.13	0.76	1	5
满足基本需要	3181	4.42	0.62	1	5
不劳而获可耻	3181	3.50	1.20	1	5
不上班会变懒	3181	1.85	0.62	1	5
男主外女主内	3181	2.63	0.91	1	5
生活预期	3181	1.46	0.58	1	3
行业不平等	3181	0.41	0.49	0	1
制度情境因素					
特权与腐败	3181	0.23	0.42	0	1
教育不平等	3181	0.26	0.44	0	1
个体特征因素					
性别（男性）	3181	1.46	0.50	1	2
年龄	3181	29.75	8.99	18	80
年龄的平方	3181	970.84	660.48	324	6400
地区（珠三角）	3181	0.43	0.76	0	1
受教育年数	3174	13.08	2.86	0	23
户籍（农村）	3170	0.69	0.46	0	1
婚姻	3174	0.50	0.50	0	1
收入	3181	2.65	1.21	1	7
工作单位	3149	0.18	0.38	0	1
职业状况	3173	0.31	0.46	0	1
个人能力	3181	0.16	0.37	0	1

（三）公众对群体贫困认知的回归分析

表 6-6 展示了公众对群体贫困认知的回归分析结果，将自变量分为了三类，分别是制度情境因素、社会价值因素和个体特征因素，从模型 1-1 到模型 1-4，采取将解释变量逐步放入，R^2 值从 0.007 提升至 0.024，随着模型的解释力度逐渐增加，各变量系数的方向保持一致，且变化相对较小。其中，个体特征因素对模型解释力的贡献最大，说明个体特征因素是解释群体贫困认知的最主要路径。

表 6-6 公众对群体贫困认知的回归分析

变量名	模型 1-1	模型 1-2	模型 1-3	模型 1-4
消除不公平		0.047 (0.026)		0.028 (0.027)
满足基本需要		0.145*** (0.032)		0.112** (0.033)
不劳而获可耻		-0.016 (0.016)		-0.007 (0.017)
不上班会变懒		0.019 (0.020)		0.022 (0.020)
男主外女主内		-0.047 (0.021)		-0.062** (0.022)
生活预期		0.140*** (0.033)		0.093** (0.034)
行业不平等		0.171*** (0.039)		0.143*** (0.040)
特权与腐败	0.319*** (0.047)			0.242*** (0.051)
教育不公平	0.095* (0.045)			0.065 (0.048)
性别（男性）			-0.050 (0.041)	-0.097 (0.043)

第六章 公众贫困认知的解释机制分析：广东案例

续表6-6

变量名	模型1-1	模型1-2	模型1-3	模型1-4
年龄			0.051*** (0.014)	0.041** (0.014)
年龄的平方			-0.001** (0.001)	-0.001 (0.001)
受教育年数			0.030*** (0.007)	0.024** (0.008)
地区（珠三角）			0.021 (0.040)	0.033 (0.040)
户籍（农村）			0.052 (0.041)	0.058 (0.041)
婚姻			0.015 (0.055)	0.005 (0.055)
收入			-0.008*** (0.019)	-0.001 (0.019)
工作单位			-0.136* (0.055)	-0.125* (0.055)
职业状况			-0.095 (0.051)	-0.079 (0.051)
个人能力			0.241*** (0.053)	0.075 (0.059)
观测值	3181	3181	3087	3087
R^2	0.007	0.010	0.014	0.024
Prob > chi2	0.001	0.001	0.001	0.001

注："*$p<0.05$""**$p<0.01$""***$p<0.001$"分别代表5%、1%和0.1%的显著性水平。

通过观察回归模型的系数，可以判断出不同自变量对因变量的影响大小及其作用方向。首先，在制度情境因素中，"特权与腐败"与群体贫困认知在0.1%的显著性水平下显著，可以揭示出特权与腐败严重增加了群体贫困感知发生的概率。在社会价值变量中,"满足基本需要"变量与群众贫困感知在1%的显著性水平下呈正向显著,这说明保障所有人在衣食住行、教育和健康等方面的基本需要得到满足,可以减弱群体贫困感知的发生率。在工作伦理变量中,传统的"男主外女主内"的变量与群体贫困之间在1%的显著性水平下呈负向显著。"生活预期"变量与群体贫困之间在1%的显著性水平下与群体贫困感知呈正向显著,说明公众对未来美好生活的向往越不期待,群体主观贫困发生的概率就越大。"行业不平等"与群体贫困之间在0.1%的显著性水平下呈正向显著,这说明行业不平等现象越严重,群体贫困发生的概率就越大。在个体特征因素中,"受教育年数"与群体贫困感知在1%的显著性水平下呈正向显著,说明群体贫困感知随着学历水平的增加而增加,这可能是因为群体之间进行比较而产生的相对剥夺感。"工作单位"与群体贫困感知在5%的显著性水平下呈负向显著,这说明体制外的群体发生群体贫困的概率更大。

三、结论与政策启示

本节通过2018年福利态度数据广东省样本,详细探讨了公众对个体贫困和群体贫困认知的影响因素,影响因素包括个体特征因素、社会价值因素和制度情境因素三个方面,主要的研究结论如下。

1. 公众对个体贫困的认知的分析

在个体特征因素中发现诸多人口统计学变量对贫困感知存在显著影响,例如年龄、户籍、收入、受教育程度等。具体来说,随着年龄的增加,公众感知贫困的概率也会增加,且农村户籍的人比城市户籍的人更加能感受到贫困,这体现了我国二元户籍制度背后的福利差异与贫困发生概率之间的关系;受教育程度越低,感受贫困的概率就会随之增加,这有可能是因为受教育程度越低,在劳动力市场的收入就越少,而收入越少感受贫困的概率就随之增加,这一点也在回归结果中得到证实。在社会价值因素中,发现公众对未来的生活预期与贫困感知之间有着显著正向影响,人们对未来生活越不抱期待,个体贫困感知就越强。在制度情境变量中,市场经济的发展结果也会影响人们对贫困的感知。

2. 公众对群体贫困认知的分析

在制度情境因素中，特权与腐败严重增加了群体贫困产生的概率。在社会价值因素中，满足基本需要对群体贫困有着显著的影响。传统的"男主外女主内"的工作伦理观念与群体贫困之间呈负向显著的关系，这揭示了传统的"男主外女主内"这种工作理念和模式对抑制群体贫困发生的重要性。生活预期与群体贫困之间有着较强的正向显著关系，因此，激发和培育公众对未来抱有美好生活的期望是非常重要的。值得一提的是，行业之间的不平等也会使得群体贫困发生，行业之间待遇的不平等使得收入差距拉大，进而增加了群体贫困发生的概率。在个体特征因素中，年龄越大，越容易增加群体贫困发生的概率，这说明要注重和加强对老年人各方面的保障。模型还显示，与体制内单位就业的群体相比，体制外的群体更容易发生贫困。

基于以上实证结果，本书提出以下政策启示。

1. 建立统一的公民身份，促进社会融合

城乡二元户籍制度是我国特殊时期社会政策发展的产物，其不仅使得公众在身份上存在着差异，更为重要的是其背后所隐藏的福利的差异、户籍的差异实际上意味着福利、权利的剥夺，例如，农民工大量融入城市，却无法享受和城镇户籍同样的资源，这导致农村户籍的公众更容易产生贫困感知。基于此，应该建立统一的公民身份，在一些发达地区应积极推动社会福利和社会服务的发展，形成"地域公民身份"，[1][2] 从而打破城乡户籍分割的桎梏。

2. 提高受教育水平，降低贫困发生率

教育属于人力资本理论关注的焦点之一，具有很强的外溢效应，不仅可以促进受教育者的劳动生产率的提高，还可以帮助改善他人的生产效

---

[1] 参见岳经纶、赵慧《我国社会保障制度地域化的发展及其制约——以东莞市社会养老保险一体化改革为例》，《公共管理研究》2011年第1期。

[2] 参见岳经纶《中国社会政策的扩展与"社会中国"的前景》，《社会政策研究》2016年第1期。

率。① 基于此，政府应加大对基本公共服务的投入，尤其是对欠发达地区的教育投入，要采取全方位的扶贫政策以提高贫困户和贫困地区的教育水平，不断加大对贫困户子女的教育补助，降低因学致贫的发生率。

3. 关注老年贫困，扶持弱势群体

实证结果显示，年龄与贫困感知之间呈正向显著，这意味着随着年龄的增长，会大大增加贫困发生的概率。Holman认为，人在晚年时生理机能衰退，相伴而生的各种疾病风险的增加及可预期的负面生活事件，容易造成老年贫困，②而且，老年贫困还会因为社会系统对老年人的定型与歧视，限制着老年人的发展机会和可以掌握的资源结构，从而导致老年人被边缘化③。因此，相关部门应建立健全综合社会救助体系，完善老年低收入群体的社会救助机制，在城乡最低生活保障中单独设立或者按照低保对象实施分类梯度救助，为老年低收入者提供一道切实有效的安全网；同时，还可以实施提高退休年龄的政策，通过工作激励实施积极养老，以规避老年贫困风险。④

4. 规制和惩治特权与腐败，增进社会公平

特权与腐败被视为诱发贫困的制度情境因素，有学者认为，腐败可以通过降低投资回报、扭曲公共支出结构、损害创新激励等方式，降低经济增长，进而导致贫困的产生与存续，⑤⑥ 还"能够通过降低私人部门参与基础设施提供，进而导致贫困率的提高"⑦。相关部门要完善对权力的制

---

① Becker, G. S., *Human Capital*: *A Theoretical and Empirical Analysis*, *with Special Reference to Education* (New York: Columbia University Press, 1975).

② Holman, R., *Poverty*: *Explanations of Social Deprivation* (London: Martin Robertson, 1978).

③ Štambuk, A., Phillipson, C., "Reconstructing Old Age: New Agendas in Social Theory and Practice", *Croatian Journal of Social Policy*, vol. 7, no. 3 (1998), p. 770.

④ Štambuk, A., Phillipson, C., "Reconstructing Old Age: New Agendas in Social Theory and Practice", *Croatian Journal of Social Policy*, vol. 7, no. 3 (1998), p. 770.

⑤ Bardhan, P., "Corruption and Development: A Review of Issues", *Journal of Economic Literature*, vol. 35, no. 3 (1997), pp. 1320 – 1346.

⑥ Azariadis, C., Stachurski, J., "Poverty Traps", *Handbook of Economic Growth*, vol. 1, no. 5 (2005), pp. 449 – 486.

⑦ 潘春阳、吴柏钧：《腐败控制、私人部门参与基础设施提供与反贫困效应——来自发展中国家的经验证据（1996—2014）》，《南方经济》2019年第1期。

第六章　公众贫困认知的解释机制分析：广东案例

约与监督机制，尤其在反贫困政策的执行中，可以利用现代信息化技术实现科学化监督，以弥补制度运行的漏洞，建立纵横结合的问责考评制度，对扶贫工作进行多方位的动态监测，还可以通过强化违纪违法的预警教育机制，① 以约束特权和防治腐败，抑制由特权和腐败导致的贫困率上升。

5. 打破市场垄断，促进行业平等

在导致收入分化、贫困发生的诸多社会价值因素中，行业分割一直是实证研究和理论探讨的重要关注点。② 20世纪80年代以来，行业之间的收入差距不断扩大，且呈现出两极分化的趋势。③ 因而，要打破劳动力市场的进入壁垒和产品市场的行业垄断，促进行业间平等，以控制收入差距的扩大，避免贫困的发生；同时，要促进地区之间劳动力要素的自由流动，打破户籍制度所产生的各种制度障碍，以减缓行业间人力资源分布的不均衡状况。

6. 满足公众的基本公共服务需求

基本公共服务主要包括教育、公共卫生医疗、社会保障、养老等，基本公共服务的可获得性不仅可以显著地提升贫困地区公众的收入水平，还能明显地改善贫困地区收入分配不利的局面。④ 城乡基本公共服务均等化对缓解家庭相对贫困有着显著的作用，城乡公共服务的变异系数越低，相对贫困的局面就越容易得到缓解。⑤ 据此，应满足公众的基本公共服务需求，促进基本公共服务均等化，实现住有所居、学有所教、病有所医、老有所养。

---

① 参见莫光辉《精准反腐：脱贫攻坚战的政治生态保障——精准扶贫绩效提升机制系列研究之九》，《行政论坛》2017年第1期。

② 参见齐亚强、梁童心《地区差异还是行业差异？——双重劳动力市场分割与收入不平等》，《社会学研究》2016年第1期。

③ 参见陈钊、万广华、陆铭《行业间不平等：日益重要的城镇收入差距成因——基于回归方程的分解》，《中国社会科学》2010年第3期。

④ 参见朱盛艳、李瑞琴《基本公共服务可获得性的农村贫困效应检验：基于增长效应与分配效应的双重审视》，《农村经济》2019年第8期。

⑤ 参见杨迎亚、汪为《城乡基本公共服务均等化的减贫效应研究》，《华中科技大学学报（社会科学版）》2020年第2期。

第二节　公众对反贫困政策态度的解释机制分析

贫困认知是一个宽泛的概念，不仅包括对个体或群体贫困的态度，还包括对反贫困政策的态度，因此，探究个体或群体的贫困感知，可以挖掘其现实需求，弥补自上而下供给式反贫困政策的不足。深入研究公众对反贫困政策的福利态度，有助于优化贫困政策的制定，促使扶贫政策更加合理、更有针对性。本节主要从三个方面探究公众对反贫困政策的福利态度，分别是公众对政府反贫困责任的认知、公众对反贫困救助水平的认知、公众对反贫困治理效果的认知。

一、公众对福利责任认知的影响因素分析

在反贫困政策的评价中，福利责任蕴含深刻的责任伦理问题，[①]一方面，政府是反贫困政策的主体，在治理贫困中起着至关重要的作用，例如，反贫困政策的设立、出台与执行，反贫困资源的调度与配置，对其他反贫困主体的激励与动员，等等；另一方面，反贫困责任不仅仅是政府单个主体的责任，还包括个体责任，所谓的个体责任伦理就是个体在贫困治理中应该对自己负责，通过自我造血、自我脱贫，而不是等着政府的救济，形成福利依赖。所以，本节从政府责任、个人责任和双方责任三者之间进行对比分析，试图找出影响公众对政府反贫困责任归因的差异。为了排除不同政府政策因素的互相干扰，制度情境因素的变量未被纳入，而主要从个体特征因素、社会价值因素两个维度对反贫困的责任进行分析。

---

① 参见唐宜荣《中国城市反贫困责任伦理问题研究》，博士学位论文，湖南师范大学，2004。

第六章　公众贫困认知的解释机制分析：广东案例

（一）变量操作化表

变量操作化表见表6-7。

表6-7　变量操作化表

变量名	具体题目	选项编码
政府责任	您认为改善穷人的生活水平主要是谁的责任？	"1"=政府的责任； "0"=穷人自己的责任、双方的责任，即非政府责任
个人责任		"1"=个人责任； "0"=政府的责任、双方的责任，即非个人责任
双方责任		"1"=双方责任； "0"=政府的责任、个人的责任，即非双方责任
消除不公平	请评价这些做法对社会的重要性	对应"消除不公平"。 "1"=完全不重要； "2"=不重要； "3"=一般； "4"=重要； "5"=非常重要
满足基本需要		对应"满足基本需要"。 "1"=完全不重要； "2"=不重要； "3"=一般； "4"=重要； "5"=非常重要
不劳而获可耻	请提供您对这三个工作伦理的意见	"1"=非常反对； "2"=反对； "3"=既不同意也不反对； "4"=同意； "5"=非常同意
不上班会变懒		
男主外女主内		

续表 6-7

变量名	具体题目	选项编码
生活预期	您认为，在未来一年中，您和您的家人的生活和目前比会如何？	"1" = 更好； "2" = 没有区别； "3" = 更差
性别	您的性别是____	"1" = 男； "2" = 女
年龄	您是哪年出生的？	连续变量，用（2017 年 - 出生年份）计算
受教育年数	您目前的最高学历是____	对应"受教育年数"。 "0" = 未上过学； "6" = 小学； "9" = 初中； "12" = 普通高中、职业高中、技校、中专； "15" = 大专； "16" = 本科； "19" = 硕士； "23" = 博士
地区	请问您目前居住在广东哪个地区？	"1" = 珠三角； "0" = 非珠三角
户籍	您的户口是在____	"1" = 农村； "0" = 城市
婚姻	您的婚姻状况是____	"1" = 已婚； "0" = 未婚、离婚
收入	您的年收入大约是____	"1" = 小于 1.2 万元； "2" = 1.2 万~2.2 万元； "3" = 2.2 万~8 万元； "4" = 8 万~15 万元； "5" = 15 万~30 万元； "6" = 30 万~50 万元； "7" = 50 万~100 万元

第六章 公众贫困认知的解释机制分析：广东案例

续表6-7

变量名	具体题目	选项编码
工作单位	您这份工作单位属于____	"1" = 体制内；"0" = 体制外
职业状况	您的职业状况是____	"0" = 非全职；"1" = 全职

（二）描述性统计结果

表6-8展示了各个变量的观测值、均值、标准差、最小值和最大值。"政府责任"变量的均值为0.08，即大多数人认为改善穷人的生活水平仅仅是政府责任的观点比较少。"个人责任"变量的均值为0.15，即大多数人认为改善穷人的责任仅仅是个人的责任的看法比较少，而"双方责任"变量的均值为0.77，说明大多数公众认为改善穷人的生活需要政府和个人共同努力。

表6-8 描述性统计结果

变量名	观测值	均值	标准差	最小值	最大值
被解释变量					
政府责任	3087	0.08	0.27	0	1
个人责任	3087	0.15	0.36	0	1
双方责任	3087	0.77	0.42	0	1
社会价值因素					
消除不公平	3087	4.14	0.76	1	5
满足基本需要	3087	4.42	0.62	1	5
不劳而获可耻	3087	3.50	1.20	1	5
不上班会变懒	3087	3.72	1.00	1	5
男主外女主内	3087	2.63	0.91	1	5
生活预期	3087	1.47	0.58	1	3

续表 6-8

变量名	观测值	均值	标准差	最小值	最大值
个体特征因素					
性别（男性）	3087	1.46	0.50	1	2
年龄	3087	29.72	9.16	18	80
年龄的平方	3087	966.84	660.14	324	6400
地区（珠三角）	3087	0.43	0.50	0	1
受教育年数	3087	13.09	2.86	0	23
户籍（农村）	3087	0.58	0.50	0	1
婚姻	3087	0.50	0.50	0	1
收入	3087	2.65	1.21	1	7
工作单位	3087	0.18	0.38	0	1
职业状况	3087	0.31	0.46	0	1

（三）公众对政府反贫困责任认知的回归分析

影响公众对政府反贫困责任认知的回归结果见表 6-9，本节对政府责任、个人责任和双方责任进行了实证比较分析，从实证结果来看，三者之间显示出较大的差异性。从模型 1-1 的政府责任可以看出，属于公平原则的"消除不公平"变量与政府责任之间在 1% 的显著性水平下显著，说明当公众认为消除老百姓之间不公平非常重要时，更倾向于将反贫困的责任归为政府的责任。在工作伦理变量中，"不劳而获可耻"的工作观念与政府责任在 5% 的显著性水平下显著，说明越是持反对"不劳而获可耻"观念的公众，将反贫困归咎于政府的可能性越大。"生活预期"对政府责任在 0.1% 的显著性水平下显著，这显示公众对未来的生活越不抱希望，将反贫困责任归咎于政府的概率就越大。在个体特征因素中，与珠三角地区相比，非珠三角地区的公众更倾向于将反贫困责任归咎于政府。

模型 1-2 展现了公众对个人应起到反贫困责任认知的影响因素。在社会价值变量中，"消除不公平"的公平原则与个人责任之间呈现负向显著的关系，这说明公众越认为消除老百姓之间的较大不公平不重要，越赞

第六章 公众贫困认知的解释机制分析：广东案例

同个人应独自负起反贫困的责任。"生活预期"与个人反贫困责任在 0.1% 的显著性水平下呈现负向显著，即公众对未来美好生活越抱有期望，越认为自己负有减贫责任。在个体特征因素中，收入与个人责任在 5% 的显著性水平下显著，说明收入越高的公众，越认为自己该为贫困负责。

综合模型 1-1 和模型 1-2 可以发现，在个性特征因素中，相比男性，女性更倾向于将反贫困责任归咎于单一主体。而随着个人受教育程度的降低，受访者也更加赞同应该由单一主体来负责反贫困一事。

模型 1-3 展示了将反贫困归咎于双方责任的影响因素，这种认为政府和个人均应对反贫困负责的观点，体现了多元主体协同治理的理念。在社会价值因素中，基本需要得到满足与双方责任在 5% 的显著性水平下呈正向显著。即公众认为保证所有人在衣食住、教育和健康等方面的基本需要得到满足的公平原则越重要，将反贫困责任归咎于政府和个人双方责任的概率就越大。在个体特征因素中，男性更倾向于将反贫困责任归咎政府和个人的双方责任，即反贫困治理中应有多元主体参与。受教育程度越高，越倾向于将反贫困责任归咎于政府和个人双方。城市户籍的民众更倾向于反贫困是政府和个人双方的责任。收入和双方责任在 5% 的显著忄水平下呈现强的负向显著，这说明收入越低者，更倾向于认为个人和政府双方都应该担负起反贫困的责任。

表 6-9 公众对政府反贫困责任认知回归结果

变量名	模型 1-1 政府责任	模型 1-2 个人责任	模型 1-3 双方责任
消除不公平	0.128** (0.049)	-0.131** (0.038)	0.043 (0.035)
满足基本需要	-0.092 (0.059)	-0.059 (0.047)	0.085* (0.043)
不劳而获可耻	-0.069* (0.029)	-0.012 (0.025)	0.042 (0.022)
不上班会变懒	-0.038 (0.035)	0.023 (0.030)	0.003 (0.027)

续表 6-9

变量名	模型 1-1 政府责任	模型 1-2 个人责任	模型 1-3 双方责任
男主外女主内	0.005 (0.040)	0.014 (0.030)	-0.014 (0.027)
生活预期	0.344*** (0.057)	-0.283*** (0.052)	0.015 (0.045)
性别（男性）	-0.392*** (0.080)	-0.320*** (0.064)	0.441*** (0.058)
年龄	0.027 (0.024)	-0.020 (0.019)	0.004 (0.018)
年龄的平方	-0.001 (0.001)	0.001 (0.001)	-0.001 (0.001)
受教育年数	-0.031* (0.013)	-0.051*** (0.011)	0.055*** (0.010)
地区（珠三角）	-0.170* (0.072)	0.090 (0.058)	0.013 (0.053)
户籍（农村）	0.088 (0.075)	0.083 (0.061)	-0.111* (0.056)
婚姻	0.093 (0.100)	0.045 (0.082)	-0.081 (0.074)
收入	-0.007 (0.034)	0.095** (0.027)	-0.069** (0.025)
工作单位	0.033 (0.100)	-0.014 (0.085)	-0.012 (0.075)
职业状况	-0.101 (0.093)	0.125 (0.074)	-0.052 (0.067)
观测值	3087	3087	3087
R^2	0.094	0.058	0.060
Prob > chi2	0.001	0.001	0.001

注："*$p<0.05$""**$p<0.01$""***$p<0.001$"分别代表5%、1%和0.1%的显著性水平。

二、公众对福利绩效认知的影响因素分析

在我国的反贫困政策与社会救助体系中，城乡最低生活保障制度是基础的和最为重要的项目，与西方某些福利国家相比，我国的社会救助制度体系不是"普惠性福利"，而是"选择性福利"，我国的城乡最低生活保障制度主要是针对经济上有困难的家庭。① 而最低生活保障制度实施的关键要素便是最低生活保障标准，即保障线。② 政府反贫困救助水平的重要体现之一是低保救助水平的高低，即低保线的设置标准。我国城乡的低保标准具有三个特点，③ 首先，从测量指标上看，低保标准是按照收入为准，它既不包括消费支出，也不包括其他方面的标准；其次，低保标准是家庭的人均收入标准，而不是个人的收入标准；最后，我国的低保标准与公众基本生活需要之间尚存在一定的差距。以往的研究都集中于对低保线的观察和分析，本节主要关注的是人们对目前"低保"水平是否能满足基本开支的影响因素。

（一）变量操作化表

变量操作化表见表 6–10。

表 6–10 变量操作化表

变量名	具体题目	选项编码
低保水平感知	您当地目前的低保线与日常支出相比，您认为目前"低保"水平能满足基本开支吗？	"1" = 完全可以； "2" = 基本可以； "3" = 一般； "4" = 基本不可以； "5" = 完全不可以

---

① 参见关信平《我国低保标准的意义及当前低保标准存在的问题分析》，《江苏社会科学》2016 年第 3 期。

② 参见韩克庆、刘喜堂《城市低保制度的研究现状、问题与对策》，《社会科学》2003 年第 11 期。

③ 参见关信平《我国低保标准的意义及当前低保标准存在的问题分析》，《江苏社会科学》2016 年第 3 期。

续表 6-10

变量名	具体题目	选项编码
消除不公平	请评价这些做法对社会的重要性	对应"消除不公平"。 "1"=完全不重要； "2"=不重要； "3"=一般； "4"=重要； "5"=非常重要
满足基本需要		对应"满足基本需要"。 "1"=完全不重要； "2"=不重要； "3"=一般； "4"=重要； "5"=非常重要
不劳而获可耻	请提供您对这三个工作伦理的意见	"1"=非常反对； "2"=反对； "3"=既不同意也不反对； "4"=同意； "5"=非常同意
不上班会变懒		
男主外女主内		
生活预期	您认为，在未来一年中，您和您的家人的生活和目前比会如何？	"1"=更好； "2"=没有区别； "3"=更差
性别	您的性别是____	"1"=男； "2"=女
年龄	您是哪年出生的？	连续变量，用（2017年-出生年份）计算

续表 6-10

变量名	具体题目	选项编码
受教育年数	您目前的最高学历是____	对应"受教育年数"。 "0" = 未上过学； "6" = 小学； "9" = 初中； "12" = 普通高中、职业高中、技校、中专； "15" = 大专； "16" = 本科； "19" = 硕士； "23" = 博士
地区	请问您目前居住在广东哪个地区？	"1" = 珠三角； "0" = 非珠三角
户籍	您的户口是在____	"1" = 农村； "0" = 城市
婚姻	您的婚姻状况是____	"1" = 已婚； "0" = 未婚、离婚
收入	您的年收入大约是____	"1" = 小于1.2万元； "2" = 1.2万～2.2万元； "3" = 2.2万～8万元； "4" = 8万～15万元； "5" = 15万～30万元； "6" = 30万～50万元； "7" = 50万～100万元
工作单位	您这份工作单位属于____	"1" = 体制内； "0" = 体制外
职业状况	您的职业状况是____	"0" = 非全职； "1" = 全职

（二）描述性统计结果

本节对公众对当前低保水平是否能满足基本开支的影响因素进行了描述性统计分析，根据表6-11的描述性统计分析，大部分受访者对当前的低保线水平的满意度集中在3.67分，说明人们认为当前的低保水平处于一般，甚至基本不可以满足当前生活基本开支的状态，该部分的有效数据是3087个。社会价值因素变量包括工作伦理、公平原则、生活预期。

表6-11 描述性统计结果

变量名	观测值	均值	标准差	最小值	最大值
被解释变量					
反贫困救助水平认知	3087	3.67	1.13	0	5
社会价值因素					
消除不公平	3087	4.14	0.76	1	5
满足基本需要	3087	4.42	0.62	1	5
不劳而获可耻	3087	3.50	1.20	1	5
不上班会变懒	3087	3.72	1.00	1	5
男主外女主内	3087	2.63	0.91	1	5
生活预期	3087	1.47	0.58	1	3
个体特征因素					
性别（男性）	3087	1.46	0.50	1	2
年龄	3087	29.72	9.16	18	80
年龄的平方	3087	966.84	660.14	324	6400
地区（珠三角）	3087	0.43	0.50	0	1
受教育年数	3087	13.09	2.86	0	23
户籍（农村）	3087	0.58	0.50	0	1
婚姻	3087	0.50	0.50	0	1
收入	3087	2.65	1.21	1	7
工作单位	3087	0.18	0.38	0	1
职业状况	3087	0.31	0.46	0	1

第六章　公众贫困认知的解释机制分析：广东案例

（三）公众反贫困救助水平认知的回归分析

本节对公众反贫困救助水平认知的影响因素进行了实证探究，结果见表6-12。通过采取逐步放入变量的回归方法，分别调查了社会价值因素（表6-12的模型1-2）和个体特征因素（表6-12的模型1-1）对低保水平的感知，从R^2的数据大小来看，个体特征因素对模型的解释力贡献较大，所以个体特征因素是公共反贫困效率感知的主要解释路径。

根据表6-12的模型1-3的结果显示，在社会价值因素里，"满足基本需要"变量与低保水平感知在1%的显著性水平下呈现正向显著关系，即公众认为保证所有人在衣食住、教育和健康方面的基本需要得到满足越重要，那么，当前低保救助水平不能满足基本开支的概率就越大。"生活预期"与低保水平之间在0.1%的显著性水平下呈现正向强显著关系，即公众认为未来的生活越不尽人意，那么，认为低保水平不能满足基本生活开支的概率就越大。

尽管社会价值因素对低保水平感知有影响，但如上所述，个体特征因素才是影响低保水平感知的主要解释路径。根据表6-12的模型1-3的结果显示："年龄"与低保水平在0.1%的显著性水平下呈正向显著关系，即年龄越大者，认为当前低保水平不能维持基本生活的概率就越大。同时，对低保救助水平的感知也呈现出地区的差异，"地区"变量与低保水平感知在1%的显著性水平下呈负向显著，这说明非珠三角地区的公众认为当前低保水平无法满足生活的基本开支。"工作单位"与低保水平感知在0.1%的显著性水平下呈负向显著，意味着体制外就业的公众认为，当前低保救助水平无法满足基本生活开支的可能性更大。"婚姻"与低保水平在1%的显著性水平下呈正向显著，说明已婚者认为，当前的低保水平过低，无法满足生活基本开支，其原因可能是与未婚者相比，已婚者的家庭规模，家庭负担更大。

表6-12 公众反贫困救助水平认知的回归分析

变量名	模型1-1	模型1-2	模型1-3
消除不公平		0.054* (0.027)	0.050(0.027)
满足基本需要		0.130*** (0.033)	0.110** (0.033)
不劳而获可耻		-0.018 (0.017)	-0.007 (0.017)
不上班会变懒		0.049 (0.020)	0.036 (0.021)
男主外女主内		-0.013 (0.021)	-0.023 (0.022)
生活预期		0.186*** (0.034)	0.170*** (0.035)
性别（男性）	0.029 (0.0411)		0.007 (0.043)
年龄	0.072*** (0.014)		0.061*** (0.014)
年龄的平方	-0.001*** (0.001)		-0.001*** (0.001)
受教育年数	0.006 (0.008)		0.006 (0.008)
地区（珠三角）	-0.100* (0.040)		-0.013** (0.053)
户籍（农村）	-0.073 (0.041)		-0.108 (0.040)
婚姻	0.151** (0.060)		0.148** (0.056)

续表 6-12

变量名	模型 1-1	模型 1-2	模型 1-3
收入	0.086*** (0.020)		0.101*** (0.020)
工作单位	-0.239*** (0.056)		-0.242*** (0.075)
职业状况	-0.020 (0.051)		-0.010 (0.051)
观测值	3087	3087	3087
R^2	0.0198	0.008	0.026
Prob > chi2	0.001	0.001	0.001

注："*$p<0.05$""**$p<0.01$""***$p<0.001$"分别代表5%、1%和0.1%的显著性水平。

三、公众对福利结果认知的影响因素分析

在反贫困政策中，公众对福利结果的认知反映的是公众对反贫困政策项目预期目标实现情况的评价。政府反贫困政策的治理效果主要体现为反贫困政策的瞄准度，即能界定谁是穷人，然后将社会政策资源分配给贫困人口，社会科学界存在着两种瞄准机制，分别是广义瞄准和狭义瞄准，在低保政策中，被广为研究的是狭义瞄准，具体来说包括两种类型，一种是部分贫困者没有得到扶贫资源的覆盖，该类型被概括为应保未保、排斥性偏差、水平瞄准偏差、F 型偏差；另一种是非贫困者被纳入了反贫困政策之中，这种类型被概括为漏出偏差、内含性偏差、垂直瞄准性偏差、E 型偏差。[①] 关于为何会出现瞄准偏差，李棉管给出了较为综合性和归纳性的见解，他认为瞄准偏差总体上可以归纳为三种视角，分别是技术难题、政

[①] 参见李棉管《技术难题、政治过程与文化结果——"瞄准偏差"的三种研究视角及其对中国"精准扶贫"的启示》，《社会学研究》2017 年第 1 期。

治过程和文化结果三种因素综合作用的结果。① 以往的文献也较多地从这三个角度来对瞄准偏差进行研究,但较少文献探究公众对反贫困效率的感知,即从公众的态度出发,探究漏保和错保的影响因素。

据此,本节将聚焦公众对漏保现象和错保现象的感知状况,通过分析公众对低保政策瞄准偏差的主观评价,强化反贫困政策瞄准效果的分析。

（一）变量操作化表

变量操作化表见表6-13。

表6-13 变量操作化表

变量名	具体题目	选项编码
漏保感知	您身边有符合"低保"条件但没能享受"低保"待遇的家庭吗？	"1" = 基本没有； "2" = 有一小部分； "3" = 普遍
错保感知	您身边有不符合"低保"条件但却能享受"低保"待遇的家庭吗？	"1" = 基本没有； "2" = 有一小部分； "3" = 普遍
消除不公平	请评价这些做法对社会的重要性	对应"消除不公平"。 "1" = 完全不重要； "2" = 不重要； "3" = 一般； "4" = 重要； "5" = 非常重要
满足基本需要		对应"满足基本需要"。 "1" = 完全不重要； "2" = 不重要； "3" = 一般； "4" = 重要； "5" = 非常重要

---

① 参见李棉管《技术难题、政治过程与文化结果——"瞄准偏差"的三种研究视角及其对中国"精准扶贫"的启示》,《社会学研究》2017年第1期。

第六章　公众贫困认知的解释机制分析：广东案例

续表 6–13

变量名	具体题目	选项编码
不劳而获可耻	请提供您对这三个工作伦理的意见	"1" = 非常反对； "2" = 反对； "3" = 既不同意也不反对； "4" = 同意； "5" = 非常同意
不上班会变懒		
男主外女主内		
生活预期	您认为，在未来一年中，您和您的家人的生活和目前比会如何？	"1" = 更好； "2" = 没有区别； "3" = 更差
性别	您的性别是____	"1" = 男； "2" = 女
年龄	您是哪年出生的？	连续变量，用（2017 年 – 出生年份）计算
受教育年数	您目前的最高学历是____	对应"受教育年数"。 "0" = 未上过学； "6" = 小学； "9" = 初中； "12" = 普通高中、职业高中、技校、中专； "15" = 大专； "16" = 本科； "19" = 硕士； "23" = 博士
地区	请问您目前居住在广东哪个地区？	"1" = 珠三角； "0" = 非珠三角
户籍	您的户口是在____	"1" = 农村； "0" = 城市
婚姻	您的婚姻状况是____	"1" = 已婚； "0" = 未婚、离婚

续表 6-13

变量名	具体题目	选项编码
收入	您的年收入大约是____	"1" = 小于 1.2 万元； "2" = 1.2 万～2.2 万元； "3" = 2.2 万～8 万元； "4" = 8 万～15 万元； "5" = 15 万～30 万元； "6" = 30 万～50 万元； "7" = 50 万～100 万元
工作单位	您这份工作单位属于____	"1" = 体制内； "0" = 体制外
职业状况	您的职业状况是____	"0" = 非全职； "1" = 全职

（二）描述性统计结果

表 6-14 对各个变量的观测值、均值、标准差、最小值和最大值这几项进行了描述性统计，社会价值因素和个体特征因素多在上文进行了描述，此处只对被解释变量进行说明。低保漏保的均值为 1.463，说明大多数公众认为身边符合但没能享受低保待遇的家庭属于较少数。低保错保的均值为 2.421，说明大多数公众认为身边不符合低保条件但能享受低保待遇的家庭较多。比较而言，公众认为错保率高于漏保率。

表 6-14 描述性统计结果

变量名	观测值	均值	标准差	最小值	最大值
被解释变量					
低保漏保	3087	1.463	0.611	1	3
低保错保	3087	2.421	0.638	1	3
社会价值因素					
消除不公平	3087	4.14	0.76	1	5
满足基本需要	3087	4.42	0.62	1	5

续表 6-14

变量名	观测值	均值	标准差	最小值	最大值
不劳而获可耻	3087	3.50	1.20	1	5
不上班会变懒	3087	3.72	1.00	1	5
男主外女主内	3087	2.63	0.91	1	5
生活预期	3087	1.47	0.58	1	3
个体特征因素					
性别（男性）	3087	1.46	0.50	1	2
年龄	3087	29.72	9.16	18	80
年龄的平方	3087	966.84	660.14	324	6400
地区（珠三角）	3087	0.43	0.50	0	1
受教育年数	3087	13.09	2.86	0	23
户籍（农村）	3087	0.58	0.50	0	1
婚姻	3087	0.50	0.50	0	1
收入	3087	2.65	1.21	1	7
工作单位	3087	0.18	0.38	0	1
职业状况	3087	0.31	0.46	0	1

（三）公众对反贫困治理效果认知的回归分析

表 6-15 对公众对反贫困治理效果影响因素进行了调查，分别对公众的低保漏保感知和公众的低保错保感知进行了回归分析。研究分析发现，公众对两者的感知存在着诸多差异："消除不公平"与低保漏保在 0.1% 的显著性水平下显著，意味着公众认为消除老百姓之间的较大不公平越不重要，身边低保漏保现象发生的概率就越高；而"消除不公平"变量与低保错保感知则在 0.1% 的显著性水平下呈正向显著，这意味着公众认为消除不公平越重要，身边低保错保的发生概率就越大。"生活预期"与两者也表现出差异，对未来预期越好的公众认为身边低保漏保发生的概率越大，而对未来生活预期越差的公众认为低保错保发生的概率会更大。"受教育年数"和两者也存在着差异，其与两者都在 0.1% 的显著性水平下显

著，不过，前者为正向显著，后者为负向显著，这意味着受教育程度越高的公众认为身边低保漏保发生的概率越大，而受教育程度越低的公众认为身边低保错保发生的概率越大。"地区"变量与低保漏保变量在0.1%的显著性水平下正向显著，而与低保错保则在0.1%的显著性水平下呈负向显著，这说明珠三角地区的公众认为身边低保漏保发生的概率更大，而非珠三角地区的公众则认为身边低保错保发生的概率更大。"户籍"与低保漏保感知在0.1%的显著性水平下呈负向显著，与低保错保感知在0.1%的显著性水平下呈正向显著，这表明城镇户籍的公众认为身边发生低保漏保发生的概率更大，而农村户籍的公众则认为身边低保错保发生的概率更大。

表6-15 公众对反贫困治理效果认知的回归分析

变量名	模型1-1 漏保感知	模型1-2 错保感知
消除不公平	-0.165*** (0.031)	0.110*** (0.031)
满足基本需要	0.056 (0.036)	-0.021 (0.031)
不劳而获可耻	0.030 (0.018)	-0.029 (0.019)
不上班会变懒	0.011 (0.022)	-0.053* (0.023)
男主外女主内	-0.016 (0.025)	0.018 (0.025)
生活预期	-0.093* (0.037)	0.113** (0.038)
性别（男性）	-0.054 (0.047)	0.019 (0.048)
年龄	-0.017 (0.015)	0.022 (0.016)

续表 6-15

变量名	模型 1-1 漏保感知	模型 1-2 错保感知
年龄的平方	0.001 (0.001)	-0.001 (0.001)
受教育年数	0.041*** (0.008)	-0.033*** (0.008)
地区（珠三角）	0.338*** (0.044)	-0.265*** (0.047)
户籍（农村）	-0.252*** (0.046)	0.207*** (0.047)
婚姻	-0.040 (0.061)	-0.017 (0.063)
收入	0.029 (0.022)	-0.031 (0.022)
工作单位	-0.006 (0.062)	-0.038 (0.064)
职业状况	0.056*** (0.056)	-0.019 (0.058)
观测值	3087	3087
R^2	0.038	0.029
Prob > chi2	0.001	0.001

注："*$p<0.05$""**$p<0.01$""***$p<0.001$"分别代表5%、1%和0.1%的显著性水平。

四、结论与政策启示

本节通过对 2018 年福利态度数据的统计分析，探讨了公众对反贫困政策的态度的影响因素，具体包括公众对政府反贫困责任认知、反贫困救助水平和反贫困治理效果。与前一节有所不同，为了排除不同政府政策因素的互相干扰，本节仅将个体特征因素和社会价值因素纳入影响因素的分析之中。主要的研究发现如下。

1. 公众对反贫困责任认知方面

在公众对反贫困责任认知方面，对于反贫困的责任归属表现出了一定的一致性和差异性。一致性表现在，对生活预期越高的人，更倾向将反贫困责任归咎于政府责任，而非个人责任；而收入越高的人，则倾向于将反贫困责任归咎于个人责任。而差异性体现在，首先，认为消除不公平很重要的受访者认为反贫困是政府的责任，而认为消除不公平不重要的受访者则将反贫困归咎于个人的责任。其原因可能是，认为公平很重要的受访者是因为他们的社会不公平感知很强烈，所以认为消除贫困是政府的责任；而认为消除不公平不重要的受访者，其社会不公平感知较弱，所以认为消除贫困不需要政府在其中扮演很重要的角色。其次，认为未来生活会更好的受访者认为反贫困是个人的责任，认为未来生活会更糟的受访者则认为反贫困是政府的责任，这显示公众预期与责任之间的关系，从侧面反映了公众对政府反贫困责任的态度，当他们对自己的未来抱有希望，例如，如果收入越高，就越认为应该自己去抑制贫困，而不是去依靠政府。这一点也从收入和个人责任之间的正向强显著得到彰显。最后，男性认为反贫困责任应该是政府双方的责任，而不是单单靠政府或个人一方。

2. 公众对反贫困救助水平的认知方面

在公众对反贫困救助水平的认知方面，据研究结果发现，在公平原则中，公众认为保证所有人在衣食住、教育和健康等方面的基本需要得到满足越重要，当前的低保水平就越低。一方面，基本需要的满足是多方面的，而低保水平只是起着维持基本生活需要的作用；另一方面，其中的一个可能原因是从整个社会救助体系来看，大多数的社会救助项目都和低保标准挂钩，例如医疗救助、教育救助、住房救助、就业救助等。① 回归结果表明，人们对未来生活预期影响着人们的低保水平感知，当人们预感未来生活会变得更糟糕，则期望提高低保水平。在个体因素里，研究发现年龄、地区、婚姻、收入、工作单位等均影响着公众对反贫困效率的感知。

---

① 参见关信平《我国低保标准的意义及当前低保标准存在的问题分析》，《江苏社会科学》2016 年第 3 期。

3. 公众对反贫困治理效果的认知方面

在公众对反贫困治理效果的认知方面，据研究结果发现，在低保漏保感知和低保错保感知上存在着诸多差异：农村户籍的受访者认为身边低保漏保发生的概率更大，而城镇户籍的受访者则认为身边低保错保发生的概率更大。事实上，农村家庭的收入难以准确核算，农村家庭收入来源多样化，且难以货币化，对农村家庭收入的认定的可操作性也比较差，因而极易发生漏保的现象；① 而城镇户籍公众认为身边低保错保发生的概率更大，这一点在以往的研究中也得到反映。Wang 利用 2004 年 14 个城市的数据研究发现，城市的误保率高达 40%，使用 2002—2014 年的统计年鉴数据则发现中国城市低保制度的错保率竟高达 69%。②③ 与非珠三角地区相比较，发达的珠三角地区认为低保漏保发生的概率较大；而与珠三角的地区比较，非珠三角地区则认为低保错保发生的概率较大。受教育程度高的公众认为身边低保漏保发生的概率大，而受教育程度低的公众则认为身边低保错保的发生的概率大。不仅如此，在社会价值因素中，越认为消除不公平不重要的公众越认为身边发生低保漏保的概率大，而越认为消除不公平重要的公众则越认为身边发生低保错保的概率大。以上的诸多不同点，证明公众在对反贫困救助水平的感知上存在着诸多差异。

综合以上的实证分析结果，本书提出以下政策启示。

1. 发挥政府在反贫困中的主导作用，动员多元主体协同减贫

在贫困责任的归属上，公众认为反贫困不应仅仅是政府主体的责任，个体也应承担起一定的反贫困责任，其中，高收入者是未来有着美好生活的主体。据此，政府应该动员个体参与到扶贫中来，尤其是那些在经济上处于优势者，他们更有能力助推减贫事业。

2. 重视社会政策的价值基础，促进社会公平

实证结果表明，越认为消除老百姓之间的较大不平等重要的公众，越

---

① 参见杜毅《我国农村低保和扶贫对象识别与瞄准研究综述》，《安徽农业科学》2015 年第 30 期。

② Wang, M. Y., "Emerging Urban Poverty and Effects of the Dibao Program on Alleviating Poverty in China", *China & World Economy*, vol. 15, no. 2 (2007), pp. 74–88.

③ 参见曹艳春《我国城市"低保"制度的靶向精准度实证研究》，《中央财经大学学报》2016 年第 7 期。

认为反贫困是政府的责任,这也从侧面反映了对社会不公平感知越强的公众,越认为反贫困是政府的责任,由此说明了重视社会公平在反贫困政策,乃至社会政策中的重要性。我国现阶段社会政策建设不足,导致了出现严重的公平问题,例如,劳动者在劳动力市场面临着权利不公、机会不公、过程不公等问题;不仅如此,我国多个维度的社会福利事业在实现公平发展上仍有可完善空间,例如,城乡之间、地域之间、人群之间、职业之间、物质补偿和社会服务之间。[1] 要抑制贫困,激励和动员其他主体在扶贫当中发挥作用,就要重视社会公平作为社会政策的价值基础,消除公众之间较大的不平等。

3. 加大对欠发达地区的扶贫力度

实证研究结果表明,与珠三角地区相比,非珠三角地区的公众认为反贫困是政府的责任,这显示了在政府反贫困责任上的区域差异。与珠三角经济发达区域相比,非珠三角区域属于欠发达区域,其自然基础条件较差,经济基础也较为薄弱。据此,要促进欠发达区域的整体发展,加快扶贫开发的步伐,具体可以通过加大对欠发达地区的财政倾斜,对欠发达地区的企业设立税收优惠,政府支持发挥长效作用的投资项目,提高项目区人口的可持续发展能力。[2]此外,在经济上对欠发达地区进行扶贫,还可以构建以开发式扶贫为主、救济和农村社保相结合的多层次扶贫体系,注重物质扶贫和精神扶贫相结合。[3]

4. 提高低保标准,低保资源向欠发达地区倾斜

从回归结果可以看出,低保水平感知呈现出地区差异,珠三角和非珠三角地区存在着鲜明的对比。据此,应该坚持"保障和改善民生""共享发展和社会政策"托底的总体方向,[4] 增加对欠发达地区社会救助领域的

---

[1] 参见李迎生《中国社会政策改革创新的价值基础——社会公平与社会政策》,《社会科学》2019年第3期。

[2] 参见刘进宝、王艳华、方少勇等《中国欠发达地区贫困现状及扶贫对策分析》,《北京林业大学学报(社会科学版)》2009年第4期。

[3] 参见刘进宝、王艳华、方少勇等《中国欠发达地区贫困现状及扶贫对策分析》,《北京林业大学学报(社会科学版)》2009年第4期。

[4] 参见关信平《我国低保标准的意义及当前低保标准存在的问题分析》,《江苏社会科学》2016年第3期。

第六章　公众贫困认知的解释机制分析：广东案例

财政投入，低保资源应该着重向着欠发达地区倾斜，逐步提高低保标准。其具体的提高方式可以是采用相对标准，例如，使用人均收入或者收入的中位数的一定比例作为低保标准，以便实现保障低保标准和收入提高协调，保障欠发达地区贫困人员的生存权，进而拉动贫困地区的消费，在更大程度上改善整个经济社会的运行状况。①

5. 扩大低保覆盖面，确立更为科学的分类救助机制

在个体特征因素中，就业单位和婚姻均对低保水平感知有着显著的影响。体制外就业的公众认为当前的救助水平较低，这是因为相对于体制内的居民而言，体制外的居民面临着更多的不确定性和不稳定性。据此，应该将体制外就业的城市边缘人群纳入低保保障范围，即在城市居住并超过一段时间的流动人口享受低保救助资源。此外，婚姻和社会救助水平感知存在着关联性，已结婚的居民有着更大的家庭规模和更重的家庭负担，据此，在具体实施救助时，应该按照保障对象的家庭人口规模，科学地调整保障标准。②

6. 甄别经济状况，防治福利依赖

实证研究结果表明，收入越高的公众认为低保救助水平越低的概率越大，这其中可能有两方面的原因，一方面，随着收入的提高，与相对静态的低保线水平之间的差距越大，越容易出现感知上的落差；另一方面，可能是福利依赖，即收入越高的公众还认为救助水平越低，意味着公众试图获得更多的低保资源，从而形成福利依赖的现象。基于此，要规范以家庭经济状况调查为重点的资格审查制度，建立好预防福利依赖的第一道屏障，完善、促进与就业相关联的动态管理机制③：当家庭收入低于低保线时，纳入保障范围；当家庭收入变化时，应该动态地调整低保标准；当家庭收入高于当地低保线时，应当退出低保，以免形成福利依赖。

---

① 参见童星、王增文《农村低保标准及其配套政策研究》，《天津社会科学》2010年第2期。
② 参见申玉兰、郑颖、李建军等《城市低保制度运行中的问题与完善》，《经济论坛》2009年第10期。
③ 参见韩克庆、郭瑜《"福利依赖"是否存在？——中国城市低保制度的一个实证研究》，《社会学研究》2012年第2期。

7. 优化识别机制，提升瞄准效果

低保漏保和低保错保，都属于城乡低保识别机制或者瞄准机制出现的偏差。基于此，可以采取将资产和收入相结合的方式，提高瞄准度，尤其是在农村地区，农村地区收入来源多样化，涉及很多难以量化为货币的隐形收入，为了提高准度，可以将其资产纳入进来，在具体实践中，有地方总结出"五看"的经验："先看房，次看粮，再看学生郎，四看技能强不强，五看有没有残疾重病躺在床"①。事实上，沿着该思维，我们可以构建多维贫困测度的体系，具体思路为采取"收入+资产"的打分制，将家庭资产的各个组成部分进行打分，例如，厕所类型、房屋类型、地板类型、外墙类型等，通过多维综合的打分，最后根据综合得分来判定贫困状况，以提高瞄准精度。

8. 加强外部监督，提升资源配置效率

在低保制度中，漏保和错保不仅是技术上的原因，还因为缺乏有效的监督机制，在瞄准过程中出现了"关系保"和"人情保"的现象，导致低保资源没有得到合理的配置。因此，要强化城乡基层的问责机制，规范城乡基层的低保配置行为，同时，还要充分发挥城乡居民和社会的监督作用。②

---

① 朱梦冰、李实：《精准扶贫重在精准识别贫困人口——农村低保政策的瞄准效果分析》，《中国社会科学》2017 年第 9 期。

② 参见张松彪、曾世宏、袁旭宏《精准扶贫视阈下城乡居民低保资源配置差异及瞄准效果比较分析——基于 CHIP 2013 数据的实证》，《农村经济》2017 年第 12 期。

第七章 公众贫困认知的省际差异：
与中西部两省的比较

本章运用"中山大学2018年人民美好生活需要调查项目"的数据，以广东省、湖北省和陕西省三个省份为例，对比分析东、中、西部地区在贫困认知方面的差别，同时，探究造成该三个省份公众贫困认知的影响因素。在对比分析三个省份公众对贫困状况的认知和对反贫困政策态度的差异之后，再进一步从个体特征、社会价值、制度情境三个层面对比分析公众贫困认知解释因素的差异，剖析差异背后的原因，并在第六章的基础上延伸讨论，得出政策启示。

第一节 公众对贫困状况认知的省际差异

一、公众对个体贫困认知的省际差异

广东省、湖北省和陕西省三省公众对个体贫困的认知差异主要体现在家庭阶层认知方面，此处以问卷中的题设"您认为您的家庭属于哪个阶层"来分析公众对社会阶层的认知，其对应选项为"高收入阶层、中高收入阶层、中等收入阶层、中低收入阶层、低收入阶层"。

结合图7-1可知，认为自己属于低收入阶层的公众占比最高的省份是陕西省，超过40%的公众认为自己收入低；其次是湖北省，有32.94%的公众认为自己属于低收入阶层；占比最低的是广东省，仅有不到30%的公众认为自己属于低收入阶层。而认为自己属于中低收入阶层的公众占比

最高的省份是湖北省,比重为34.35%;广东省居中,超过1/3的公众认为自己的收入水平处于中等偏下;陕西则位居最后。总的来看,三个省份的中低收入阶层占比高于低收入阶层,有31.81%的公众认为自己的收入水平偏低。广东和湖北两省的低收入阶层占比均低于中低收入阶层,陕西则刚好相反。由此可知,广东省公众在家庭阶层认知上比其他两个省份更为乐观;陕西省公众则是三个省份中最为消极的,或者说其幸福感和生活满意度是最低的。此外,由《中国统计年鉴2018》可知,2017年全国的人均地区生产总值为59660元,其中,广东省为80932元,湖北省为60199元,陕西省为57266元;在居民人均可支配收入①中,全国为25973.8元,广东省为33003.3元,湖北省为23757.2元,陕西省为20635.2元。这也②

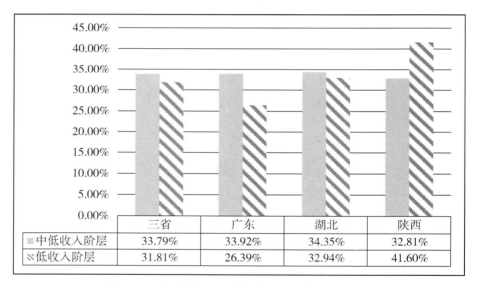

图7-1　属于低收入或中低收入阶层的受访者占比

注:图中数值为选择"低收入阶层"和"中低收入阶层"的受访者人数占总受访人数的比重。

数据来源:"中山大学2018年人民美好生活需要调查项目"。

---

① 居民人均可支配收入,指居民用于最终消费支出和储蓄的总和,即可自由支配的收入,包括工资性收入、经营净收入、财产净收入和转移净收入。
② 参见国家统计局《中国统计年鉴2018》,中国统计出版社,2018,见http://www.stats.gov.cn/tjsj/ndsj/2018/indexch.htm。

第七章 公众贫困认知的省际差异：与中西部两省的比较

说明在东、中、西部三个省份中，广东省的人均地区生产总值和人均可支配收入均最高，其次是湖北省，最后是陕西省，该次序与各省公众的主观感知相一致。

二、公众对群体贫困认知的省际差异

从公众对贫富差距的认知来看，三个省份的公众在对群体贫困的认知上存在差异。借助"您认为您当地的收入差距大吗？"这一题项来进行分析，其对应选项为"非常小、比较小、一般、比较大、非常大"。结合图7-2可知，整体上，广东省大部分公众认为当地的收入差距比较大，占比为35.90%；还有部分公众认为当地的收入差距非常大，比重为17.80%；其余公众则提出当地的收入不平等状况尚可接受。比较而言，认为收入不平等问题最为严重的样本是陕西省，其次是广东省，湖北省的收入不平等问题则最轻，有36.40%的湖北省公众认为当地的贫富差距并不大。

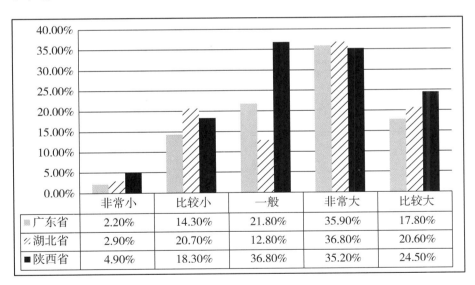

图7-2 受访者对贫富差距的评分

注：在计算贫富差距得分时重新对选项进行赋值，令非常小=1分，比较小=2分，一般=3分，比较大=4分，非常大=5分，再根据编码结果计算均值。图中数值的单位为分。

数据来源："中山大学2018年人民美好生活需要调查项目"。

在公众对贫富差距问题的原因统计方面，使用问卷中的多选题"您认为造成收入不平等的原因是____"来进行分析，其对应选项为"户籍制度带来的不平等、特权与腐败严重、教育不平等、行业间不平等、个人能力不同、其他"。图7-3中，首先，绝大部分公众认为，个人能力对收入的影响最大，个人能力越高越能拉开与他人的收入差距；其次，个体所从事行业也会影响其最终收入，有37.22%的公众认可该说法，这表明个人如果选择从事例如互联网等朝阳行业的工作，将有望获得比其他行业高的收入；再次，有23.85%的公众认为，特权和腐败现象导致收入不平等的加剧，这说明寻租现象依旧存在，地方政府仍需在反腐败斗争上多加努力；从次，关于教育不平等引发收入不平等的观点，有23.60%的公众表示赞同，这意味着教育水平对收入状况的影响仍然较大；最后，仅有1/7左右的公众支持户籍制度带来的不平等会影响贫富差距的说法。

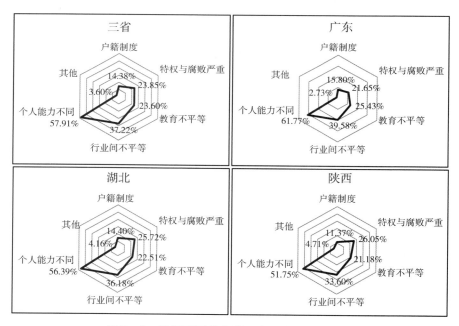

图7-3 选择不同贫富差距成因的受访者占比

注：图中数值为选择该选项的受访者人数占总受访人数的比重。

数据来源："中山大学2018年人民美好生活需要调查项目"。

第七章 公众贫困认知的省际差异：与中西部两省的比较

对比三个省份的情况可知，在个人能力的作用层面，广东省受访者最认可能力对收入的影响，占比超60%；其次是湖北省受访者，其占比接近60%；最后是陕西省受访者，其占比约为50%。在行业的作用层面，广东省受访者更赞同行业选择对个人收入的影响，有将近40%受访者表示支持，相比之下，湖北省仅有36.18%的受访者表示同意，陕西省则仅有33.60%的受访者表示认同。在教育的作用层面，广东省受访者仍然更认同教育水平对收入差距的拉大作用，超过25%的受访者表示赞同，陕西省受访者则最不认可该说法，占比为21.18%。上述三个方面也在一定程度上表明相比其他省份，公众若想在广东省获得更高的薪资待遇，需更着重个人能力的培养、就业行业的选择和受教育水平的提高。这三个因素已是各地贫困户依靠就业脱贫的关键，地方政府应重点提高贫困户专业技能的不可替代性，帮助其选择合适的行业和职业，提高其享受优质教育资源的可能性。

在特权和腐败的作用层面，支持其影响的受访者中，广东省占比最低，仅有21.65%，相反，陕西和湖北两省有超过25%的人支持该观点。其成因可能是陕西和湖北两省的寻租现象更为严重，使得特权和腐败对贫富差距造成一定的影响。

在户籍制度的作用层面，广东和湖北两省的受访者更认同户籍制度带来的不平等会造成贫富不平等的说法，两省比重均在15%左右，这从侧面表明各省户籍"含金量"存在差异，相比广东和湖北两省，陕西省的户籍"含金量"相对较低。户籍制度反映着户籍所在地的福利水平，影响着公众住房、上学、就业等诸多方面，而公共福利均等化程度不高和市场资源配置不公使得各地户籍"含金量"不同。一个省份的经济越发达，其教育、医疗、就业等资源就越丰富，福利待遇也越高，对人口的吸引力也就越大，其进入门槛就越高，对个人收入水平的影响也就越大。

三、公众对福利责任认知的省际差异

在公众对政府反贫困责任的认知方面，运用问卷中的题设"您认为改善穷人的生活水平主要是谁的责任？"来辅助分析，其对应选项为"政府

的责任、穷人自己的责任、双方的责任"。结合图7-4可知,三省受访者中有超过70%的人认为改善穷人的生活水平是政府和穷人双方的责任,仅有不到1/5的人认为穷人主要靠自己来改善生活水平,以及仅10.06%的受访者认为政府对穷人生活水平的提高负有主要责任。这说明大部分受访者认为单纯依靠政府,或单纯依靠穷人,是较难使穷人脱贫的,换句话说,政府和穷人协同作用能带来更大的减贫效应。同时,公众对政府责任认知的非极端化和平衡化,不仅有利于政府在反贫困治理中采取理性决策,也启示政府在扶贫工作中应鼓励公众参与和吸纳公众力量。

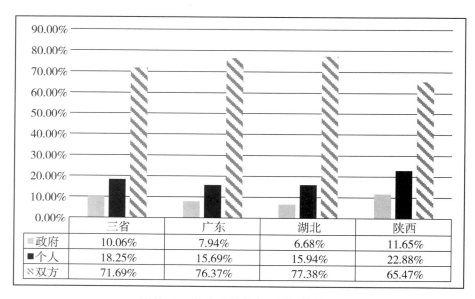

图7-4 公众对扶贫责任认知的占比

注:图中数值为选择"政府的责任""个人的责任"和"双方的责任"的受访者人数占总受访人数的比重。

数据来源:"中山大学2018年人民美好生活需要调查项目"。

具体看各省的情况,在改善穷人生活水平的责任归属上,认为政府负主要责任的受访者在陕西省占比最高,为11.65%,其次是广东省,占比为7.94%,最后是湖北省,占比为6.68%;认为穷人负主要责任的受访者依旧在陕西省占比最高,超过20%,其次是湖北省,比重接近20%,

第七章　公众贫困认知的省际差异：与中西部两省的比较

最后是广东省，比重为 15.69%。由此可知，相比陕西省，广东和湖北两省公众更强调政府和穷人在扶贫工作中的共同作用，认为过于依赖政府或穷人都将较难实现改善穷人生活的目标。

四、公众对福利绩效认知的省际差异

由图 7-5 可知，三个省份的整体得分为 2.40 分，表明东、中、西部省份的公众大多认为本地的低保标准设置并不合理，且相对偏低。其中，有超过 50% 的公众认为当地低保水平基本无法满足基本开支，持低保标准完全不能满足基本开支观点的公众有 30.7%。对比各省可知，公众对低保标准认可度最高的省份是陕西，得分为 2.62 分；最不认可的是广东，超过 60% 公众认为地方低保难以满足日常生活支出；湖北则居中，得分为 2.40 分。因此，广东省被认为是三个省份中低保标准设置最不合理的省份，是低保救助水平最低的，而陕西省则刚好相反。

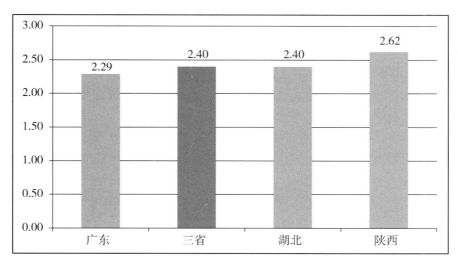

图 7-5　受访者对低保标准的评分

注：图中数值的单位为分。

数据来源："中山大学 2018 年人民美好生活需要调查项目"。

值得注意的是，虽然公众主观上认为广东省内的低保标准最不贴合低保户的现实需要，但实际上广东的低保标准是三个省份中最高的，这就侧面说明了广东省的公众比其他省份的公众对地方低保标准有着更高的期待，认为当地政府应将低保救助水平适当上调，使之更为合理。

对各省 2017 年的低保线进行分析可知，在陕西省被调查的城市中，低保标准最高的城市是西安市，城镇低保标准为每人每月 640 元，农村则为 400 元；低保标准最低的城市是汉中市，城镇低保标准为每人每月 460 元，农村则为 251 元；大部分城市的城镇低保标准都在每人每月 510 元左右，农村低保标准为每人每月 289 元。在湖北省被调查的城市中，低保标准最高的城市是武汉市，城镇低保标准为每人每月 670 元，农村则为 500 元；城镇低保标准最低的城市是随州市的部分地区（即随县、广水市和大洪山风景名胜区），为每人每月 440 元，农村低保标准最低的城市是恩施土家族苗族自治州，为每人每月 292 元；大部分城市的城镇低保标准为每人每月 500 元，农村低保标准为每人每月 375 元左右。在广东省被调查的城市中，低保标准最高的城市是广州、深圳和佛山，城镇和农村低保标准均为每人每月 900 元；低保标准最低的城市是河源、汕尾、阳江等城市，城镇低保标准均为每人每月 580 元，农村则为 400 元；大部分城市的城镇低保标准为每人每月 580 元，农村低保标准为每人每月 400 元。由此可知，广东省整体低保标准远高于湖北省和陕西省，但广东省内各城市间的低保标准差距较大，最高标准和最低标准之间的差距为 500 元，其他两个省份的最高标准和最低标准间的差距则为 200 元左右。

同时，根据《中国统计年鉴 2018》可知，在居民人均消费支出中，即居民用于满足家庭日常生活消费需要的全部支出，包括食品烟酒、衣着、居民、生活用品及服务、交通通信、教育文化娱乐、医疗保健等类别，2017 年全国的平均水平为 18322.1 元，广东省为 24819.6 元，湖北省为 16937.6 元，陕西省为 14899.7 元。其中，城镇居民的人均消费支出在全国为 24445.0 元，广东省为 30197.9 元，湖北省为 21275.6 元，陕西省为 20388.2 元；农村居民的人均消费支出在全国为 10954.5 元，广东省为 13199.6 元，湖北省为 11632.5 元，陕西省为 9305.6 元。[①] 这说明，广东

---

① 参见国家统计局《中国统计年鉴 2018》，中国统计出版社，2018，见 http://www.stats.gov.cn/tjsj/ndsj/2018/indexch.htm。

第七章 公众贫困认知的省际差异：与中西部两省的比较

省居民人均消费支出远高于其他两个省份，湖北和陕西两省居民的人均消费支出则较为接近；而且，城镇居民的人均消费支出也普遍高于农村居民，其中，广东省城镇居民的人均消费支出是农村居民的 2.29 倍，陕西省为 2.19 倍，湖北省为 1.8 倍左右。

广东省的低保标准虽然最高，但是该省公众的生活成本更高，再加上省内各城市的经济发展状况差异较大，这使得广东省受访者大多认为地方低保标准较低，因而期望地方政府能将低保标准调整得更高、更合理。这也说明了地方政府应根据当地居民的基本生活水平动态及时地调整低保标准，从而使其能让低保户过上相对体面的生活。

五、公众对福利结果认知的省际差异

识别真正的穷人是政府扶贫工作的重中之重，低保瞄准偏差一旦过大，大量真正需要帮助的人将失去赖以生存的资金来源，甚至可能陷入深度贫困之中。相比于收入数据系统更为完备的发达国家，我国若继续采取以收入为主的家计调查方式将产生较大的瞄准偏差。原因在于，我国有相当一部分人群尤其是低收入人群选择到非正规部门就业，并以现金、实物等方式获得替代性收入，进而使得完备的全国性收入信息系统难以建立，实施家计调查的行政成本相对较高。与此同时，"补差"式的低保，以及基于低保资格叠加其他救助项目待遇的做法，使得救助项目的边际隐形税率大幅增加，导致潜在受益群体利用信息不对称做出瞒报、谎报的逆向选择行为。因此，许多地方政府开始采取各种方式，如社区瞄准、代理家计调查等，以提高低保的瞄准精度，帮助真正的穷人跳出贫困陷阱。

一般而言，低保瞄准偏差包括漏保偏差和错保偏差两种情况，即把真正的穷人排除在外和把真正的富人吸纳入内。以下将在对比三个省份的基础上，分别就这两种情况展开论述。

就低保漏保的认知而言，其在问卷中的对应问题是："您身边有符合'低保'条件但没能享受'低保'待遇的家庭吗？"，对应选项为"普遍、有一小部分、基本没有"。从图7-6可见，广东省的低保漏保情况比较少，将近50%的受访者没有发现身边有漏保对象，仅有8.32%的受访者

认为当地的低保漏保情况频频发生；其次是陕西省，该省有36.96%的受访者认为基本没有漏保情况；最后是湖北省，没有察觉漏保情况的受访者占比为35.84%。总的来看，三个省份有超过50%的受访者发现身边有漏保对象，尤其是湖北和陕西两省。对此，地方政府应着力降低低保漏保率，让符合低保条件的家庭能享受到低保待遇。

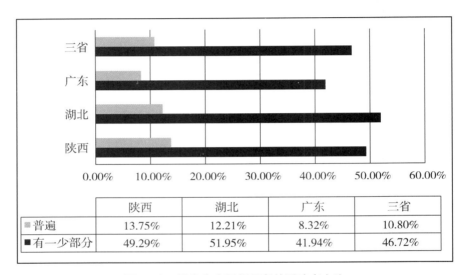

图7-6 认为存在漏保现象的受访者占比

注：图中数值为选择"普遍"或"有一小部分"的受访者人数占总受访人数的比重。
数据来源："中山大学2018年人民美好生活需要调查项目"。

就低保错保的认知而言，其在问卷中的对应问题是："您身边有不符合'低保'条件却能享受'低保'待遇的家庭吗？"，对应选项为"普遍、有一小部分、基本没有"。结合图7-7可知，广东省的低保瞄准较为准确，将近60%的受访者都没有发现身边有人冒领低保，仅有6.21%的受访者认为广东的低保错保现象普遍。湖北省和陕西省的数据显示，错保现象更普遍，认为不存在错保现象的受访者占比较为接近，均在37%左右。但是，陕西省有更多的受访者认为当地的错保现象普遍，占比为13.05%，比湖北省高出1.50%。同时，湖北省有更多受访者认为当地仍有一小部分错保情况，占比为51.33%，比陕西省高出

第七章 公众贫困认知的省际差异：与中西部两省的比较

2.19%。整体来看，受访者的意见主要分成两类，47.47%的人认为自己身边没有错保对象，43.03%的人则认为自己身边还是有一小部分不符合"低保"条件却能享受"低保"待遇的家庭的。这说明三个省份均在降低低保错保偏差上取得了较大的成效，尤其是广东省。不过，对于公众反映的有部分人冒领低保的情况，仍需各地政府在识别低保对象时加以关注。

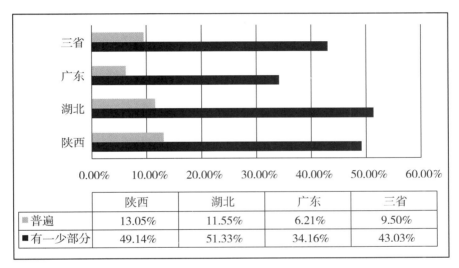

图7-7 认为存在错保现象的受访者占比

注：图中数值为选择"普遍"或"有一小部分"的受访者人数占总受访人数的比重。
数据来源："中山大学2018年人民美好生活需要调查项目"。

总之，绝大部分受访者认为当地基本不存在或者只存在少量低保漏保和错保的情况，只有不到10%的受访者认为低保瞄准偏误较大。这说明低保的政策目标、政策结果和公众的预期之间仍存在一定的差距，公众期待地方政府能将低保瞄准偏差降得更低，不浪费任何一分钱，这是因为低保作为非缴费型的社会救助项目，其资金来源渠道是税收。同时，这也表明三个省份在低保对象的认定上颇有成效，尤其是广东省，其低保瞄准精度远高于湖北省和陕西省，在提高瞄准精度上的经验和创新值得其他省份学习。例如，2019年10月广东省民政厅出台了《广东省最低生活保障家庭经济状况核对和生活状况评估认定办法》,① 该办法进一步对低保对象瞄准科学化,采用信息化核对和生活状况综合评估双重核查机制,对家庭收入和家庭财产两类家庭经济状况进行信息化核对,同时,对最低生活保障实行动态管理,要求低保家庭及时反馈申报人口和收入的变化,乡镇政府每半年至少进行1次家庭经济信息化复核,每年至少进行1次入户调查;县级民政部门每年进行随机抽查。

需要注意的是,一定程度的低保瞄准偏差是合理的。如果过度强调瞄准精度,将带来"再分配悖论",换句话说,越强调定向分配和对穷人的瞄准,将越难发挥减贫效果和降低不平等。② 这是因为瞄准偏差的减少使得公众更加关注贫困人群,进而在社会上引发污名化的联想,使得公众对反贫困的支持程度下降,以及削弱反贫困项目的可持续性。③ 因此,政府在执行低保时,应权衡好瞄准度和覆盖面,或者在政策制定中预留低保覆盖面的可调整空间,又或者在政策执行中采取一定的变通性做法。

---

① 参见广东省民政厅《广东省最低生活保障家庭经济状况核对和生活状况评估认定办法》,广东省民政厅网,2019年10月25日,见 http://smzt.gd.gov.cn/zwgk/zcfg/xzgfxwjgb/content/post_2654402.html。

② Korpi, W., Palme, J., "The Paradox of Redistribution and Strategies of Equality: Welfare State Institutions, Inequality, and Poverty in the Western Countries", *American Sociological Review*, vol. 63, no. 5 (1998), pp. 661–687.

③ Janky, B., Varga, D., "The Poverty-assistance Paradox", *Economics Letters*, vol. 120, no. 3 (2013), pp. 447–449.

第二节 公众对贫困状况认知省际差异的影响因素分析

一、公众个体贫困认知省际差异的影响因素分析

（一）变量操作化表

三省公众对个体贫困认知变量操作化表见表7-1。

表7-1 三省公众对个体贫困认知变量操作化表

变量名	具体题目	具体赋值与变量解释
个体贫困认知	您认为您的家庭属于哪个阶层？	"低收入阶级"对应"个体贫困"； "非个体贫困"对应"高收入阶层、中高收入阶层、中等收入阶层、中低收入阶层"。 "1" = 个体贫困； "0" = 非个体贫困
个人命运	为什么会有穷人？	对应"穷人运气不好"。 "1" = 选中； "0" = 未选中
懒惰与道德缺失		对应"穷人懒惰或缺乏勤俭美德"。 "1" = 选中； "0" = 未选中
教育与技能		对应"穷人缺乏必要的教育和技能"。 "1" = 选中； "0" = 未选中

续表 7-1

变量名	具体题目	具体赋值与变量解释
消除不公平	请评价这些做法对社会的重要性	"1" = 完全不重要； "2" = 不重要； "3" = 一般； "4" = 重要； "5" = 非常重要
满足基本需要		"1" = 完全不重要； "2" 不重要； "3" = 一般； "4" = 重要； "5" = 非常重要
不劳而获可耻	请提供您对这三个工作伦理的意见	"1" = 非常反对； "2" = 反对； "3" = 既不同意也不反对； "4" = 同意； "5" = 非常同意
不上班会变懒		
男主外女主内		
生活预期	您认为，在未来一年中，您和您的家人的生活和目前比会如何？	"1" = 更好； "2" = 没有区别； "3" = 更差
社会保障制度	为什么____市会有穷人？	对应"社会保障制度不完善"。 "1" = 选中； "0" = 未选中
市场经济	为什么____市会有穷人？	对应"市场经济的必然结果"。 "1" = 选中； "0" = 未选中
性别	您的性别是____	"1" = 男； "2" = 女
年龄	您是哪年出生的？	连续变量（2017 年 - 出生年份）

第七章 公众贫困认知的省际差异：与中西部两省的比较

续表 7-1

变量名	具体题目	具体赋值与变量解释
受教育年数	您目前的最高学历是____	对应"受教育年数"。 "0" = 未上过学； "6" = 小学； "9" = 初中； "12" = 普通高中、职业高中、技校、中专； "15" = 大专； "16" = 本科； "19" = 硕士； "23" = 博士
户籍	您的户口是在____	"1" = 农村； "0" = 城市
婚姻	您的婚姻状况是____	"1" = 已婚； "0" = 未婚、离婚
收入	您的年收入大约是____	"1" = 小于1.2万元； "2" = 1.2万~2.2万元； "3" = 2.2万~8万元； "4" = 8万~15万元； "5" = 15万~30万元； "6" = 30万~50万元； "7" = 50万~100万元
工作单位	您这份工作单位属于____	"1" = 体制内； "0" = 体制外
职业状况	您的职业状况是____	"0" = 非全职； "1" = 全职

（二）描述性统计结果

如表7-2所示，本节比较了广东、湖北和陕西三省样本变量的观测值、均值、标准差和最值。广东省的观测值最多为3328，湖北省的观测值为2484，陕西省的观测值最少为1976。在被解释变量主观贫困认知上，从广东省向西至陕西省，主观贫困的均值逐渐增大，说明越往西，公众认为自己贫困的可能性越大。在个体特征因素中，认为贫困是由个人运气不好造成的，均值由东至西在逐渐减少。在社会价值因素中，认为消除老百姓之间不公平重要的均值从东至西逐渐增加，从4.13增加到4.33，说明大多数公众都认为满足基本需要重要，且持该观点认知自西向东逐渐强烈。在生活预期变量中，自东向西，均值在递减，说明越往西边省份，人们的生活的预期越不乐观。

（三）三省公众对个体贫困认知的实证分析

表7-3分别对三省个体贫困认知的影响因素进行了回归分析，根据实证研究结果可以看出，三省之间展现一定的差异性与相同点。在社会价值因素中，只有陕西省的数据表明"消除不公平"变量与个体贫困认知之间呈现正向显著，说明陕西省的公众认为消除老百姓之间的较大不公平越重要，则认为自己处于贫困状态的可能性就越大。在"生活预期"与个体贫困认知之间在0.1%的显著性水平下显著，说明三省的公众都认为未来生活越糟糕，自身陷入贫困的概率就越大。但与广东省和陕西省不同的是，只有湖北省的公众认为不上班会变懒会导致贫困的发生。在制度情境因素中，区别于广东省的是，湖北省和陕西省的公众都认为社会保障制度不完善会导致贫困的发生。而区别于另外两省的是，广东省的公众认为，市场经济发展会导致贫困的发生。在个体特征变量中，三省展现出了诸多相同点，例如，三省的数据都显示出性别、教育、户籍、收入会造成主观贫困。具体来说，女性比男性有更强的贫困认知，受教育程度越低者越容易发生贫困，收入越低者越容易形成贫困，这都符合对贫困的一贯认知。根据湖北省和陕西省的数据显示，社会保障制度情境因素与个体贫困感知之间有着正向显著关系。

第七章 公众贫困认知的省际差异：与中西部两省的比较

表7-2 三省个体贫困认知描述性统计结果

变量名	观测值			均值			标准差			最小值	最大值
	广东	湖北	陕西	广东	湖北	陕西	广东	湖北	陕西		
主观贫困认知	3328	2484	1976	0.244	0.32	0.40	0.43	0.46	0.50	0	1
社会价值因素											
消除不公平	3328	2484	1976	4.13	4.21	4.33	0.76	0.75	0.76	1	5
满足基本需要	3328	2484	1976	4.43	4.50	4.57	0.63	0.63	0.63	1	5
不劳而获可耻	3328	2484	1976	3.51	3.76	3.53	1.20	1.20	1.34	1	5
不上班会变懒	3328	2484	1976	3.72	3.76	3.65	1.00	1.07	1.18	1	5
男主外女主内	3328	2484	1976	2.63	2.90	2.93	0.91	0.93	1.00	1	5
生活预期	3328	2484	1976	1.46	1.47	1.56	0.58	0.60	0.63	1	3
制度情境因素											
社会保障制度	3328	2484	1976	0.45	0.42	0.39	0.50	0.50	0.49	0	1
市场经济发展	3328	2484	1976	0.47	0.42	0.42	0.50	0.50	0.50	0	1
个体特征因素											
懒惰与道德缺失	3328	2484	1976	0.255	0.22	0.24	0.44	0.41	0.43	0	1
技能和教育	3328	2484	1976	0.52	0.45	0.47	0.50	0.50	0.50	0	1

续表 7-2

变量名	观测值			均值			标准差			最小值	最大值
	广东	湖北	陕西	广东	湖北	陕西	广东	湖北	陕西		
个人命运	3328	2484	1976	0.11	0.08	0.07	0.31	0.27	0.26	0	1
性别（男性）	3328	2484	1976	1.46	1.44	1.40	0.50	0.50	0.50	1	2
年龄	3328	2484	1976	29.67	37.41	39.74	9.27	12.39	12.37	18	80/81/83
年龄的平方	3328	2484	1976	966.19	1552.79	1732.12	663.32	1056.664	1080.26	324	6400/6561/6889
受教育年数	3328	2484	1976	13.05	12.53	12.02	2.89	3.40	3.81	0	23
户籍	3328	2484	1976	0.59	0.57	0.57	0.49	0.50	0.50	0	1
婚姻	3328	2484	1976	0.50	0.75	0.81	0.50	0.43	0.39	0	1
收入	3328	2484	1976	2.64	2.70	2.47	1.21	1.08	1.08	1	7
工作单位	3328	2484	1976	0.17	0.21	0.26	0.38	0.40	0.44	0	1
职业状况	3328	2484	1976	0.31	0.23	0.23	0.46	0.42	0.42	0	1

第七章 公众贫困认知的省际差异：与中西部两省的比较

表7-3 三省公众对个体贫困认知比较

变量名	模型1-1（广东省）	模型1-2（湖北省）	模型1-3（陕西省）
懒惰与道德	-0.031 (0.06)	-0.141 (0.076)	-0.077 (0.080)
教育与技能	-0.093 (0.053)	0.018 (0.060)	-0.007 (0.065)
个人命运	0.163 (0.088)	0.219 (0.114)	0.114 (0.131)
消除不公平	0.014 (0.035)	0.074 (0.041)	0.082* (0.053)
满足基本需要	0.020 (0.042)	0.077 (0.048)	0.082 (0.053)
不劳而获可耻	-0.009 (0.022)	-0.017 (0.026)	0.008 (0.026)
不上班会变懒	0.002 (0.026)	0.067* (0.030)	0.016 (0.030)
男主外女主内	0.009 (0.029)	0.017 (0.032)	0.015 (0.034)
生活预期	0.308*** (0.043)	0.375*** (0.046)	0.373*** (0.050)
社会保障制度	0.082 (0.052)	0.128* (0.058)	0.249*** (0.065)
市场经济发展	0.124* (0.052)	0.030 (0.060)	-0.054 (0.069)
性别（男性）	-0.425*** (0.056)	-0.321*** (0.061)	-0.356*** (0.069)
年龄	0.074*** (0.018)	0.029 (0.016)	0.062** (0.018)
年龄的平方	-0.001*** (0.001)	-0.001 0.001	-0.001*** (0.001)

续表 7-3

变量名	模型 1-1（广东省）	模型 1-2（湖北省）	模型 1-3（陕西省）
受教育年数	-0.077*** (0.010)	-0.067*** (0.011)	-0.051*** (0.011)
户籍（农村）	0.206*** (0.055)	0.125* (0.065)	0.160* (0.073)
婚姻	0.071 (0.072)	0.021 (0.086)	-0.188* (0.091)
收入	-0.140*** (0.026)	-2.247*** (0.031)	-0.311*** (0.035)
工作单位	-0.060 (0.075)	-0.255 (0.084)	-0.007 (0.091)
职业状况	-0.105 (0.066)	-0.014 (0.074)	0.134 (0.080)
Observation	3328	2484	1976
R^2	0.102	0.130	0.153
Prob > chi2	0.001	0.001	0.001

注："*$p<0.05$""**$p<0.01$""***$p<0.001$"分别代表5%、1%和0.1%的显著性水平。

二、公众群体贫困认知省际差异的影响因素分析

（一）变量操作化表

三省公众对群体贫困认知变量操作化表见表 7-4。

第七章　公众贫困认知的省际差异：与中西部两省的比较

表 7-4　三省公众对群体贫困认知变量操作化表

变量名	具体题目	具体赋值与变量解释
群体贫困认知	您认为您当地收入差距大吗？	"1" = 非常小； "2" = 比较小； "3" = 一般； "4" = 比较大； "5" = 非常大
个人命运	为什么会有穷人？	对应"穷人运气不好"。 "1" = 选中； "0" = 未选中
懒惰与道德缺失		对应"穷人懒惰或缺乏勤俭美德"。 "1" = 选中； "0" = 未选中
教育与技能		对应"穷人缺乏必要的教育和技能"。 "1" = 选中； "0" = 未选中
消除不公平	请评价这些做法对社会的重要性	"1" = 完全不重要； "2" 不重要； "3" 一般； "4" 重要； "5" 非常重要
满足基本需要		"1" = 完全不重要； "2" 不重要； "3" 一般； "4" 重要； "5" 非常重要
不劳而获可耻	请提供您对这三个工作伦理的意见	"1" = 非常反对； "2" 反对； "3" = 既不同意也不反对； "4" = 同意； "5" = 非常同意
不上班会变懒		
男主外女主内		

续表 7-4

变量名	具体题目	具体赋值与变量解释
生活预期	您认为，在未来一年中，您和您的家人的生活和目前比会如何？	"1" = 更好； "2" = 没有区别； "3" = 更差
社会保障制度	为什么____市会有穷人？	对应"社会保障制度不完善"。 "1" = 选中； "0" = 未选中
市场经济	为什么____市会有穷人？	对应"市场经济的必然结果"。 "1" = 选中； "0" = 未选中
性别	您的性别是____	"1" = 男； "2" = 女
年龄	您是哪年出生的？	连续变量（2017年 - 出生年份）
受教育年数	您目前的最高学历是____	对应"受教育年数"。 "0" = 未上过学； "6" = 小学； "9" = 初中； "12" = 普通高中、职业高中、技校、中专； "15" = 大专； "16" 本科； "19" = 硕士； "23" = 博士
户籍	您的户口是在____	"1" = 农村； "0" = 城市
婚姻	您的婚姻状况是____	"1" = 已婚； "0" = 未婚、离婚

第七章 公众贫困认知的省际差异：与中西部两省的比较

续表 7-4

变量名	具体题目	具体赋值与变量解释
收入	您的年收入大约是 ____	"1" = 小于1.2万元； "2" = 1.2万～2.2万元； "3" = 2.2万～8万元； "4" = 8万～15万元； "5" = 15万～30万元； "6" = 30万～50万元； "7" = 50万～100万元
工作单位	您这份工作单位属于 ____	"1" = 体制内； "0" 体制外
职业状况	您的职业状况是 ____	"0" = 非全职； "1" = 全职

（二）描述性统计结果

表7-5分别对三省公众对群体贫困认知等变量进行了描述性统计，广东、湖北、陕西三省的观测值分别为3183、2395、1934。本节所使用的群体贫困认知采用的是当地的收入差距，通过比较均值可以发现，陕西省比广东省和湖北省都要高，说明陕西省的公众更加认为群体贫困严重。在社会价值因素中，"行业不平等"变量的均值自东向西逐渐降低，分别是0.41、0.36、0.34，可以看出，在经济越发达的地方，其公众认为行业不平等的现象越严重。在制度情境因素里，考察了特权与腐败、教育不平等、户籍制度，具体来说，"特权与腐败"认知变量的均值由东向西依次为0.23、0.27和0.28，逐渐增强。"户籍制度"变量的均值也是由东至西逐渐减小，说明认为群体贫困是由户籍制度造成的这一观点在经济越发达的地区越为强烈。认为贫困是由教育不平等造成的这一观点的支持度，东部的广东省和非东部的湖北省和陕西省之间有着较大的差异，东部认为群体贫困是由教育不平等的均值为0.26，而非东部的湖北省和陕西省的均值均为0.21。在个体特征因素中，值得一提的是"个人能力"变量，认为群体贫困是由个人能力不同造成的这一观点，在广东省和陕西省的公众支持度最高，均值分别为0.63和0.51，而处于中部的湖北省的均值仅为0.23。

表 7-5 三省公众对群体贫困描述性统计结果

变量名		观测值			均值			标准差			最小值	最大值
		广东	湖北	陕西	广东	湖北	陕西	广东	湖北	陕西		
群体贫困认知		3183	2395	1934	3.54	3.54	3.59	1.04	1.15	1.20	0	1
社会价值因素												
	消除不平等	3183	2395	1934	4.13	4.33	4.33	0.76	0.74	0.76	1	5
	满足基本需要	3183	2395	1934	4.43	4.51	4.57	0.62	0.62	0.63	1	5
	不劳而获可耻	3183	2395	1934	3.51	3.76	3.52	1.20	1.20	1.35	1	5
	不上班会变懒	3183	2395	1934	3.72	3.77	3.65	1.00	1.07	1.18	1	5
	男主外女主内	3183	2395	1934	2.63	2.90	2.94	0.91	0.93	0.97	1	5
	生活预期	3183	2395	1934	1.46	1.47	1.55	0.58	0.61	0.63	1	3
	行业不平等	3183	2395	1934	0.41	0.36	0.34	0.50	0.48	0.47	0	1
制度情境因素												
	特权腐败	3183	2395	1934	0.23	0.27	0.28	0.42	0.45	0.45	0	1
	教育不平等	3183	2395	1934	0.26	0.21	0.21	0.44	0.41	0.41	0	1
	户籍制度	3183	2395	1934	0.16	0.14	0.11	0.37	0.35	0.32	0	1
个体特征因素												

第七章 公众贫困认知的省际差异：与中西部两省的比较

续表 7-5

变量名	观测值			均值			标准差			最小值	最大值
	广东	湖北	陕西	广东	湖北	陕西	广东	湖北	陕西		
性别（男性）	3183	2395	1934	1.46	1.43	1.40	0.50	0.50	0.50	1	2
年龄	3328	2395	1934	29.69	37.37	39.82	9.20	12.37	12.39	18	80/81/83
年龄的平方	3328	2395	1934	966.27	1549.96	1738.77	654.25	1055.02	1082.75	324	6400/6561/6889
受教育年数	3183	2395	1934	13.07	12.52	12.01	2.86	3.40	3.82	0	23
户籍（农村）	3183	2395	1934	0.58	0.58	0.57	0.49	0.50	0.50	0	1
婚姻	3183	2395	1934	0.50	0.75	0.82	0.50	0.43	0.39	0	1
收入	3183	2395	1934	2.65	2.69	2.46	1.20	1.08	1.07	1	7
工作单位	3183	2395	1934	0.17	0.20	0.26	0.38	0.40	0.44	0	1
职业状况	3183	2395	1934	0.31	0.23	0.23	0.46	0.42	0.42	0	1
个人能力	3183	2395	1934	0.63	0.23	0.51	0.48	0.42	0.50	0	1

(三) 三省公众对群体贫困认知的实证分析

表7-6对群体贫困认知进行了省际对比,实证研究结果表明,在广东、湖北、陕西三省存在着诸多差异性和一致性。考察社会价值变量,在三个省份之中,只有湖北省的公众认为,"消除不公平"与群体贫困之间存在着正向显著,且在1%的显著性水平下显著。根据陕西省的数据显示,"不上班会变懒"的工作伦理也会导致群体贫困的发生,而广东省和湖北省的数据却不显著。"男主外女主内"变量三省数据中都与群体贫困在1%的显著性水平下负向显著,说明在中国"男主外女主内"的传统工作理念对消除群体贫困的重要性。湖北省和陕西省的数据表明,"行业不平等"会导致群体贫困的发生,但是,这一论断在广东省的数据中却未发现证据。"生活预期"变量与三省的群体贫困之间呈现正向显著,说明越对未来有糟糕的期望,群体贫困发生的可能性越大。

在制度情境变量中,三省数据表明,"特权与腐败"与群体贫困之间在0.1%的显著性水平下显著,说明特权与腐败越严重,导致群体贫困发生的可能性也就越大。只有湖北省的公众认为户籍制度会导致群体贫困的发生。

在个体特征因素中,"个人能力"变量在三省数据上也展现出一定的差异,只有广东省的数据表明,个人能力越低,发生群体贫困的可能性也就越大。广东省和湖北省的公众均认为,与体制内就业相比,体制外就业导致群体贫困发生的可能性更大,而且这一观点在湖北省表现得更为强烈。三省的数据都表明,年龄越大,发生群体贫困的概率越大。湖北省和陕西省的公众认为,与男性相比,女性群体的贫困认知更高。

表7-6 三省公众对群体贫困认知比较

变量名	模型1-1(广东省)	模型1-2(湖北省)	模型1-3(陕西省)
消除不公平	0.024 (0.027)	0.095** (0.032)	0.050 (0.035)
满足基本需要	0.120*** (0.032)	-0.037 (0.038)	0.012 (0.042)

第七章 公众贫困认知的省际差异：与中西部两省的比较

续表 7-6

变量名	模型 1-1（广东省）	模型 1-2（湖北省）	模型 1-3（陕西省）
不劳而获可耻	-0.003 (0.017)	0.001 (0.021)	-0.007 (0.021)
不上班会变懒	0.023 (0.020)	0.021 (0.023)	0.070** (0.024)
男主外女主内	-0.064** (0.022)	-0.061** (0.025)	-0.080** (0.027)
生活预期	0.090** (0.034)	0.168*** (0.038)	0.125** (0.040)
行业间不平等	0.130 (0.040)	0.117* (0.050)	0.135* (0.055)
户籍制度	0.101 (0.059)	0.180* (0.076)	0.029 (0.084)
特权与腐败	0.218*** (0.051)	0.370*** (0.057)	0.460*** (0.060)
教育不平等	0.064 (0.047)	-0.021 (0.060)	0.127 (0.064)
性别（男性）	-0.077 (0.042)	-0.148** (0.048)	-0.107* (0.054)
年龄	0.034* (0.014)	0.043** (0.013)	0.036* (0.015)
年龄的平方	-0.001 (0.001)	-0.001** (0.001)	-0.001* (0.001)
受教育年数	0.026** (0.008)	-0.012 (0.009)	0.015 (0.009)
户籍（农村）	0.052 (0.041)	-0.040 (0.051)	0.155** (0.058)
婚姻	0.008 (0.055)	-0.114 (0.067)	0.058 (0.075)

续表 7-6

变量名	模型 1-1（广东省）	模型 1-2（湖北省）	模型 1-3（陕西省）
收入	0.007 (0.019)	0.033 (0.024)	-0.027 (0.026)
工作单位	-0.130* (0.055)	-0.27*** (0.063)	-0.102 (0.070)
职业状况	-0.076 (0.050)	0.043 (0.060)	0.009 (0.065)
个人能力	-0.088* (0.040)	-0.064 0.046	-0.062 (0.051)
Observation	3183	2395	1976
R^2	0.025	0.034	0.032
Prob > chi2	0.001	0.001	0.001

注："$*p<0.05$""$**p<0.01$""$***p<0.001$"分别代表5%、1%和0.1%的显著性水平。

三、结论与政策启示

本节通过2018年广东省、陕西省和湖北省的福利态度数据，详细探讨了三省公众对个体贫困和群体贫困认知差异的影响因素，影响因素包括个体特征因素、社会价值因素和制度情境因素三个方面，主要的研究结论如下。

1. 公众对个体贫困认知的分析方面

在各省公众对个体贫困认知的描述性统计中，广东省样本情况最好（分值最低），其次为湖北省（分值居中），最后为陕西省（分值最高）。这与三省的经济发展程度基本一致，广东省的人均地区生产总值和人均可支配收入均最高，其次是湖北省，最后是陕西省。具体来看公众个体贫困认知的影响因素，在个体特征因素中发现诸多人口统计学变量对贫困感知存在着显著影响，例如年龄、户籍、收入、受教育程度、婚姻等，但在不同省份之间存在着细微的差异。具体来说，女性比男性有更强的贫困认

第七章 公众贫困认知的省际差异：与中西部两省的比较

知；随着年龄的增加，公众感知贫困的概率会相应增加；农村户籍的公众比城市户籍的公众更加能感受到贫困；受教育程度越低，感受贫困的概率会随之增加。值得注意的是，这些个体特征变量在三个省份的分样本中，经济较为发达的广东省的影响系数均为最大。在社会价值因素中，发现公众对未来的生活预期与贫困感知之间有着显著的影响，人们对未来生活越不抱有期待，就越感受到贫困，其中，湖北省和陕西省样本的影响系数都明显高于广东省。在制度情境变量中，社会保障制度变量在湖北省和陕西省分样本中呈正向显著，而且经济发展相对落后的陕西省样本系数更大，说明相比而言，社会保障制度相对落后的地区对自身经济状况的评价更为劣势；与此同时，市场经济的发展结果也会影响人们对贫困的感知，三个省份中仅有广东省样本呈正向显著。

2. 公众对群体贫困的认知的分析方面

在各省公众对群体贫困认知的描述性统计中，认为收入不平等问题最为严重的样本是陕西省（分值最高），其次是广东省，湖北省的收入不平等问题则最轻，将近40%的湖北省受访者认为当地的贫富差距并不大。具体来看公众群体贫困认知的影响因素，个体特征因素中，只有广东省的数据表明，个人能力越低，发生群体贫困的可能性也就越大。广东省和湖北省的受访者认为，与体制内就业相比，体制外就业导致群体贫困发生的可能性更大，而这一观点在湖北省表现得更为强烈。三省的数据都表明，年龄越大，发生群体贫困的概率越大。湖北省和陕西省的受访者认为，与男性相比，女性群体的贫困认知更高。在社会价值方面，在三个省份之中，只有湖北省的受访者认为，消除不公平与群体贫困之间存在着正向显著。工作伦理的几个代表变量中，不上班会变懒变量仅在陕西省样本中呈正向显著，而广东省和湖北省的数据却不显著。男主外女主内变量在三省数据中均为负向显著，其中，陕西省样本的影响系数最大。此外，湖北省和陕西省的数据表明，行业不平等会导致群体贫困的发生。生活预期变量与三省的群体贫困之间都呈现正向显著，湖北省样本的影响系数最大，广东省最小。在制度情境因素中，三省样本均显示特权与腐败严重增加群体贫困产生的概率，其中，陕西省的影响系数最大。

基于以上实证结果，本书提出以下政策启示。

1. 克服社会政策地方化及其带来的地域不正义

从理论上讲，社会政策存在着内在的冲突：一方面，为了更好地实现服务递送，满足个体自身的福利需要，社会政策在制定上应该根据地区情况，制定贴近个体福利需要的社会政策；另一方面，"地域正义"、减少地区间差异等政策话语与福利设计思维，又要求一个国家之内的公民应该得到大体同等的福利待遇。前者要求量身定做，实现地方化和个别化，后者要求普惠制与普及化。两套话语冲突的背后隐藏的是福利取向的不同与社会政策制度安排的差异。在我国，由于长期以来各项社会政策和公共服务都是地方政府的责任，都由地方财政支持，因而，我国社会政策的集中度不足，存在着严重的社会政策地方化。社会政策地方化体现在各地区存在着巨大的福利水平差距，每个地区、城市，甚至区县都有自成体系的社会政策体制，各个地方政府的财政状况不同，社会福利供给能力也不同，而各个地方政府的行政能力和管辖范围的不同，造成了我国不同行政区域内的福利差异，形成了分散的"福利地区"，而各个行政区域内的福利政策又难以整合，最终形成了社会政策的地方化倾向和碎片化格局。社会政策地方化可以说是我国福利发展不平衡不充分的重要原因。因此，在社会福利的平衡发展中需要更多以"社会公民身份"作为社会政策的设计理念，要以"人类需要本位"为发展导向，更要强化中央政府在平衡社会福利发展中的责任，以缓解社会政策地方化的倾向，建立具有跨城乡、跨身份、跨区域的整合性社会福利制度。[①]

2. 明确跨区域援助关系，发挥东西部协作扶贫的主导作用

在东西部协作扶贫过程中，政府应承担主要责任，发挥主导作用，明确跨区域援助关系，找准帮扶对象。在各类主体中，政府具备更多的资源、更强的能力，能够合理分配各类资源，从而确保东西部协作扶贫获得成效。一方面，中央政府应明确跨区域援助关系。东部诸多省市经济发展迅速，可以向西部地区输出资金、技术、人才等资源；西部各省市虽然经济发展较为落后，但在原材料、劳动力等方面具备优势，两者可以形成互

---

① 参见岳经纶、方珂《福利距离、地域正义与中国社会福利的平衡发展》，《探索与争鸣》2020 年第 6 期。

补。因此，中央政府应明确东部省市和西部省市的帮扶关系，制定并调整帮扶机制，确保东西部资源合理匹配，形成互补。另一方面，地方政府应做好跨区域资源分配工作。当中央政府完成东西部协作扶贫匹配工作后，地方政府应贯彻落实中央政府的要求，积极开展对接工作，处理好细节问题，确保扶贫工作顺利完成。比如，广东省政府积极做好劳动力接收工作，认真筛选符合要求的企业，制定相应的优惠政策，接收来自广西壮族自治区的劳动力资源。①

3. 厘清社会福利供给主体的义务与责任

处于社会福利制度转型期的中国，应当重新厘定和调整政府、个人和家庭、市场等福利供给主体的客观福利责任边界。各福利供给主体要在满足社会成员福利需要的过程中实现功能互补、责任分明，既要保证家庭网络在照顾亲属方面的福利供给功能的正常运作，也要适度地扩大政府福利责任的范围和提高社会福利的支出水平，以保障公民基本福利需要的满足，以及缓解个体、家庭在福利提供上的资源不足与结构性障碍；② 此外，还要促进民营化改革，激发市场主体在福利供给中的活力。

第三节 公众对反贫困政策态度的省际差异的影响因素分析：以低保为例

一、公众对福利责任认知省际差异的影响因素分析

（一）变量操作化表

三省公众对政府反贫困责任认知变量操作化表见表7-7。

---

① 参见王士心、刘梦月《东西部协作扶贫须做好资源跨区域分配》，《人民论坛》2019年第3期。
② 参见杨琨、袁迎春《共识与分化：福利国家公民的福利态度及其比较研究》，《公共行政评论》2018年第3期。

表7-7 三省公众对政府反贫困责任认知变量操作化表

变量名	具体题目	具体赋值与变量解释
政府反贫困责任	您认为改善穷人的生活水平主要是谁的责任？	"1"=政府的责任；"0"=穷人自己的责任、双方的责任归为此类，即非政府责任
消除不公平	请评价这些做法对社会的重要性	"1"=完全不重要；"2"=不重要；"3"=一般；"4"=重要；"5"非常重要
满足基本需要		"1"=完全不重要；"2"=不重要；"3"=一般；"4"=重要；"5"=非常重要
不劳而获可耻	请提供您对这三个工作伦理的意见	"1"=非常反对；"2"=反对；"3"=既不同意也不反对；"4"=同意；"5"=非常同意
不上班会变懒		
男主外女主内		
生活预期	您认为，在未来一年中，您和您的家人的生活和目前比会如何？	"1"=更好；"2"=没有区别；"3"=更差
性别	您的性别是____	"1"=男；"2"=女
年龄	您是哪年出生的？	连续变量（2017年－出生年份）

续表 7-7

变量名	具体题目	具体赋值与变量解释
受教育年数	您目前的最高学历是____	对应"受教育年数"。 "0"=未上过学； "6"=小学； "9"=初中； "12"=普通高中、职业高中、技校、中专； "15"=大专； "16"=本科； "19"=硕士； "23"=博士
户籍	您的户口是在____	"1"=农村； "0"=城市
婚姻	您的婚姻状况是____	"1"=已婚； "0"=未婚、离婚
收入	您的年收入大约是____	"1"=小于1.2万元； "2"=1.2万～2.2万元； "3"=2.2万～8万元； "4"=8万～15万元； "5"=15万～30万元； "6"=30万～50万元； "7"=50万～100万元
工作单位	您这份工作单位属于____	"1"=体制内； "0"=体制外
职业状况	您的职业状况是____	"0"=非全职； "1"=全职

（二）描述性统计结果

表 7-8 对反贫困责任等变量进行了描述性统计，广东、湖北、陕西三省的观测值分别是 3156、2379 和 1919。通过三省的反贫困责任变量显

表7-8 三省公众对反贫困责任描述性统计结果

变量名	观测值			均值			标准差			最小值	最大值
	广东	湖北	陕西	广东	湖北	陕西	广东	湖北	陕西		
反贫困责任	3156	2379	1919	0.80	0.12	0.11	0.27	0.33	0.32	0	1
社会价值因素											
消除不公平	3156	2379	1919	4.13	4.21	4.33	0.76	0.74	0.75	1	5
满足基本需要	3156	2379	1919	4.43	4.50	4.57	0.62	0.62	0.63	1	5
不劳而获可耻	3156	2379	1919	3.50	3.76	3.52	1.20	1.20	1.34	1	5
不上班会变懒	3156	2379	1919	3.72	3.77	3.65	1.00	1.07	1.18	1	5
男主外女主内	3156	2379	1919	2.63	2.89	2.94	0.91	0.93	0.97	1	5
生活预期	3156	2379	1919	1.46	1.47	1.55	0.58	0.61	0.63	1	3
个体特征因素											
性别（男性）	3156	2379	1919	1.45	1.44	1.41	0.50	0.50	0.50	1	2
年龄	3156	2379	1919	29.69	37.35	39.74	9.19	12.36	12.37	18	80/81/83
年龄的平方	3156	2379	1919	966.18	1547.73	1732.19	654.46	1054.18	1080.39	324	6400/6561/6889
受教育年数	3156	2379	1919	13.08	12.53	12.02	2.86	3.40	3.81	0	23
户籍	3156	2379	1919	0.58	0.58	0.57	0.49	0.50	0.50	0	1
婚姻	3156	2379	1919	0.50	0.75	0.82	0.50	0.43	0.39	0	1
收入	3156	2379	1919	2.65	2.69	2.47	1.21	1.08	1.07	1	7
工作单位	3156	2379	1919	0.17	0.20	0.60	0.38	0.40	0.43	0	1
职业状况	3156	2379	1919	0.31	0.23	0.23	0.46	0.42	0.42	0	1

第七章　公众贫困认知的省际差异：与中西部两省的比较

示，广东省为0.80、湖北省为0.12、陕西省为0.11，说明在反贫困责任的认定方面，认为反贫困是政府的责任这一观点的支持率从东至西逐渐递减。

（三）三省公众对反贫困责任认知比较

表7-9展现了公众对反贫困责任认知的省际差异，通过对三个省的数据发现，三省在反贫困责任认知表现诸多差异。广东省和湖北省的受访者越认为消除老百姓之间的较大不平等是重要的，越认为反贫困就应该是政府的责任。陕西省的受访者越认为保证所有人在衣食住、教育和健康等方面的基本需要得到满足是重要的，就越认为应该是政府对反贫困负责。湖北省和广东省的数据显示，"不劳而获可耻"的工作伦理与反贫困责任之间呈现负向显著，公众越不认为不劳而获可耻，就认为政府对反贫困负责的概率越大。三省的数据都显示，"生活预期"变量与政府贫困责任在0.1%的显著性水平下呈现正向显著，说明人们对未来的生活预期预感越糟糕，将反贫困责任归为政府的概率就越大。在个体特征因素中，广东省和湖北省的数据显示，相比于男性，女性将反贫困责任归咎于政府的可能性更大。同样，广东省和湖北省数据显示，受教育程度与反贫困责任之间呈现负向显著，意味着受教育程度越低者，将反贫困责任归咎于政府的可能性越大。湖北省的数据显示，相对比已婚者，未婚者更有可能将反贫困责任归咎于政府。

表7-9　三省公众对反贫困责任认知比较

变量名	模型1-1（广东省）	模型1-2（湖北省）	模型1-3（陕西省）
消除不公平	0.12* (0.048)	0.140** (0.052)	0.049 (0.058)
满足基本需要	-0.08 (0.058)	0.009 (0.060)	0.215** (0.074)
不劳而获可耻	-0.067* (0.029)	-0.080** (0.031)	-0.029 (0.033)

续表7-9

变量名	模型1-1（广东省）	模型1-2（湖北省）	模型1-3（陕西省）
不上班会变懒	-0.035 (0.035)	-0.058 (0.039)	-0.121** (0.037)
男主外女主内	0.013 (0.035)	0.055 (0.040)	0.156*** (0.045)
生活预期	0.346*** (0.056)	0.310*** (0.055)	0.314*** (0.061)
性别（男性）	-0.388*** (0.080)	-0.155* (0.077)	-0.130 (0.092)
年龄	0.030 (0.023)	0.040 (0.020)	-0.012 (0.023)
年龄的平方	-0.001 (0.001)	-0.001 (0.001)	0.001 (0.001)
受教育年数	-0.034** (0.013)	-0.051*** (0.013)	-0.021 (0.014)
户籍（农村）	0.075 (0.075)	-0.124 (0.081)	-0.081 (0.098)
婚姻	0.089 (0.099)	-0.289** (0.108)	0.081 (0.129)
收入	-0.018 (0.034)	-0.023 (0.037)	0.013 (0.044)
工作单位	0.041 (0.100)	-0.230* (0.037)	-0.244 (0.127)
职业状况	-0.074 (0.091)	0.060 (0.090)	-0.120 (0.106)
Observation	3156	2379	1919
R^2	0.091	0.098	0.132
Prob > chi2	0.001	0.001	0.001

注："*$p<0.05$""**$p<0.01$""***$p<0.001$"分别代表5%、1%和0.1%的显著性水平。

第七章 公众贫困认知的省际差异：与中西部两省的比较

二、公众对福利绩效认知省际差异的影响因素分析

（一）变量操作化表

三省公众对反贫困救助水平认知变量操作化表见表7-10。

表7-10 三省公众对反贫困救助水平认知变量操作化表

变量名	具体题目	具体赋值与变量解释
低保水平感知	您当地目前的低保线与日常支出相比，您认为目前"低保"水平能满足基本开支吗？	"1"＝完全可以； "2"＝基本可以； "3"＝一般； "4"＝基本不可以； "5"＝完全不可以
消除不公平	请评价这些做法对社会的重要性	"1"＝完全不重要； "2"＝不重要； "3"＝一般； "4"＝重要； "5"＝非常重要
满足基本需要		"1"＝完全不重要； "2"＝不重要； "3"＝一般； "4"＝重要； "5"＝非常重要
不劳而获可耻	请提供您对这三个工作伦理的意见	"1"＝非常反对； "2"＝反对； "3"既不同意也不反对； "4"＝同意； "5"＝非常同意
不上班会变懒		
男主外女主内		
生活预期	您认为，在未来一年中，您和您的家人的生活和目前比会如何？	"1"＝更好； "2"＝没有区别； "3"＝更差

续表 7-10

变量名	具体题目	具体赋值与变量解释
性别	您的性别是____	"1" = 男； "2" = 女
年龄	您是哪年出生的？	连续变量（2017 年 - 出生年份）
受教育年数	您目前的最高学历是____	对应"受教育年数"。 "0" = 未上过学； "6" = 小学； "9" = 初中； "12" = 普通高中、职业高中、技校、中专； "15" = 大专； "16" = 本科； "19" = 硕士； "23" = 博士
户籍	您的户口是在____	"1" = 农村； "0" = 城市
婚姻	您的婚姻状况是____	"1" = 已婚； "0" = 未婚、离婚
收入	您的年收入大约是____	"1" = 小于 1.2 万元； "2" = 1.2 万～2.2 万元； "3" = 2.2 万～8 万元； "4" = 8 万～15 万元； "5" = 15 万～30 万元； "6" = 30 万～50 万元； "7" = 50 万～100 万元
工作单位	您这份工作单位属于____	"1" = 体制内； "0" = 体制外
职业状况	您的职业状况是____	"0" = 非全职； "1" = 全职

第七章 公众贫困认知的省际差异：与中西部两省的比较

（二）描述性统计结果

表7-11对公众反贫困救助水平认知的各变量进行了描述性统计，广东、湖北、陕西三省的观测值分别为3087、2309、1839。三省公众对当前的低保水平是否能够满足基本开支的态度，处于一般和基本不可以满足之间，而且不同省份的均值由西向东逐渐增大（由3.34增至3.68），即公众认为当前低保水平不能满足生活开支的态度存在地区差异。

（三）三省公众反贫困救助水平认知的实证分析

表7-12展示了广东、湖北、陕西三省公众对反贫困救助水平认知的实证分析结果，结果反映三省在关于反贫困救助水平认知上存在诸多相同点和不同点。三省的公众都越认为保证所有人在衣食住、教育和健康等方面的基本需要得到满足重要，则越认为当前低保水平不能满足人们的基本生活开支，该观点在广东省表现得尤为强烈。三省的生活预期和反贫困救助水平之间都在0.1%的显著性水平下呈正向显著，即公众都越认为如果未来生活会变差，越认为当前低保水平不能满足基本生活开支的可能性大。相对体制内就业的公众来说，三省体制外就业的公众均认为当前的低保水平无法满足基本生活水平的概率更大。三省在诸多变量上也展现出一定的差异，例如，只有湖北省的数据显示，公众越认为消除不公平重要，则越认为当前低保水平不能满足基本生活开支的可能性更大。广东省和陕西省的数据显示，收入越高者，认为当前低保水平无法满足基本生活开支的可能性更大，其可能的原因是，当前低保标准过低，与高收入者的日常开支较为悬殊。广东省和湖北省的数据显示，年龄越大，认为当前低保水平不能满足基本开支的可能性也越大，这提示我们要多关注老年保障，防止发生老年贫困。

表 7-11 三省公众反贫困救助水平认知描述性统计结果

变量名	观测值			均值			标准差			最小值	最大值
	广东	湖北	陕西	广东	湖北	陕西	广东	湖北	陕西		
低保水平	3087	2309	1839	3.68	3.53	3.34	1.13	1.25	1.13	1	5
社会价值因素											
消除不公平	3087	2309	1839	4.14	4.21	4.33	0.76	0.74	0.76	1	5
满足基本需要	3087	2309	1839	4.43	4.50	4.57	0.62	0.62	0.63	1	5
不劳而获可耻	3087	2309	1839	3.50	3.77	3.53	1.20	1.20	1.34	1	5
不上班会变懒	3087	2309	1839	3.72	3.78	3.64	1.00	1.06	1.19	1	5
男主外女主内	3087	2309	1839	2.63	2.89	2.94	0.91	0.92	0.97	1	5
生活预期	3087	2309	1839	1.47	1.47	1.55	0.60	0.60	0.64	1	3
个体特征因素											
性别（男性）	3087	2309	1839	1.46	1.44	1.41	0.58	0.50	0.50	1	2
年龄	3087	2309	1839	29.71	37.16	39.78	9.16	12.28	12.40	18	80/81/83
年龄的平方	3087	2309	1839	966.84	1531.43	1735.86	650.14	1044.41	1084.48	324	6400/6561/6889
受教育年数	3087	2309	1839	13.09	12.58	12.07	2.86	3.38	3.81	0	23
户籍	3087	2309	1839	0.58	0.57	0.57	0.49	0.50	0.50	0	1
婚姻	3087	2309	1839	0.50	0.75	0.81	0.50	0.43	0.39	0	1
收入	3087	2309	1839	2.65	2.70	2.47	1.20	1.08	1.06	1	7
工作单位	3087	2309	1839	0.17	0.20	0.26	0.40	0.40	0.44	0	1
职业状况	3087	2309	1839	0.31	0.23	0.23	0.46	0.42	0.42	0	1

第七章 公众贫困认知的省际差异：与中西部两省的比较

表 7-12 三省公众对反贫困救助水平认知比较

变量名	模型 1-1（广东省）	模型 1-2（湖北省）	模型 1-3（陕西省）
消除不公平	0.050 (0.027)	0.098** (0.032)	0.028 (0.036)
满足基本需要	0.109** (0.033)	0.078* (0.038)	0.094* (0.043)
不劳而获可耻	-0.007 (0.017)	-0.008 (0.021)	-0.029 (0.021)
不上班会变懒	0.034 (0.021)	0.035 (0.024)	0.012 (0.024)
男主外女主内	-0.021 (0.023)	-0.094*** (0.026)	-0.075** (0.028)
生活预期	0.169*** (0.035)	0.273*** (0.039)	0.269*** (0.041)
性别（男性）	0.004 (0.043)	0.006 (0.049)	-0.029 (0.055)
年龄	0.062*** (0.014)	0.038* (0.013)	0.009 (0.015)
年龄的平方	-0.001*** (0.001)	-0.001*** (0.001)	-0.001 (0.001)
受教育年数	0.004 (0.008)	-0.014 (0.009)	0.022* (0.009)
户籍（农村）	-0.074 (0.042)	-0.132* (0.052)	-0.202** (0.060)
婚姻	0.150** (0.056)	0.089 (0.068)	-0.001 (0.078)
收入	0.096*** (0.020)	0.027 (0.024)	0.066* (0.027)
工作单位	-0.228*** (0.056)	-0.403*** (0.064)	-0.331*** (0.072)

续表7-12

变量名	模型1-1（广东省）	模型1-2（湖北省）	模型1-3（陕西省）
职业状况	0.001 (0.051)	-0.197** (0.061)	0.013 (0.067)
Observation	3087	2309	1839
R^2	0.025	0.038	0.037
Prob > chi2	0.001	0.001	0.001

注："*$p<0.05$""**$p<0.01$""***$p<0.001$"分别代表5%、1%和0.1%的显著性水平。

三、公众对福利结果认知省际差异的影响因素分析

（一）变量操作化表

三省公众对反贫困治理效果认知变量操作化表见表7-13。

表7-13 三省公众对反贫困治理效果认知变量操作化表

变量名	具体题目	具体赋值与变量解释
漏保感知	您身边有符合"低保"条件但没能享受"低保"待遇的家庭吗？	"1"＝基本没有； "2"＝有一小部分； "3"＝普遍
错保感知	您身边有不符合"低保"条件但却能享受"低保"待遇的家庭吗？	"1"＝基本没有； "2"＝有一小部分； "3"＝普遍

续表 7-13

变量名	具体题目	具体赋值与变量解释
消除不公平	请评价这些做法对社会的重要性	"1" = 完全不重要； "2" = 不重要； "3" = 一般； "4" = 重要； "5" = 非常重要
满足基本需要		"1" = 完全不重要； "2" = 不重要； "3" = 一般； "4" = 重要； "5" = 非常重要
不劳而获可耻	请提供您对这三个工作伦理的意见	"1" = 非常反对； "2" = 反对； "3" = 既不同意也不反对； "4" = 同意； "5" = 非常同意
不上班会变懒		
男主外女主内		
生活预期	您认为，在未来一年中，您和您的家人的生活和目前比会如何？	"1" = 更好； "2" = 没有区别； "3" = 更差
性别	可直接判断	"1" = 男； "2" = 女
年龄	您是哪年出生的？	连续变量（2017年 - 出生年份）
受教育年数	您目前的最高学历是____	对应"受教育年数"。 "0" = 未上过学； "6" = 小学； "9" = 初中； "12" = 普通高中、职业高中、技校、中专； "15" = 大专； "16" = 本科； "19" = 硕士； "23" = 博士

续表 7-13

变量名	具体题目	具体赋值与变量解释
户籍	您的户口是在____	"1" = 农村； "0" = 城市
婚姻	您的婚姻状况是____	"1" = 已婚； "0" = 未婚、离婚
收入	您的年收入大约是____	"1" = 小于 1.2 万元； "2" = 1.2 万～2.2 万元； "3" = 2.2 万～8 万元； "4" = 8 万～15 万元； "5" = 15 万～30 万元； "6" = 30 万～50 万元； "7" = 50 万～100 万元
工作单位	您这份工作单位属于____	"1" = 体制内； "0" = 体制外
职业状况	您的职业状况是____	"0" = 非全职； "1" = 全职

（二）描述性统计结果

表 7-14 分别对广东、湖北、陕西三省公众对反贫困治理效果的认知的各变量进行了描述性统计，广东省的观测值为 3087，湖北省的观测值为 2309、陕西省的观测值为 1839，从三省的均值可以看出，三个省份的受访者对低保漏保的感知均处在 2～3 分，即认为身边低保漏保的集中在"有一小部分"到"普遍"范围内。就三省比较来看，广东省受访者认为漏保的现象是最高的，平均分为 2.42；陕西省次之，平均分为 2.25；湖北省最小，平均分为 2.22。就低保错保感知而言，三省的平均分依次为湖北省 1.76、陕西省 1.75、广东省 1.46，三省的平均分均处在"基本没有"和"有一小部分"之间，即认为低保漏保较严重的是湖北省，陕西省次之，最后是广东省。

第七章 公众贫困认知的省际差异：与中西部两省的比较

表7-14 三省公众对反贫困治理效果认知描述性统计结果

变量名	观测值			均值			标准差			最小值	最大值
	广东	湖北	陕西	广东	湖北	陕西	广东	湖北	陕西		
漏保感知	3087	2309	1839	2.42	2.22	2.25	0.64	0.65	0.67	1	3
错保感知	3087	2309	1839	1.46	1.76	1.75	0.61	0.65	0.67	1	3
社会价值因素											
消除不公平	3087	2309	1839	4.14	4.21	4.33	0.76	0.74	0.76	1	5
满足基本需要	3087	2309	1839	4.43	4.51	4.57	0.62	0.62	0.63	1	5
不劳而获可耻	3087	2309	1839	3.50	3.77	3.53	1.20	1.20	1.34	1	5
不上班会变懒	3087	2309	1839	3.72	3.78	3.64	1.00	1.06	1.19	1	5
男主外女主内	3087	2309	1839	2.63	2.89	2.94	0.91	0.92	0.97	1	5
生活预期	3087	2309	1839	1.47	1.47	1.55	0.60	0.60	0.64	1	3
个体特征因素											
性别（男性）	3087	2309	1839	1.46	1.44	1.41	0.58	0.50	0.50	1	2
年龄	3087	2309	1839	29.71	37.16	39.78	9.16	12.28	12.40	18	80/81/83
年龄的平方	3087	2309	1839	966.84	1531.43	1735.86	650.14	1044.41	1084.48	324	6400/6561/6889
受教育年数	3087	2309	1839	13.09	12.58	12.07	2.86	3.38	3.81	0	23
户籍	3087	2309	1839	0.58	0.57	0.57	0.49	0.50	0.50	0	1
婚姻	3087	2309	1839	0.50	0.75	0.81	0.50	0.43	0.39	0	1
收入	3087	2309	1839	2.65	2.70	2.47	1.20	1.08	1.06	1	7
工作单位	3087	2309	1839	0.17	0.20	0.26	0.40	0.40	0.44	0	1
职业状况	3087	2309	1839	0.31	0.23	0.23	0.46	0.42	0.42	0	1

(三) 三省公众对反贫困治理效果认知实证分析

表7-15对广东省、湖北省、陕西省的公众反贫困治理效果感知（漏保感知和错保感知）进行了实证分析。就公众的低保漏保感知而言，三个省份显示一定的差异性和相同点。广东省和湖北省的数据显示，公众越认为消除老百姓之间的较大不公平不重要，越认为低保漏保发生的概率大；公众越认为未来生活如果会变得更好的话，越认为漏保发生的可能性低；受教育水平越高的公众，越认为漏保的可能性低；相对于农村户籍的人来说，城镇户籍的公众认为漏保率更高。湖北省和陕西省的数据显示，相对于体制外就业的公众，体制内就业的人认为漏保率更可能发生。

就三省的低保错保感知而言，广东省的数据显示，公众越认为公平重要，感知错保发生的概率就越大。三省的数据一致显示，公众对未来生活的预期越糟糕，认为错保发生的可能性就越大；教育和错保感知之间呈现负向显著，说明受教育水平越低，认为错保发生的可能性就越大；相对于城镇户籍来讲，农村户籍受访者认为错保的概率更大。陕西省的数据显示，和未婚者相比，已婚者更多人认为有错保的情况发生。

表7-15 三省公众对反贫困救助水平感知比较

变量名	漏保感知			错保感知		
	广东省	湖北省	陕西省	广东省	湖北省	陕西省
消除不公平	-0.163*** (0.03)	-0.068* (0.034)	-0.058 (0.038)	0.108** (0.031)	0.043 (0.034)	0.046 (0.038)
满足基本需要	0.058 (0.036)	-0.029 (0.041)	-0.007 (0.046)	-0.023 (0.037)	0.035 (0.041)	-0.002 (0.046)
不劳而获可耻	0.028 (0.018)	-0.031 (0.022)	0.048* (0.022)	-0.027 (0.019)	0.027 (0.022)	-0.008 (0.022)
不上班会变懒	0.014 (0.022)	0.038 (0.025)	-0.017 (0.026)	-0.055* (0.023)	-0.060* (0.025)	0.014 (0.026)
男主外女主内	-0.025 (0.025)	-0.005 (0.028)	0.007 (0.030)	0.027 (0.025)	0.044 (0.028)	-0.042 (0.030)

第七章 公众贫困认知的省际差异：与中西部两省的比较

续表 7-15

变量名	漏保感知			错保感知		
	广东省	湖北省	陕西省	广东省	湖北省	陕西省
生活预期	-0.091* (0.037)	-0.222*** (0.040)	-0.201*** (0.043)	0.112** (0.038)	0.258*** (0.041)	0.218*** (0.043)
性别（男性）	-0.043 (0.047)	-0.079 (0.052)	0.006 (0.059)	0.010 (0.048)	0.039 (0.052)	-0.015 (0.059)
年龄	-0.018 (0.015)	-0.020 (0.014)	-0.001 (0.016)	0.023 (0.016)	0.014 (0.014)	-0.008 (0.016)
年龄的平方	0.001 (0.001)	0.001* (0.001)	0.001 (0.001)	-0.001 (0.001)	-0.001 (0.001)	0.001 (0.001)
受教育年数	0.046*** (0.008)	0.046*** (0.010)	0.024* (0.009)	-0.038*** (0.009)	-0.031** (0.009)	-0.032** (0.009)
户籍（农村）	-0.232*** (0.046)	-0.137* (0.055)	-0.118 (0.064)	0.193*** (0.047)	0.171** (0.055)	0.138* (0.064)
婚姻	-0.045 (0.061)	-0.036 (0.072)	-0.012 (0.082)	-0.013 (0.063)	0.066 (0.073)	0.208* (0.083)
收入	0.046* (0.022)	-0.002 (0.026)	0.037 (0.030)	-0.044* (0.022)	0.013 (0.026)	0.034 (0.029)
工作单位	-0.045 (0.061)	0.375*** (0.069)	0.279*** (0.077)	-0.006 (0.064)	-0.477*** (0.070)	-0.039*** (0.078)
职业状况	0.023 (0.056)	0.175** (0.065)	-0.017 (0.070)	0.005 (0.057)	-0.167* (0.065)	0.074 (0.070)
Observation	3087	2309	1839	3087	2309	1839
R^2	0.028	0.040	0.032	0.023	0.046	0.039
Prob > chi2	0.001	0.001	0.001	0.001	0.001	0.001

注："*$p<0.05$""**$p<0.01$""***$p<0.001$"分别代表5%、1%和0.1%的显著性水平。

四、结论与政策启示

本节通过 2018 年广东省、陕西省和湖北省的福利态度数据,详细探讨了三省公众对反贫困政策态度差异的影响因素,具体包括公众对政府反贫困责任认知、反贫困救助水平和反贫困治理效果,影响因素包括个体特征因素、社会价值因素和制度情境因素三个方面,为了排除不同政府政策因素的互相干扰,本节仅将个体特征因素和社会价值因素纳入影响因素的分析之中。主要的研究发现如下。

1. 公众对反贫困责任的认知方面

公众对反贫困责任的认知方面,相比陕西省,广东和湖北两省的公众更强调政府和穷人在扶贫工作中的共同作用,认为过于依赖政府或穷人都将较难实现改善穷人生活的目标。具体来看公众对反贫困责任认知的影响因素,个体特征因素方面,广东省和湖北省的数据显示,女性比男性更倾向于将反贫困责任归咎于政府。同样,广东省和湖北省数据显示,受教育程度与反贫困责任之间呈现负向显著,意味着受教育程度越低者,将反贫困责任归咎于政府的可能性越大。湖北省的数据显示,相比已婚者,未婚者更有可能将反贫困责任归咎于政府。社会价值因素方面,广东省和湖北省的公众越认为消除老百姓之间的较大不平等重要,就越认为反贫困应该是政府的责任;其中,湖北省样本的影响系数最大。"满足基本需要"变量仅在陕西省样本呈正向显著,公众越认为保证所有人在衣食住、教育和健康等方面的基本需要得到满足重要,就越认为应该由政府负责反贫困。"不劳而获可耻"的工作伦理在广东和湖北样本中呈现负向显著,即公众越不认为不劳而获可耻,就越认为应该由政府负责反贫困,这可能是因为公众福利依赖思想有关。"生活预期"变量在三个省份中均为正向显著,广东省样本的影响系数最大,说明公众对未来的生活预期预感越糟糕,就越容易将反贫困的责任归为政府。

2. 公众对反贫困救助水平的认知方面

公众对反贫困救助水平的认知方面,广东省被认为是三个省份中低保标准设置最不合理的省份,是低保救助水平最低的,而陕西省则刚好相

第七章 公众贫困认知的省际差异：与中西部两省的比较

反。广东省的低保标准虽然最高，但是，该省公众的生活成本更高，再加上省内各城市的经济发展状况差异较大，这使得大多受访者认为地方低保标准较低，期望地方政府能将低保标准调整得更高、更合理。这也说明了地方政府应根据当地居民的基本生活水平动态及时地调整低保标准，使其能让低保户过上相对体面的生活。具体来看公众对反贫困救助水平的影响因素，三省在关于反贫困救助水平认知上存在诸多相同点和不同点。个体特征变量方面，广东省和陕西省的数据显示，收入越高者，认为当前低保水平无法满足基本生活开支的可能性越大，可能的原因是当前低保标准过低，与高收入者之间会有心理落差。广东省和湖北省的数据显示，年龄越大者，认为当前低保水平不能满足基本开支的可能性越大。社会价值因素方面，三省公众都越认为保证所有人在衣食住、教育和健康等方面的基本需要得到满足重要，则越认为当前低保水平越不能满足人们的基本生活开支，且该观点在广东省表现得尤为强烈。三省样本中生活预期变量均为正向显著，即公众都越认为未来生活会变差，则越认为当前低保水平不能满足基本生活开支，湖北省和陕西省样本的系数高于广东省。

3. 公众对反贫困治理效果的认知方面

公众对反贫困治理效果的认知方面，根据统计结果发现，各省居民对漏保和错保现象均有所感知，陕西省最为严重，湖北省次之，广东省情况明显好于其他两个省份。具体来看公众对反贫困治理效果的影响因素，就公众的低保漏保感知而言，三个省份显示出了一定的差异性和相同点。社会价值因素方面，广东省和湖北省的数据显示，公众越认为消除老百姓之间的较大不公平不重要，越认为低保漏保发生的概率大，其中，广东省样本系数最大。"生活预期"变量在三省样本均为负向显著，其中，湖北省样本的系数最大。个体特征方面，受访者的户籍类型、工作单位、职业状况存在影响差异，广东省和湖北省的数据显示，相对于农村户籍的公众来说，城镇户籍的公众认为漏保率更高。湖北省和陕西省的数据显示，相对于体制外就业的公众，体制内就业的公众认为漏保率更可能发生。

就三省的低保错保感知而言，三个省份也同样显示出一定的差异性和相同点。社会价值因素方面，广东省的数据显示，公众越认为公平重要，感知错保发生的概率就越大。"生活预期"变量对错保感知的影响不同于漏保感知，公众对未来生活的预期越糟糕，感知错保发生的可能性就越大，其中，湖北样本的影响系数最大。个体特征方面，教育和错保感知之间呈现负向显著，说明受教育水平越低，认为错保发生的可能性就越大。相对于城镇户籍来讲，农村户籍发生错保的概率更大。陕西省的数据显示，和未婚者相比，已婚者认为更容易发生错保的情况。

综合以上的实证分析结果，提出以下政策启示。

1. 要克服现有社会保障制度的技术治理弊端

传统的社会保障建设，在价值取向上，看重工具理性而轻视社会权利，因而仅仅是在实用主义视角下的资源配置；在制度设计上，重城市，轻农村，主要社会福利制度设计偏向城镇居民和职工，主要社会福利资源主要流向城市，导致城乡之间巨大的福利差异；在政策设计上，注重预防性项目，轻视发展性项目和关怀性项目，在很长一段时间内将社会保障建设的重任放在职工社会保险制度上，从而忽视了社会救助项目和对福利服务的投入；在制度运作上，中国社会保障建设重资金筹集，力求为社会福利项目提供足够的资金，以维持项目的持续运作，但是，却较为忽视社会政策的规制和福利治理能力的提升，导致无法保证社会政策的执行效力；在服务递送主体上，重国家作用而轻社会力量。实际上，家庭、市场和国家共同组成福利整体，市场对应的是私营组织，体现的价值是选择和自主；国家对应的是公共组织，体现的是平等和保障的价值理念；家庭是非正式的或者是私人的组织，体现的是团结和社会资本之间的观念。然而，当前中国在社会服务递送中，注重国家和家庭，而轻视了市场和社会主体的作用。本书认为，要充分发挥民营化服务供给的力量，更要发挥非政府组织的作用，以促进多元主体服务供给格局的形成。

2. 关注低保瞄准中的福利污名、羞耻感等现象

为保证反贫困政策的治理效果，应关注低保瞄准中的福利污名、羞耻感等现象。① 在具体的社会救助政策的执行层面中，需要考虑社会救助的"文化相容性"，将政策设计融入基层社会的文化环境中。目前，社会救助

---

① 参见岳经纶、程璆《福利污名对瞄准偏差感知的影响研究》，《社会保障研究》2019年第5期。

第七章 公众贫困认知的省际差异：与中西部两省的比较

政策受到乡土人情和文化的影响，如最低生活保障制度和特困人员供养（五保户）在基层落地的过程中会面临差别对待，低保身份及其附加权利受到更多人的追逐和青睐，五保户却常常受到村民的疏远与排斥。此外，在基层的扶贫与社会救助工作中，要兼顾瞄准效率与文化相容性，既需要考虑应用低保对象识别的方法提升贫困瞄准效率，也应防止由于片面追求瞄准精度对申请人带来的污名损害。

在贫困治理和社会救助政策的具体执行中，一方面，在家计调查识别贫困人群的过程中，运用社区瞄准机制的信息优势，充分利用附着于社区网络中的家户福利信息来精准识别贫困家庭。依据家计调查的评分结果，运用社区瞄准机制排除评分不在瞄准范围的家庭，最后在剩余家庭中通过民主评议、民情监督员陈述和民意代表投票等社区瞄准程序来确定低保资格。另一方面，由于在申请过程中公开贫困者及福利获取者信息对贫困者具有较大的污名风险，因此，在评议环节可以对申请人信息进行匿名处理，同时，公开会议流程，提供复议渠道，以最大限度地保障申请人利益。为防止福利申领因附属性权利所导致的身份特权和不公平现象，社会救助政策应以公共服务均等化为发展方向，逐渐由补缺性救助向普惠性救助转变。为此，不仅要夯实最低生活保障制度和特困人员供养制度的地位，逐步提高最低生活保障的救助标准，继续发挥兜底作用；还要针对不同救助对象划定不同的救助标准，健全差异化的救助服务。除了在物质层面保证社会救助项目的覆盖面和受益群体外，还应在价值层面保障居民的社会权利，维护公平正义。

第八章 贫困认知的作用：对粤港澳大湾区社会融合的影响

本章主要探讨粤港澳大湾区（简称"大湾区"）公众的贫困认知对大湾区内社会融合状况的影响。此处的社会融合属于经济社会融入维度，主要涉及港澳居民在内地的跨境福利接续问题，由内地居民对港澳居民享有本地社会保险和社会救助的支持态度来衡量。通过梳理香港和澳门两个粤港澳大湾区城市的社会福利制度，指出当前粤港澳大湾区建设中存在的社会福利制度接续问题，以及社会福利制度差异对港澳居民融入内地的影响。以公众移民态度的相关研究为基础，主要通过观察公众对港澳居民参加内地社保和低保的支持程度来表征大湾区的社会融合情况，并从公众对主观贫困状况的认知和对反贫困政策的态度两方面出发，利用"中山大学2018年人民美好生活需要调查项目"的数据和回归模型分析公众贫困认知对港澳居民跨境福利接续的影响，进而为地方政府促进大湾区社会融合提供政策启示。

第一节 粤港澳大湾区社会融合的差异化现状

一、香港的社会福利制度

在香港、澳门陆续回归之后，港澳与内地城市在经济、文化等方面的沟通交流日益加深，来内地学习、工作、定居等的港澳居民的规模逐渐变大，他们与当地的融合程度也在逐步提高。第六次全国人口普查数据显

第八章 贫困认知的作用：对粤港澳大湾区社会融合的影响

示，早在 2010 年，内地港澳居民数量占境外居民数量的比重已达 25.10%，该占比在广东省则上升至 61.31%，[1] 这说明港澳居民是数量相对较多的跨境居民群体，其在内地的社会融合情况是亟须内地政府和公众关注的。尤其在当下，随着"一带一路"倡议的推进，我国的对外投资和经贸联系不断加深，对移民治理的重视程度也在提升，如组建国家移民管理局，以及提出各类吸引海外高层次人才的计划等，我国也逐步成为国际移民的目的国。与此同时，扮演"一带一路"关键支撑区角色的粤港澳大湾区对建设倡议的推进，也在进一步加速和深化港澳地区与珠三角地区的全面合作与交流，进而吸引更多的港澳居民融入内地。2017 年 7 月在香港签署的《深化粤港澳合作 推进大湾区建设框架协议》指出："努力将粤港澳大湾区建设成为更具活力的经济区、宜居宜业宜游的优质生活圈和内地与港澳深度合作的示范区，携手打造国际一流湾区和世界级城市群。"[2] 这个共同愿景（合作目标）涵盖了粤港澳大湾区各类不同主体，涵盖了经济增长、社会发展、制度合作等不同方面。而 2019 年 2 月 18 日中共中央、国务院印发的《粤港澳大湾区发展规划纲要》则明确提出，"推进社会保障合作。探索推进在广东工作和生活的港澳居民在教育、医疗、养老、住房、交通等民生方面享有与内地居民同等的待遇"[3]。为了满足因粤港澳大湾区建设而产生的更高的社会融合需求，应当加强大湾区 9 个内地城市与 2 个特别行政区之间的社会福利制度协同。

社会福利制度作为一项具有再分配资源的政府干预性制度，是政府帮助人民应对诸如贫困、失业、失能等多元社会风险的制度性、结构性部署，也是政府协助人民追求美好生活的制度性合作机制。该制度通常由政府借助社会保险或税收与公共服务机制来运行。由于各个国家或地区在经济规模、文化底蕴等方面具有较大的不同，其社会福利制度的内涵往往也

---

[1] 参见国务院人口普查办公室、国家统计局人口和就业统计司《中国 2010 年人口普查资料》，2020 年 5 月 1 日，见 http://www.stats.gov.cn/tjsj/pcsj/rkpc/6rp/indexch.htm。
[2] 《〈深化粤港澳合作 推进大湾区建设框架协议〉全文》，光明网，2019 年 2 月 26 日，见 http://politics.gmw.cn/2019-02/26/content_32569449.htm。
[3] 新华社：《中共中央 国务院印发〈粤港澳大湾区发展规划纲要〉》，2019 年 2 月 18 日，见 http://politics.people.com.cn/n1/2019/0218/c1001-30761426.html。

不同。就粤港澳大湾区而言，内地与香港、澳门之间的社会福利制度就存在明显的差异。在内地，缴费型或者供款型的社会保险是社会福利制度的重要组成部分，社会救助是其补充部分；在香港，政府所提供的教育、医疗、住房等基本公共服务是社会福利制度的主体，辅以社会救助制度；在澳门，社会保险、公共服务和社会救助共同构成其社会福利制度，但制度特色较不明显。因此，要破除制约大湾区内民生事业融合发展的体制机制障碍，提高湾区内社会融合程度，需进一步剖析香港、澳门两个行政特区社会福利制度的发展历程和现实情况。

香港的社会福利事业经历了从无到有、由"补缺型"体制过渡到"生产型"体制的发展历程。曾受英国殖民统治的香港，其社会福利制度的建立在很大程度上受到了英国的影响。[①] 20世纪60年代中期以前，当时的香港政府主张不干预政策，仅在市场或家庭功能失效时才进行补救性的援助，对象大多为老、弱、病、残等弱势群体，缺乏制度性的社会保障。1966年，在英国伦敦大学教授威廉斯发表了题为《香港社会保障服务提供及有关问题之可行性研究》报告后，当时的香港政府才真正意识到社会保障问题的重要性。[②] 20世纪70年代以后，经济快速迈向繁盛的香港逐渐浮现贫富差距等社会问题，当时的香港政府也开始逐步正式建立社会福利制度，该制度覆盖教育、医疗、贫困等多个领域，其中的主要内容是社会救助制度。21世纪以来，香港特区政府也十分注重民生社会福利。2019年，香港特别行政区行政长官林郑月娥发表题为"珍惜香港 共建家园"的施政报告，她指出，在2018—2019年这两年间，香港的福利和医疗经常性支出上升了29%，2019—2020年度的预算达1649亿港元；该施政报告还表示要在恪守爱护儿童、支援家庭、鼓励就业、尊重受助人的选择权和保护民康的理念下，进一步改善教育、医疗、交通等多方面条件，推出措施以舒缓民众在各方面费用开支的压力。[③]

[①] 参见岳经纶、刘洪、黄锦文主编《社会服务：从经济保障到服务保障》，中国社会出版社，2011，第32页。
[②] 参见曹云华《香港的社会保障制度》，《社会学研究》1996年第6期。
[③] 参见中华人民共和国香港特别行政区《行政长官2019年施政报告》，中华人民共和国香港特别行政区网，2020年5月1日，见 https://www.policyaddress.gov.hk/2019/chi/policy.html。

第八章 贫困认知的作用：对粤港澳大湾区社会融合的影响

香港的社会福利事业发展至今，逐渐形成一个包括教育、医疗、房屋、社会保障、个人社会服务和劳工服务等诸多方面的丰富的社会福利体系。① 整个社会福利制度体系的构造呈金字塔型，处于最底层的是覆盖所有学童和青少年的免费基础教育，包括六年的小学教育、三年的初中教育和三年的高中教育；位于第二层的是所有人都能享用的免费公共医疗，由公共财政资助，个人只需负担相应的挂号费和膳食费用；位于第三层的是覆盖将近一半香港市民的公共廉租房屋；位于第四层的是针对存在特别需要的群体，如老人、残疾人、青少年等设立的个人社会服务，其覆盖范围约 1/4 的香港市民；处于塔顶的则是社会安全网，即社会救助制度，其惠及 10%~15% 的困难家庭，或者说最贫穷的香港市民。然而，香港的社会福利制度存在一个明显的薄弱环节，即香港没有设置具有社会保险性质的社会保障制度。虽然香港从 2000 年 12 月就开始实施强制性公积金制度（简称"强积金"），让雇主和雇员共同缴费，为就业人员提供退休保障。但是，强积金的运行完全依靠市场机制，政府仅在其中起到成立强积金管理局、监管并确保制度正常运作的作用，并不参与供款或提供补贴。这使得强积金的本质依旧属于私人性质的社会保障机制，缺乏互助共济的元素。此外，香港还推出了与内地合作的跨境社会政策，如"综援长者广东及福建省养老计划"②"广东计划""福建计划"③。

总体上，香港的社会福利制度具有以下四个特征：第一，它建立在一个高度发达的经济体之上。香港是全球最自由的经济体，不仅税率低、政府财政储备比较丰厚，而且人均收入高、市民储蓄率也高。第二，公共部门在福利系统中发挥了主体作用。政府承担着政策厘定、政策检讨、经费承担、提供服务、监管资助机构、协调服务、专业指导等职责，④ 且包括

---

① 参见黄黎若莲《香港的社会福利模式、特征和功能》，《社会保障研究》2008 年第 1 期。
② "综援长者广东养老计划"是香港 1997 年推出的计划，该计划为在广东养老的综援对象继续提供现金援助，进而缓解香港人口老龄化加速导致的房屋、养老院舍不足的问题。2005 年该计划拓展至福建省，最终形成"综援长者广东及福建省养老计划"。
③ 为满足有意愿回内地养老的香港长者的福利需要，香港自 2013 年推出"广东计划"，让在广东居住的香港长者能在当地领取香港特区政府发放的高龄津贴。之后，香港在 2018 年推出相似的"福建计划"。
④ 参见黄黎若莲《香港的社会福利模式、特征和功能》，《社会保障研究》2008 年第 1 期。

教育、医疗、住房、个人社会服务在内的社会福利支出占政府支出的一半以上。第三，突出实质服务的供给，而非单纯提供保险金和发放福利金。第四，重视与社会组织的合作共治。利用不同社会组织的组织宗旨和目标，以及面向的社会群体存在的差异，使其能更有针对性地实施救助，提升服务质量。

二、澳门的社会福利制度

澳门社会福利制度的发展历程与香港有着异曲同工之处。20世纪60年代以前，澳门的社会服务大多由民间志愿组织、慈善组织提供；政府则适当参与，且整体工作以济贫为重心。[1] 20世纪60年代中期以后，随着澳门的蓬勃发展，单纯的济贫已无法应对纷繁复杂的社会问题，社会福利也需要随之增加。1967年，当时的澳门政府基于旧有的发挥单一慈善功能的组织框架，设立新的社会救济处，并在13年后将其重新组建为社会工作司，至1999年澳门社会工作司才正式更名为社会工作局。自澳门回归以来，特区政府一直重视民生的改善，2019年最新的施政报告也重点提及要"坚持以多点支撑、多重覆盖为原则，以短中长期政策结合为基础，巩固社会保障安全网"[2]。

当前，澳门已逐渐形成以社会援助和社会保险双线发展为主，辅以其他福利项目的社会福利制度体系。[3] 其中，澳门的社会保障制度呈双层式，第一层是供款性的社会保障计划，旨在为全体地方居民提供能满足个人基本需求的社会保障，特别是养老方面的保障，从而改善其生活质量；第二层是非强制性的中央公积金制度，旨在让退休的当地居民能度过相对舒适且舒心的晚年时光。事实上，澳门已经形成相对完善、内容丰富、水平较高的社会福利制度体系，覆盖了养老、就业、医疗、婚姻等多个领域，切

---

[1] 参见甄炳亮《澳门社会服务发展及其启示》，《中国民政》2012年第6期。
[2] 《崔世安发表施政报告：创造良好社会氛围 迎接澳门回归祖国20周年》，2018年11月16日，见 http://www.gov.cn/xinwen/2018-11/16/content_5340968.htm。
[3] 参见涂晓芳《澳门社会保障政策评析》，《北京航空航天大学学报（社会科学版）》2005年第1期。

第八章　贫困认知的作用：对粤港澳大湾区社会融合的影响

实保障了澳门居民的生存发展权，对满足社会需要、维护社会和谐稳定发挥了重要作用。但是，澳门经济态势和人口组成所体现的动态且高速的变迁，给当地的社会保障体系带来不小的压力。养老保障是澳门特区政府目前首要解决的问题和最重视的领域之一，但养老金支付金额的膨胀和制度中的权利与义务不对等（即供款偏低而给付水平较高）等情况都将为澳门社会保障制度的可持续、高效发展带来巨大的风险。

第二节　公众贫困认知与港澳居民跨境福利接续认知

一、公众移民态度研究评述

公众移民态度或者说公众对外来居民融入的支持态度研究关注的是流入地居民对移民和移民现象的态度（attitudes towards immigrants and immigration），围绕的核心问题是什么样的人会更排斥或更接纳外来移民。既有研究主要基于理性人假设，认为移民在客观或主观上带来的利益威胁，增强了流入地居民的风险感知，进而对移民产生更强烈的排斥心理。相关研究大致提供了三种不同的分析视角，分别是劳动力市场竞争视角、公共资源竞争视角和族群刻板印象视角。

劳动力市场竞争假说认为，就业市场竞争情况会直接影响本地居民对外来居民的接纳态度。[1] 这种影响主要取决于本地劳动力和外来劳动力之间形成的替代关系与互补关系。如果外来者与本地人之间的替代关系强于互补关系，那么本地人就会更倾向限制外来者的政策。例如，有研究发现，经济一体化后，不少国家接收的移民主要从事低端工作，因而减少了本地低端劳动力的工作机会，同时降低了他们的工作薪水，使得低教育、

---

[1] Mayda, A. M., "Who is Against Immigration? A Cross-country Investigation of Individual Attitudes Towards Immigrants", *The Review of Economics and Statistics*, vol. 88, no. 3 (2005), pp. 510–530.

低技能的本地人更加排斥移民。同时，移民的进入也会降低低端行业的劳动力成本，进而让本地高端劳动力在服务业等方面获益，因此，高端劳动力群体反而会更加包容移民。①②③ 如果外来者与本地人间的互补关系强于替代关系，那么本地人就有可能更倾向于接纳外来者。因为此时外来劳动力的进入对本地劳动力就业率和工资收入的影响将非常有限，甚至会转变为正向影响，进而提高流入地人力资本的配置效率。④ 然而，该假说的不足之处在于其经济学色彩过于浓厚，过度强调单一劳动力市场位置的预测作用，而忽视了其他重要的社会因素的作用。⑤

公共资源竞争假说认为，外来者会侵占流入地的公共服务、社会保障等公共资源，其对本地资源的"摊薄"行为会引发本地居民的抵制。⑥⑦⑧ 一方面，外来者流入并享受当地公共资源，会增加本地的财税负担，抬高用于保障外来居民的财政支出，加重中产阶级等主要纳税群体的税负，降低其收益，导致纳税越多的人越排斥外来居民；另一方面，外来居民对有限公共资源的使用越多，原本高度依赖这些资源的弱势群体的获得机会就越会被削减，或者无法按预期增加，从而导致社会弱势群体对外来居民持

---

① Espenshade T., Calhoun, C., "An Analysis of Public Opinion toward Undocumented Immigration", *Population Research and Policy Review*, vol. 12, no. 3 (1993), pp. 189 – 224.

② Scheve, K. F., Slaughter, M. J., "Labor Market Competition and Individual Preferences Over Immigration Policy", *The Review of Economics and Statistics*, vol. 83, no. 1 (2001), pp. 133 – 145.

③ McLaren, L. M., "Explaining Opposition to Turkish Membership of the EU", *European Union Politics*, vol. 8, no. 2 (2007), pp. 251 – 278.

④ 参见陈刚《流动人口进入对本地劳动力市场的影响》，《经济学动态》2016 年第 12 期。

⑤ Hainmueller, J., Hiscox, M. J., Margalit, Y., "Do Concerns about Labor Market Competition Shape Attitudes toward Immigration? New Evidence", *Journal of International Economics*, vol. 97, no. 1 (2015), pp. 193 – 207.

⑥ Pettigrew, T. F., Levine, R. A., Campbell, D. T., "Ethnocentrism: Theories of Conflict, Ethnic Attitudes and Group Behavior", *Political Science Quarterly*, vol. 88, no. 3 (1973), pp. 488 – 489.

⑦ Quillian, L., "Prejudice as a Response to Perceived Group Threat: Population Composition and Anti-immigrant and Racial Prejudice in Europe", *American Sociological Review*, vol. 60, no. 4 (1995), pp. 586 – 611.

⑧ Citrin, J., Green D. P., Muste, C., et al., "Public Opinion Toward Immigration Reform: The Role of Economic Motivations", *The Journal of Politics*, vol. 59, no. 3 (1997), pp. 858 – 881.

第八章 贫困认知的作用：对粤港澳大湾区社会融合的影响

有消极态度。① 由此，也产生了社会分层上的态度差异，例如：经济社会地位较低的本地居民可能会更加排斥外来居民，因为他们原本在工作市场竞争中就处于弱势地位，所以更加担心他们自身倚重的公共服务资源会被外来居民挤占；而高学历高收入人群的排斥态度则比之轻些。② 有学者进一步剖析公共资源竞争假说，认为移民进入对迁入地公共品供给的影响方向取决于竞争效应和财政效应的相对大小，如果移民进入的竞争效应大于财政效应，则会降低迁入地的公共品供给，反之则会增加当地的公共品供给。③

族群刻板印象假说的出发点是文化符号，认为流入地居民对外来族群形象的感知越负面，如懒惰和愚蠢，就越排斥该外来群体，也会越反对与外来群体相关的政策；④ 而且，有时候社会舆论会夸大外来者的福利依赖性和犯罪率，进而使外来者带来的风险被高估，本地人的排斥心理也进一步被强化。⑤ 在族群刻板印象的基础上，有些学者延伸提出文化排斥的观点，认为外来群体在文化习俗、宗教信仰和社会规则等方面会对流入地文化和价值的传承带来象征性威胁，本地人为避免自身文化受到冲击而排斥外来者。⑥⑦⑧ 维护本地文化是一种自然反应，因此，面对文化差异越大的迁移流入，本地人对外来文化入侵的排斥情绪和行为也会更加强烈。这种

---

① Stoker, L., "Interests and Ethics in Politics," *American Political Science Review*, vol. 86, no. 2 (1992), pp. 369–380.

② Chandler, C. R., Tsai Y. M., "Social Factors Influencing Immigration Attitudes: An Analysis of Data from the General Social Survey," *The Social Science Journal*, vol. 38, no. 2 (2001), pp. 177–188.

③ 参见陈刚《移民是否鸠占鹊巢？——来自迁入地公共品供给的经验证据》，《人口与经济》2017年第2期。

④ Blumer, H., "Race Prejudice as a Sense of Group Position", *Pacific Sociological Review*, vol. 1, no. 1 (1958), pp. 3–7.

⑤ Brown, C., Olzak, S., "The Dynamics of Ethnic Competition and Conflict", *American Political Science Review*, vol. 88, no. 2 (1994), pp. 483–484.

⑥ Burns, P., Gimpel J., "Economic Insecurity, Prejudicial Stereotypes, and Public Opinion on Immigration Policy", *Political Science Quarterly*, vol. 115, no. 2 (2000), pp. 201–225.

⑦ Sides, J., Citrin J., "European Opinion About Immigration: The Role of Identities, Interests and Information", *British Journal of Political Science*, vol. 37, no. 3 (2007), pp. 477–504.

⑧ McDaniel, E. L., Nooruddin, I., Shortle, A. F., "Divine Boundaries: How Religion Shapes Citizens' Attitudes Toward Immigrants", *American Politics Research*, vol. 39, no. 1 (2011), pp. 205–233.

文化排斥，与国家认同和民族传承有关，①② 也与不同群体的文化偏好有关。在此基础上，有学者提出接触融合假说，以修正文化排斥观点，认为在满足接触双方地位平等、互相合作、目标一致及官方对族群交往的认同这四个条件下，外来群体和本地群体间的接触可能会增进了解和减少敌意③④。但是，如果本地群体的威胁感知很强烈，族群间接触则可能反而强化偏见与排斥。⑤

综上所述，既有研究分别从就业竞争、公共资源竞争及文化冲突的角度，论述了外地居民在客观或主观上给流入地居民带来的利益威胁和风险感知可能影响外地居民的融入和受接纳程度。其中，劳动力市场竞争视角和公共资源竞争视角强调外来居民带来的现实利益威胁，可能产生的就业危机和公共资源竞争触发了本地居民的排斥情绪。⑥ 而族群刻板印象视角则强调非现实利益威胁给流入地居民带来的文化排斥。

以上研究为后续分析提供了非常具有启发意义的研究视角与研究思路。虽然不同的解释视角之间的张力体现在对同一现象做出了矛盾性的解释，比如竞争假说涉及经济、社会、文化等多方面的利益威胁，但是，其背后更深层次的原因仍未明晰，如具体是什么因素影响了公众对外来居民的态度，对此需要借助相关数据进行验证，厘清其适用范围和理论内涵。同时，大部分研究均基于同质性假说进行分析，忽视本地居民在种族特性、对特定类型外地居民的态度等方面的差异。当然，也有部分学者意识

---

① Citrin, J., Sides, J., "Immigration and the Imagined Community in Europe and the United States", *Political Studies*, vol. 56, no. 1 (2008), pp. 33–56.

② Wright, M., Citrin, J., "Saved by the Stars and Stripes? Images of Protest, Salience of Threat, and Immigration Attitudes", *American Politics Research*, vol. 39, no. 2 (2011), pp. 323–343.

③ Pettigrew, T. F., "Reactions toward the New Minorities of Western Europe", *Annual Review Sociology*, vol. 24, no. 1 (1998), pp. 77–103.

④ Dovidio, J. F., Gaertner, S. E., Kawakami, K., et al., "Why Can't We Just Get Along? Interpersonal Biases and Interracial Distrust", *Cultural Diversity & Ethnic Minority Psychology*, vol. 8, no. 2 (2002), pp. 88–102.

⑤ Kanas, A., Scheepers, P., Sterkens, C., "Positive and negative contact and attitudes towards the religious out-group: Testing the contact hypothesis in conflict and non-conflict regions of Indonesia and the Philippines", *Social Science Research*, vol. 63 (2017), pp. 95–110.

⑥ Hainmueller, J., Hopkins, D. J., "Public Attitudes Toward Immigration. Annual Review of Political Science", *Annual Review of Political Science*, vol. 17, no. 1 (2014), pp. 225–249.

第八章 贫困认知的作用：对粤港澳大湾区社会融合的影响

到外地居民的经济地位、宗教信仰和流出地的情况对公众态度的影响，但这些因素尚需研究者在后续的研究中加以关注。此外，已有的解释机制本身的适用性也有待探讨，例如，竞争假设从多个角度综合解释低阶层本地居民更易感知外来威胁的原因，能在非技术外来者嵌入程度较高的移民规模大且历时长的国家得到普遍证实，但在外地居民流入的初期国家，外来者的嵌入程度和经济社会等活动空间的差异则有可能导致已有假说的解释力不足，需要补充相关实证资料加以修正。

二、贫困认知对跨境福利接续认知影响的研究思路

（一）研究假设

公众贫困认知状况会影响其对外地居民带来的利益威胁的敏感程度，或者说抵御相关风险的能力，进而影响公众对流入当地的外地居民的接纳度，即影响本地的社会融合情况。其中，公众的贫困认知状况可以分为两个维度：一个维度是公众对贫困状况的认知，通过与身边的人或者社会总体情况进行比较来了解自身的贫富情况；另一个维度是公众对政府反贫困政策的态度，包括公众对政府反贫困责任、反贫困救助水平及其治理效果的认知。

首先，看公众对贫困状况认知带来的影响。迁入大湾区内地的港澳居民的人力资本或社会资本越强，即港澳居民的受教育程度越高、劳动技术越强、语言技能越丰富，以及其在新流入地的血缘关系、地缘关系、业缘关系等所提供的社会资源越多，港澳居民的竞争能力越强，其融入大湾区的可能性就越高。与此同时，根据竞争假说，港澳居民要在新流入地中生活，就需要从劳动力市场上获得工作机会、从当地政府上获得社会福利等公共资源，在流入地就业机会和公共资源有限的情况下，外地居民必然会和部分本地居民形成竞争关系。而内地居民在主观上认为自己越贫穷、竞争力越低，便越倾向于认为港澳居民定居当地会带来更大的利益威胁，对港澳居民的排斥程度也将越高，进而越不支持大湾区政府出台支持性社会政策。

由此提出假设1：大湾区内地公众对贫困状况的认知越消极，则越不

支持港澳居民跨境福利可接续。

其次,公众对政府反贫困责任态度带来的影响。政府的角色和相关制度的设计会影响粤港澳大湾区的社会融合情况,政府不仅会出台直接促进港澳居民融入大湾区内地的制度,例如:为港澳地区的高质量人才、能弥补当地需求缺口的人才提供个人所得税方面的补贴,鼓励港澳地区的年轻人到粤港澳大湾区践行"双创",等等;还会出台间接影响大湾区融合的制度,如一般性的公共服务制度。但是,发挥间接影响作用的制度并没有直接指向外地居民,以最低生活保障制度为例,一方面,如果港澳居民能获得相应的资格并享有当地的低保,该制度并不会形成排斥性门槛,而是促进其融入当地;另一方面,如果低保制度能使原本贫困的内地居民脱贫,那么竞争能力提高了的内地居民对港澳居民加入的排斥程度就会下降,进而促进大湾区社会融合。此处探讨的公众对政府反贫困政策的态度,关注的便是这类间接性政府制度对公众贫困认知的影响,进而产生对港澳居民融入内地的影响。公众对政府反贫困政策的态度越消极,对港澳居民流入当地所带来的利益风险的感知越强烈,则越不利于港澳居民融入当地,进而越不利于大湾区支持性社会政策的出台。

由此提出假设2:大湾区内地公众对政府反贫困政策的态度越消极,越不支持港澳居民跨境福利可接续。

(二) 变量操作化表

本章所用数据源自"中山大学2018年人民美好生活需要调查项目",调查地点之一的广东省,毗邻港澳台,其跨境居民规模最大,跨境居民融入历史也最为深远。鉴于其代表性,此处以粤港澳大湾区中的跨境居民融合情况为研究对象,选取广州、佛山、肇庆、深圳、东莞、惠州、珠海、中山、江门9个大湾区内地城市,并筛选出2827个有效样本。

在因变量层面,由于社会保险制度和最低生活保障制度共同构成了内地社会福利制度体系的主体,因此,在分析港澳居民融入内地社会福利制度的程度时,应同时探讨港澳居民在这两类制度中的福利接续的可能性。此外,因受限于数据的可得性,此处以本地居民对港澳居民跨境福利可接续的支持程度来衡量因变量,具体见表8-1。

第八章　贫困认知的作用：对粤港澳大湾区社会融合的影响

表8-1　因变量解释

变量名	具体题目	具体赋值与变量解释
港澳居民社保支持	请问您是否赞同港澳台同胞能够参加内地的社会保险（如医疗保险、养老保险）？	"1" = 非常反对； "2" = 反对； "3" = 既不同意也不反对； "4" = 同意； "5" = 非常同意
港澳居民低保支持	请问您是否赞同港澳台同胞中的贫困人士能够享受内地提供的最低生活保障？	"1" = 非常反对； "2" = 反对； "3" = 既不同意也不反对； "4" = 同意； "5" = 非常同意

在自变量层面，表8-2中，内地居民贫困认知由公众对贫困状况的认知和对政府反贫困政策的态度构成。其中，内地公众对贫困状况的认知由家庭阶层、生活预期、收入差距三个指标来衡量，内地公众对政府反贫困政策的态度则由反贫困责任、低保救助水平、漏保偏误和错保偏误四个指标来衡量。

表8-2　自变量解释

变量名	具体指标	具体题目	选项编码
公众对贫困状况的认知	家庭阶层	您认为您的家庭属于哪个阶层？	"1" = 低收入阶层； "2" = 中低收入阶层； "3" = 中等收入阶层； "4" = 中高收入阶层； "5" = 高收入阶层
	生活预期	您认为在未来一年中，您和您家人的生活和目前相比会如何？	"0" = 更差或没有区别； "1" = 更好
	收入差距	您认为您当地的收入差距大吗？	"1" = 非常小； "2" = 比较小； "3" = 一般； "4" = 比较大； "5" = 非常大

续表 8-2

变量名	具体指标	具体题目	选项编码
公众对政府反贫困政策的态度	反贫困责任	您认为改善穷人的生活水平主要是谁的责任？	"0" = 穷人的责任或双方的责任； "1" = 政府的责任
	低保救助水平	您当地目前的低保线为____，与日常生活支出相比，您认为目前"低保"水平能满足基本开支吗？	"1" = 完全不可以； "2" = 基本不可以； "3" = 一般； "4" = 基本可以； "5" = 完全可以
	漏保偏误	您身边有符合"低保"条件但没能享受"低保"待遇的家庭吗？	"0" = 基本没有或有一小部分； "1" = 普遍
	错保偏误	您身边有不符合"低保"条件却能享受"低保"待遇的家庭吗？	"0" = 基本没有或有一小部分； "1" = 普遍

在控制变量层面，内地居民的利益威胁感知会影响其对港澳居民的态度。已有研究表明，不同画像的内地居民群体与外地居民间的竞争排斥程度不同，如年龄、性别、受教育水平[①]等人口学特征。同时，内地居民的价值取向，如工作伦理观、公平观等，也会影响港澳居民的融合情况。因此，在表 8-3 中的控制变量包括内地居民人口学特征中的性别、年龄、受教育程度、婚姻状况、子女个数、就业状况、户口所在地和参加养老保险的情况，以及价值取向中的工作伦理和公平原则。

---

① Blinder, S., "Imagined Immigration: The Impact of Different Meanings of 'Immigrants' in Public Opinion and Policy Debates in Britain", *Political Studies*, vol. 63, no. 1 (2015), pp. 80–100.

第八章 贫困认知的作用：对粤港澳大湾区社会融合的影响

表 8-3 控制变量解释

变量名	具体题目	选项编码
工作伦理	您对"不劳而获可耻"观点的看法是＿＿	"1"＝非常反对； "2"＝反对； "3"＝既不同意也不反对； "4"＝同意； "5"＝非常同意
公平原则	请评价保证所有人在衣食住、教育和健康等方面的基本需要得到满足	"1"＝完全不重要； "2"＝不重要； "3"＝一般； "4"＝重要； "5"＝非常重要
性别	您的性别是＿＿	"0"＝女； "1"＝男
年龄	您是哪年出生的？	连续变量，单位为岁
受教育年数	您目前的最高学历是（包括目前在读的）＿＿＿	对应"受教育年数"。 "1"＝未上过学； "2"＝小学/私塾； "3"＝初中； "4"＝普通高中； "5"＝职业高中； "6"＝技校； "7"＝中专； "8"＝大专； "9"＝大学本科； "10"＝硕士； "11"＝博士
婚姻	您的家庭婚姻状况是＿＿	"0"＝未婚； "1"＝离婚
子女个数	您有＿＿个子女	连续变量，单位为个

续表 8-3

变量名	具体题目	选项编码
就业状况	您的职业状况是_____	"0" = 在学、兼职、失业、已退休、或其他非在职者（包括家庭主妇）；"1" = 全职
户口所在地	您的户口是在____	"0" = 本市；"1" = 广东省其他城市
参加养老保险	您是否参加了养老保险？	"0" = 否；"1" = 是

结合表 8-4 可知，在因变量中，内地居民对港澳居民跨境享有本地社会保险和最低生活保障的态度略有差异，前者的平均值比后者高出 0.04 分，表明相比享有低保，公众更支持港澳居民参加本地社保，但两者平均值均在 3.50 分左右，说明内地居民偏向支持港澳居民跨境福利可接续。在贫困认知自变量中，就公众的主观贫困认知而言，虽然粤港澳大湾区内地公众间的贫富差距较大，但是，自评家庭阶层的平均得分为 3.80 分，即整体收入水平介于中等收入和中高收入之间。同时，内地公众的生活预期普遍呈乐观积极的状态。就公众对政府反贫困福利态度而言，大湾区内地公众倾向于认为政府不应该独自承担主要的反贫困责任；而且地方低保政策的瞄准精度较高，甚少有公众认为当地的低保漏保和错保现象普遍，但是，内地居民认为当地低保救助水平偏低，平均值为 2.33 分。在控制变量中，就价值取向而言，大湾区内地公众在工作伦理和公平原则上的平均值分别为 3.50 分和 4.41 分，表明公众大多认为不劳而获可耻，且满足基本需要对社会是重要的。就人口学特征而言，受教育年数的平均值为 6.50 分，表明内地居民的学历水平普遍在高中以上。同时，大部分都是全职状况。此外，内地居民子女个数的平均值为 0.73 分，说明人们倾向于不生或者只生一个孩子。

第八章 贫困认知的作用：对粤港澳大湾区社会融合的影响

表8-4 描述性统计结果

变量名	观察值	极小值	极大值	平均值	标准差
因变量					
港澳居民社保支持	2702	1	5	3.58	0.79
港澳居民低保支持	2698	1	5	3.54	0.88
自变量					
自评家庭阶层	2675	1	5	3.80	0.86
生活预期（更好）	2730	0	1	0.59	0.49
收入差距	2611	1	5	3.63	1.01
政府反贫困责任（政府的责任）	2785	0	1	0.16	0.37
低保救助水平	2694	1	5	2.33	1.17
漏保偏误（普遍）	2283	0	1	0.07	0.26
错保偏误（普遍）	2220	0	1	0.05	0.21
控制变量					
工作伦理	2778	1	5	3.50	1.19
公平原则	2802	1	5	4.41	0.64
性别（男性）	2827	0	1	0.53	0.50
年龄	2561	18	78	29.98	9.45
受教育年数	2731	1	11	6.50	2.46
婚姻状况（未婚）	2720	0	1	0.49	0.50
婚姻状况（离婚）	2720	0	1	0.01	0.10
子女个数	2827	0	9	0.73	0.98
就业状况（全职）	2727	0	1	0.73	0.45
户口所在地（本市）	2702	0	1	0.47	0.50
户口所在地（省内其他城市）	2702	0	1	0.33	0.47
参加养老保险（是）	2784	0	1	0.58	0.49

(三) 研究方法

此处使用Oprobit法，通过可测的有序反映数据来分析不可测的潜变量的变化规律，并用最大似然估计法（maximum likelihood estimation, MLE）估计模型参数，所用统计软件为Stata 14.0版。

具体回归模型如式（1）所示：

$$Attitud_i^* = \alpha_i + \beta_1 Pover_i + \beta_2 Contr_i + \varepsilon_i \tag{1}$$

其中，$Attitud_i^*$代表内地居民对港澳居民跨境福利可接续态度的潜变量，即未被观察的真正态度，用于推导$Attitude_i$的极大似然估计量。$i \in N^*$，$Pover_i$代表内地居民的贫困认知，$Contr_i$代表一组控制变量（如人口学特征和价值观念），β_1代表贫困认知对内地居民支持的影响系数，β_2指代各控制变量对内地居民支持的影响系数，α_i代表截距，ε_i代表误差项。

当$Attitud_i^*$小于临界值k_1时，内地居民非常反对港澳居民跨境福利可接续（$Attitud_i^* = 1$）；当$Attitud_i^*$大于k_1且小于等于k_2时，内地居民持反对态度（$Attitud_i^* = 2$）；以此类推可得式（2）：

$$Attitude_i = \begin{cases} 1, & Attitud_i^* \leq k_1 \\ 2, & k_1 < Attitud_i^* \leq k_2 \\ \cdots \\ 5, & k_4 < Attitud_i^* \end{cases} \tag{2}$$

用Φ表示累积的标准正态分布函数，P_i为因变量$Attitud_i$取第i种状态的概率（$i = 1, 2, 3, 4, 5$），可得式（3）：

$$\begin{cases} P_1 = \Phi(\alpha_1 + \beta_1 Pover_1 + \beta_2 Contr_1) \\ P_2 = \Phi(\alpha_2 + \beta_1 Pover_2 + \beta_2 Contr_2) - P_1 \\ \cdots \\ P_5 = 1 - P_1 - P_2 - P_3 - P_4 \end{cases} \tag{3}$$

同时，为检验Oprobit模型的稳健性，将在各回归分析表中加入相应的普遍最小二乘法（ordinary least squares, OLS）模型进行对比分析。综合下一节的回归结果可知，Oprobit模型和OLS模型的回归结果相近，系数的显著程度和方向并没有发生变化，且模型的拟合度有所提高，这在一

第八章 贫困认知的作用：对粤港澳大湾区社会融合的影响

定程度上验证了分析结果的稳健性，故不再赘述。

第三节 公众贫困认知对跨境福利接续认知影响的实证分析

一、公众对港澳居民跨境福利接续认知的现状

大湾区内地公众对港澳居民跨境福利接续的认知可从两方面展开分析：一是公众对港澳居民参加内地社会保险的认知，二是公众对港澳居民能否在内地享受低保救助的认知。两者共同构成内地社会福利制度体系的主体，前者涉及的社会保险是以缴费为基础的，如中国城乡居民基本养老保险由基础养老金和个人账户养老金组成，既需个人缴费，也需政府补贴；后者涉及的最低生活保障则是基于生计调查的社会救助，例如，低保是通过收入或资产等特定调查方式，以低保线为标准来判断潜在个体是否属于真正的穷人。这两项社会政策本质上都是为了应对社会风险挑战，只是属于不同的社会支出方案。

首先，就内地的社会保险制度而言，以"请问您是否赞同港澳台同胞能够参加内地的社会保险（如医疗保险、养老保险）？"这一题项来展开分析，其对应选项为"非常同意、同意、既不同意也不反对、反对、非常反对"。图8-1中，有62.58%的粤港澳大湾区的内地受访者对港澳居民参加本地社会保险表示赞同，有不到30%的内地受访者持中立态度，仅有1.15%的内地受访者非常反对港澳居民参加本地社保。具体看九所城市的情况，最认同港澳居民参保的前三所城市分别是肇庆、东莞和江门，对应的占比均在65%左右；其次为惠州、中山和深圳三所城市，均接近湾区平均水平，均在62%左右；再次为广州和深圳两所城市的占比，均在60%以上；最后，虽然珠海市的占比最低，但是依旧有50%以上的内地受访者对港澳居民参保持有正面态度。

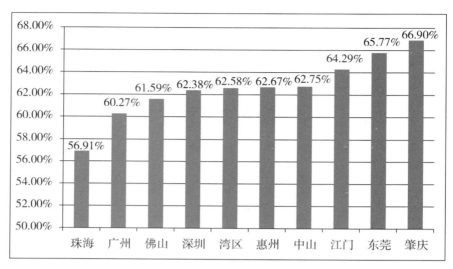

图8-1 赞同港澳居民参加内地社保的大湾区受访者占比

注：图中数值为选择"非常同意"或"同意"的受访者人数占总受访人数的比重。
数据来源："中山大学2018年人民美好生活需要调查项目"。

其次，就内地的社会救助制度而言，以"请问您是否赞同港澳台同胞中的贫困人士能够享受内地提供的最低生活保障？"这一题项来展开分析，其对应选项为"非常同意、同意、既不同意也不反对、反对、非常反对"。结合图8-2可知，关于港澳贫困居民能否在内地享受低保救助，有62.89%的粤港澳大湾区内地受访者表示同意，既不同意也不反对的内地受访者占比约为20%，仅有2.30%的内地受访者非常反对此事。具体看粤港澳大湾区内地城市的情况，首先，东莞地区受访者最支持港澳贫困居民在内地享受低保救助，其比例高达67.11%，意味着将近70%受访者接受港澳居民跨境领取低保。其次，肇庆、惠州、广州和江门这四所城市受访者的认可度均在64%~65%。最后，珠海市受访者依旧是九所城市中支持率最低的，尽管仅有56.10%的受访者支持港澳居民享有本地低保，但也表明超过50%的受访者赞同跨境低保接续。

第八章 贫困认知的作用：对粤港澳大湾区社会融合的影响

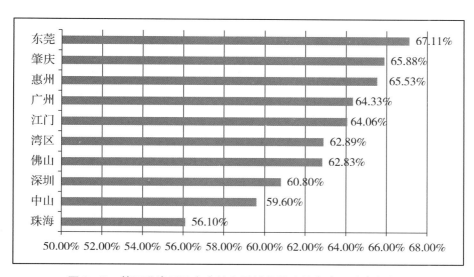

图8-2 赞同港澳居民在内地享受低保救助的大湾区受访者占比

注：图中数值为选择"非常同意"或"同意"的受访者人数占总受访人数的比重。
数据来源："中山大学2018年人民美好生活需要调查项目"。

二、公众贫困认知对港澳居民跨境福利接续认知影响的回归分析

就公众贫困认知与港澳居民跨境福利可接续态度的关系逐一进行回归分析，可得出以下结论。

首先，在公众对贫困状况的认知与港澳居民跨境参加社保态度方面（见表8-5），结合模型1-4可知，当其他变量保持不变时，内地居民的家庭阶层每提高一个单位，整体上支持跨境居民参加社保的概率密度函数值增加0.063，具体的边际效应为：随着社会阶层上升一个单位，内地居民持反对态度的概率降低0.009个单位，持中立态度的概率降低0.013个单位，持同意态度的概率提高0.015个单位，持非常同意态度的概率提高0.008个单位，且均在5%的水平上显著。即随着社会阶层的提升，内地居民更支持港澳居民参加本地社保。同样地，对生活预期越乐观的内地居民，越支持港澳居民参加本地社保，且在0.1%的水平上显著。其具体的

边际效应为：随着生活预期提高一个单位，内地居民持非常反对态度的概率降低 0.004 个单位，持反对态度的概率降低 0.022 个单位，持中立态度的概率降低 0.033 个单位，持同意态度的概率提高 0.039 个单位，持非常同意态度的概率提高 0.020 个单位。同时，男性、参加养老保险以及支持公平原则的内地居民，会更加支持港澳居民跨境福利可接续。而就业状态为全职、拥有本市户口的内地居民，则对跨境居民参加本地社保持有更加消极的态度。因此，可初步得出：大湾区内地公众对贫困状况的认知越积极，越支持港澳居民跨境参加社会保险。

表 8-5 公众对贫困状况的认知与港澳居民社保支持的回归分析

回归模型	Oprobit 模型				OLS 模型
	模型 1-1	模型 1-2	模型 1-3	模型 1-4	模型 1-5
家庭阶层	0.057* (0.029)			0.063* (0.031)	0.044* (0.021)
生活预期 （更好）		0.153** (0.049)		0.162*** (0.051)	0.110** (0.035)
收入差距			0.006 (0.024)	0.017 (0.025)	0.010 (0.017)
工作伦理	0.023 (0.020)	0.025 (0.020)	0.022 (0.020)	0.025 (0.021)	0.017 (0.014)
公平原则	0.093* (0.037)	0.100** (0.037)	0.092* (0.038)	0.094* (0.038)	0.056* (0.027)
性别 （男性）	0.295*** (0.049)	0.276*** (0.049)	0.285*** (0.050)	0.285*** (0.051)	0.188*** (0.035)
年龄	0.006 (0.004)	0.008* (0.004)	0.004 (0.004)	0.007 (0.004)	0.004 (0.003)
受教育年数	0.002 (0.011)	0.001 (0.011)	0.003 (0.011)	-0.005 (0.012)	-0.004 (0.008)
婚姻状况 （未婚）	-0.086 (0.078)	-0.058 (0.079)	-0.046 (0.081)	-0.056 (0.082)	-0.041 (0.057)
婚姻状况 （离婚）	0.050 (0.232)	0.105 (0.248)	0.155 (0.250)	0.237 (0.272)	0.169 (0.189)

第八章　贫困认知的作用：对粤港澳大湾区社会融合的影响

续表 8-5

回归模型	Oprobit 模型				OLS 模型
	模型 1-1	模型 1-2	模型 1-3	模型 1-4	模型 1-5
子女个数	-0.045 (0.039)	-0.047 (0.039)	-0.013 (0.040)	-0.025 (0.041)	-0.018 (0.028)
就业状况 （全职）	-0.164** (0.057)	-0.158** (0.057)	-0.158** (0.059)	-0.162** (0.060)	-0.117** (0.042)
户口所在地 （本市）	-0.194** (0.065)	-0.191** (0.066)	-0.165* (0.066)	-0.191** (0.068)	-0.130** (0.047)
户口所在地 （省内其他城市）	-0.043 (0.069)	-0.045 (0.069)	-0.025 (0.070)	-0.053 (0.072)	-0.034 (0.050)
参加养老保险 （是）	0.147** (0.055)	0.150** (0.055)	0.128* (0.056)	0.133* (0.058)	0.097* (0.040)
Constant cut 1	-1.568*** (0.249)	-1.531*** (0.247)	-1.663*** (0.256)	-1.427*** (0.270)	
Constant cut 2	-0.559** (0.240)	-0.518** (0.237)	-0.671*** (0.246)	-0.411 (0.261)	
Constant cut 3	0.416* (0.239)	0.470** (0.236)	0.312 (0.245)	0.590** (0.260)	3.038*** (0.181)
Constant cut 4	2.284*** (0.244)	2.346*** (0.241)	2.177*** (0.250)	2.472*** (0.265)	
R^2	0.015	0.017	0.014	0.018	0.037
观测值	2276	2240	2148	2078	2078

注：括号中的数值为标准误。符号"*""**""***"分别代表10%、5%和1%的显著性水平。

其次，在公众对政府反贫困政策的态度与港澳居民跨境参加社保态度方面（见表8-6），结合模型1-10可知，当其他变量保持不变时，内地居民对政府负有主要反贫困责任的认知每提高一个单位，整体上支持跨境居民享有社保的概率密度函数值增加0.161，具体的边际效应为：随着政府反贫困责任上升一个单位，内地居民持非常反对态度的概率降低0.005

个单位，持反对态度的概率降低 0.023 个单位，持中立态度的概率降低 0.031 个单位，持同意态度的概率提高 0.040 个单位，持非常同意态度的概率提高 0.019 个单位，且均在 5% 的水平上显著。即内地居民越认可政府负有主要的反贫困责任，就越支持港澳居民参加本地社保。相似地，低保漏保水平和公众对港澳居民跨境参加社保的态度之间呈负相关，且在 5% 的水平上显著。具体看其边际效应：随着漏保偏误水平每提高一个单位，内地居民持非常反对态度的概率上升 0.009 个单位，持反对态度的概率上升 0.037 个单位，持中立态度的概率上升 0.051 个单位，持同意态度的概率下降 0.066 个单位，持非常同意态度的概率下降 0.032 个单位。由此可知，大湾区内地公众对政府反贫困政策的态度越积极，越赞同港澳居民跨境参加本地社保。

表 8-6　公众对政府反贫困政策的态度与港澳居民社保支持的回归分析

回归模型	Oprobit 模型					OLS 模型
	模型 1-6	模型 1-7	模型 1-8	模型 1-9	模型 1-10	模型 1-11
反贫困责任（政府责任）	0.200** (0.066)				0.161* (0.076)	0.108* (0.054)
低保救助水平		0.028 (0.021)			0.027 (0.024)	0.024 (0.017)
漏保偏误（普遍）			-0.216* (0.101)		-0.262* (0.112)	-0.223** (0.080)
错保偏误（普遍）				-0.135 (0.120)	0.055 (0.135)	0.036 (0.097)
工作伦理	0.022 (0.020)	0.023 (0.020)	-0.007 (0.021)	0.003 (0.022)	-0.008 (0.023)	-0.005 (0.016)
公平原则	0.108** (0.037)	0.097** (0.037)	0.120** (0.040)	0.121** (0.041)	0.145*** (0.043)	0.093** (0.031)
性别（男性）	0.267*** (0.048)	0.300*** (0.049)	0.257*** (0.053)	0.296*** (0.054)	0.278*** (0.057)	0.186*** (0.041)
年龄	0.006 (0.004)	0.006 (0.004)	0.002 (0.004)	0.005 (0.004)	0.006 (0.004)	0.003 (0.003)

第八章 贫困认知的作用：对粤港澳大湾区社会融合的影响

续表 8-6

回归模型	Oprobit 模型					OLS 模型
	模型 1-6	模型 1-7	模型 1-8	模型 1-9	模型 1-10	模型 1-11
受教育年数	0.005 (0.011)	0.008 (0.011)	-0.008 (0.012)	-0.006 (0.012)	-0.006 (0.013)	-0.005 (0.010)
婚姻状况 （未婚）	-0.057 (0.078)	-0.094 (0.081)	-0.117 (0.086)	-0.122 (0.089)	-0.141 (0.094)	-0.106 (0.067)
婚姻状况 （离婚）	0.046 (0.237)	-0.104 (0.242)	0.122 (0.269)	-0.208 (0.302)	-0.250 (0.364)	-0.153 (0.264)
子女个数	-0.039 (0.039)	-0.057 (0.041)	-0.041 (0.043)	-0.069 (0.045)	-0.069 (0.048)	-0.049 (0.034)
就业状况 （全职）	-0.153** (0.057)	-0.152** (0.058)	-0.136* (0.062)	-0.138* (0.062)	-0.119 (0.067)	-0.088 (0.047)
户口所在地 （本市）	-0.157* (0.065)	-0.205** (0.066)	-0.194** (0.073)	-0.194** (0.074)	-0.214** (0.080)	-0.149** (0.056)
户口所在地 （省内其他城市）	-0.017 (0.069)	-0.062 (0.070)	-0.059 (0.077)	-0.040 (0.078)	-0.077 (0.083)	-0.048 (0.059)
参加养老保险 （是）	0.146** (0.055)	0.164** (0.056)	0.169** (0.061)	0.136* (0.061)	0.139* (0.065)	0.103* (0.046)
Constant cut 1	-1.541*** (0.244)	-1.565*** (0.254)	-1.852*** (0.264)	-1.743*** (0.269)	-1.571*** (0.294)	3.142*** (0.202)
Constant cut 2	-0.538** (0.235)	-0.557** (0.245)	-0.852*** (0.253)	-0.765*** (0.259)	-0.586** (0.284)	
Constant cut 3	0.435* (0.234)	0.412* (0.244)	0.145 (0.252)	0.233 (0.257)	0.402 (0.283)	
Constant cut 4	2.307*** (0.239)	2.282*** (0.249)	1.990*** (0.257)	2.098*** (0.262)	2.276*** (0.289)	
R^2	0.016	0.016	0.015	0.016	0.021	0.043
观测值	2277	2215	1876	1848	1636	1636

注：括号中的数值为标准误。符号"*""**""***"分别代表10%、5%和1%的显著性水平。

再次,在公众对贫困状况的认知与港澳居民跨境享有低保态度方面(见表8-7),结合模型2-4可知,当其他变量保持不变时,内地居民的家庭阶层每提高一个单位,整体上支持跨境居民享有低保的概率密度函数值增加0.075,具体的边际效应为:随着社会阶层上升一个单位,内地居民持非常反对态度的概率降低0.004个单位,持反对态度的概率降低0.012个单位,持中立态度的概率降低0.011个单位,持同意态度的概率提高0.017个单位,持非常同意态度的概率提高0.011个单位,且均在5%的水平上显著。即随着社会阶层的提升,内地居民越支持港澳居民享有本地低保。同样地,对生活预期越乐观的内地居民,越支持港澳居民享有当地低保,且在0.1%的水平上显著。具体看其边际效应:随着生活预期提高一个单位,内地居民持非常反对态度的概率降低0.009个单位,持反对态度的概率降低0.029个单位,持中立态度的概率降低0.026个单位,持同意态度的概率提高0.040个单位,持非常同意态度的概率提高0.025个单位。同时,男性和提倡公平原则的内地居民,会更加支持港澳居民跨境社会救助可接续。而就业状态为全职、拥有本市户口的内地居民则对跨境居民在本地享受低保救助持有更加负面的态度。因此,可初步得出:大湾区内地公众对贫困状况的认知越积极,越支持港澳居民跨境享有最低生活保障。

表8-7 公众对贫困状况的认知与港澳居民低保支持的回归分析

回归模型	Oprobit 模型				OLS 模型
	模型2-1	模型2-2	模型2-3	模型2-4	模型2-5
家庭阶层	0.081** (0.028)			0.075* (0.030)	0.061* (0.024)
生活预期 (更好)		0.170*** (0.048)		0.176*** (0.051)	0.137*** (0.040)
收入差距			-0.005 (0.024)	0.009 (0.025)	0.006 (0.019)
工作伦理	0.009 (0.020)	0.010 (0.020)	0.005 (0.020)	0.002 (0.020)	-0.001 (0.016)
公平原则	0.087* (0.037)	0.097** (0.037)	0.086* (0.037)	0.099** (0.038)	0.051 (0.030)

第八章 贫困认知的作用：对粤港澳大湾区社会融合的影响

续表 8-7

回归模型	Oprobit 模型				OLS 模型
	模型 2-1	模型 2-2	模型 2-3	模型 2-4	模型 2-5
性别 （男性）	0.258*** (0.048)	0.246*** (0.048)	0.246*** (0.049)	0.254*** (0.051)	0.188*** (0.040)
年龄	-0.007* (0.004)	-0.005 (0.004)	-0.008* (0.004)	-0.006 (0.004)	-0.006* (0.003)
受教育年数	-0.009 (0.011)	-0.008 (0.011)	-0.002 (0.011)	-0.011 (0.012)	-0.009 (0.009)
婚姻状况 （未婚）	-0.056 (0.078)	-0.040 (0.078)	-0.020 (0.080)	-0.035 (0.081)	-0.036 (0.064)
婚姻状况 （离婚）	-0.352 (0.219)	-0.170 (0.235)	-0.235 (0.240)	0.047 (0.262)	0.031 (0.206)
子女个数	0.017 (0.039)	0.004 (0.039)	0.043 (0.040)	0.035 (0.041)	0.029 (0.032)
就业状况 （全职）	-0.144* (0.056)	-0.159** (0.057)	-0.140* (0.058)	-0.140* (0.060)	-0.109* (0.047)
户口所在地 （本市）	-0.200** (0.065)	-0.193** (0.065)	-0.190** (0.066)	-0.204** (0.068)	-0.154** (0.053)
户口所在地 （省内其他城市）	-0.100 (0.068)	-0.101 (0.069)	-0.097 (0.070)	-0.116 (0.072)	-0.081 (0.056)
参加养老保险 （是）	0.057 (0.055)	0.055 (0.055)	0.033 (0.056)	0.043 (0.057)	0.034 (0.045)
Constant cut 1	-1.786*** (0.243)	-1.787*** (0.240)	-1.968*** (0.250)	-1.637*** (0.262)	3.394*** (0.202)
Constant cut 2	-0.853*** (0.237)	-0.847*** (0.234)	-1.026*** (0.243)	-0.701*** (0.256)	
Constant cut 3	-0.114 (0.236)	-0.105 (0.233)	-0.291 (0.242)	0.0416 (0.255)	
Constant cut 4	1.711*** (0.239)	1.731*** (0.236)	1.525*** (0.245)	1.873*** (0.259)	

续表 8-7

回归模型	Oprobit 模型				OLS 模型
	模型 2-1	模型 2-2	模型 2-3	模型 2-4	模型 2-5
R^2	0.012	0.013	0.010	0.015	0.033
观测值	2270	2234	2140	2074	2074

注：括号中的数值为标准误。符号"*""**""***"分别代表10%、5%和1%的显著性水平。

最后，在公众对政府反贫困政策的态度与港澳居民跨境享有低保态度方面（见表8-8），结合模型 2-10 可知，当其他变量保持不变时，流入地低保的救助水平每提高一个单位，整体上内地居民支持跨境居民享有低保的概率密度函数值增加 0.065，具体的边际效应为：随着低保救助水平上升一个单位，内地居民持非常反对态度的概率降低 0.003 个单位，持反对态度的概率降低 0.011 个单位，持中立态度的概率降低 0.009 个单位，持同意态度的概率提高 0.015 个单位，持非常同意态度的概率提高 0.009 个单位，且均在 1% 的水平上显著。即内地居民越认同本地低保标准能满足低保户的基本生活开支，就越支持港澳居民享有同样的低保。相似地，低保漏保水平与公众对港澳居民跨境参加低保的态度之间呈负相关，且在 5% 的水平上显著。具体看其边际效应：随着漏保偏误水平每提高一个单位，内地居民持非常反对态度的概率上升 0.012 个单位，持反对态度的概率上升 0.040 个单位，持中立态度的概率上升 0.032 个单位，持同意态度的概率下降 0.053 个单位，持非常同意态度的概率下降 0.032 个单位。此外，婚姻状况为离婚状态、就业状况为全职、户口在本地的内地居民对港澳居民享有本地低保持相对消极的态度。由此可知，大湾区内地公众对政府反贫困政策的态度越积极，越赞同港澳居民跨境享受当地低保。

表 8-8 公众对政府反贫困政策的态度与港澳居民低保支持的回归分析

回归模型	Oprobit 模型					OLS 模型
	模型 2-6	模型 2-7	模型 2-8	模型 2-9	模型 2-10	模型 2-11
反贫困责任（政府责任）	0.100 (0.066)				0.065 (0.076)	0.051 (0.061)

第八章 贫困认知的作用：对粤港澳大湾区社会融合的影响

续表8-8

回归模型	Oprobit 模型					OLS 模型
	模型2-6	模型2-7	模型2-8	模型2-9	模型2-10	模型2-11
低保救助水平		0.047* (0.021)			0.065** (0.024)	0.061*** (0.019)
漏保偏误（普遍）			-0.155 (0.100)		-0.231* (0.111)	-0.202* (0.090)
错保偏误（普遍）				0.015 (0.120)	0.167 (0.134)	0.120 (0.107)
工作伦理	0.010 (0.020)	0.006 (0.020)	-0.002 (0.021)	-0.006 (0.021)	-0.009 (0.023)	-0.007 (0.018)
公平原则	0.088* (0.037)	0.103** (0.037)	0.109** (0.040)	0.102* (0.041)	0.136** (0.043)	0.083* (0.035)
性别（男性）	0.232*** (0.048)	0.249*** (0.049)	0.207*** (0.053)	0.226*** (0.053)	0.207*** (0.057)	0.154*** (0.045)
年龄	-0.007* (0.004)	-0.007* (0.004)	-0.009* (0.004)	-0.007 (0.004)	-0.006 (0.004)	-0.007 (0.003)
受教育年数	-0.004 (0.011)	-0.003 (0.011)	-0.007 (0.012)	-0.006 (0.012)	-0.004 (0.013)	-0.004 (0.010)
婚姻状况（未婚）	-0.034 (0.078)	-0.060 (0.080)	-0.035 (0.086)	-0.107 (0.088)	-0.113 (0.094)	-0.103 (0.075)
婚姻状况（离婚）	-0.391 (0.223)	-0.517* (0.227)	-0.459 (0.257)	-0.519 (0.280)	-0.816* (0.342)	-0.712* (0.280)
子女个数	0.015 (0.037)	0.006 (0.041)	0.026 (0.043)	-0.026 (0.045)	-0.026 (0.048)	-0.022 (0.038)
就业状况（全职）	-0.151** (0.056)	-0.151** (0.057)	-0.168** (0.062)	-0.208*** (0.062)	-0.204** (0.066)	-0.160** (0.053)
户口所在地（本市）	-0.186** (0.065)	-0.199** (0.066)	-0.220** (0.073)	-0.200** (0.074)	-0.215** (0.079)	-0.171** (0.063)
户口所在地（省内其他城市）	-0.089 (0.068)	-0.106 (0.070)	-0.109 (0.077)	-0.084 (0.078)	-0.087 (0.083)	-0.064 (0.066)

续表 8-8

回归模型	Oprobit 模型					OLS 模型
	模型 2-6	模型 2-7	模型 2-8	模型 2-9	模型 2-10	模型 2-11
参加养老保险（是）	0.053 (0.055)	0.071 (0.056)	0.039 (0.060)	0.063 (0.060)	0.054 (0.065)	0.047 (0.052)
Constant cut 1	-1.903*** (0.239)	-1.793*** (0.249)	-2.035*** (0.259)	-2.038*** (0.264)	-1.762*** (0.290)	3.464*** (0.226)
Constant cut 2	-0.964*** (0.233)	-0.846*** (0.243)	-1.054*** (0.252)	-1.097*** (0.258)	-0.787*** (0.284)	
Constant cut 3	-0.229 (0.231)	-0.109 (0.242)	-0.328 (0.250)	-0.355 (0.256)	-0.0707 (0.282)	
Constant cut 4	1.589*** (0.235)	1.725*** (0.245)	1.466*** (0.253)	1.472*** (0.259)	1.751*** (0.287)	
R^2	0.011	0.012	0.011	0.011	0.016	0.038
观测值	2270	2208	1867	1842	1630	1630

注：括号中的数值为标准误。符号"*""**""***"分别代表10%、5%和1%的显著性水平。

三、结论与政策启示

结合上述分析可知，假设1和假设2均得到了证实，即大湾区内地公众对贫困状态的认知和对政府反贫困政策的态度越积极，则越认可港澳居民跨境福利可接续。换言之，公众的贫困认知越积极，越能推动粤港澳大湾区的社会融合。其原因主要是：一方面，港澳居民作为内地居民的同胞，其文化习俗、社会惯例等和内地之间的冲突并不大，且港澳居民群体并未在内地居民心中形成过于负面的刻板印象，因而相比其他跨国移民，内地居民会更加包容港澳跨境居民；另一方面，公众的贫困认知越正面和积极，表明内地居民在劳动力市场和公共资源中的竞争力相对较强，对港澳居民流入本地的利益威胁感知越弱，进而认为港澳居民尤其是跨境精英

第八章　贫困认知的作用：对粤港澳大湾区社会融合的影响

的流入对本地人就业的负面影响较小，反而能优化劳动力的职业分工，提高本地劳动力的工资收入，① 同时，其流入还能带来更多的税收贡献，更能促进当地经济增长，进而能增加本地的公共物品供给。② 此外，男性、参加养老保险以及支持公平原则的内地居民更支持港澳居民跨境福利可接续，而婚姻状况为离婚状态、就业状态为全职、拥有本市户口的内地居民则对跨境居民的福利接续持有更加负面的态度。

这启示内地政府在促进大湾区内社会融合时，不应仅关注直接导向港澳居民的支持性政策，还应关注间接影响港澳居民的政策，如面向本地居民的最低生活保障制度。事实上，影响港澳居民融入大湾区的主要因素是湾区内的结构性制度。一般而言，外来者享受社会福利的前提是获取平等合法的公民权，获得该身份后外来者才能享受诸如社会福利与保障、就业、住房、教育等方面的权利。③ 而与外地居民融入特别相关的制度有两类：一类是一般性的公共制度，比如教育、医疗和政治制度等，其可能形成较弱或较强的排斥性门槛，或多或少地影响外来者的融入性；一类是专门为外来者设置的制度，如宗教信仰方面的规定。④ 这些与外地居民相关的政策具有一定的目标导向作用，不同取向的政府制度将对外地居民融入产生不同的影响。虽然一些支持性移民政策也能促进外来者融入，但是，同类政策的设计差异也会导致融入模式的差异，例如，无选择性的政策使外来者更容易融入本地，有选择性的多元标准政策则会形成隐性壁垒，使移民能获得更高的收入。⑤ 此外，政府制度不仅会直接影响外来者自身，

---

① 参见陈刚《流动人口进入对本地劳动力市场的影响》，《经济学动态》2016 年第 12 期。
② 参见陈刚《移民是否鸠占鹊巢？——来自迁入地公共品供给的经验证据》，《人口与经济》2017 年第 2 期。
③ Dörr, S., Faist, T., "Institutional Conditions for The Integration of Immigrants in Welfare States: A Comparison of The Literature on Germany, France, Great Britain, and the Netherlands", *European Journal of Political Research*, vol. 31, no. 4 (1997), pp. 401 - 426.
④ Penninx, R., "Integration of Immigrants: Economic, Social, Cultural and Political Dimensions", in Macura, M., MacDonald, A. L., Haug, W., et al., *The New Demographic Regime: Population Challenges and Policy Responses* (New York: United Nations, 2005).
⑤ Lewin-Epstein, N., Semyonov, M., Kogan, I., et al., "Institutional Structure and Immigrant Integration: A Comparative Study of Immigrants' Labor Market Attainment in Canada and Israel", *International Migration Review*, vol. 37, no. 2 (2010), pp. 389 - 420.

还会通过影响外地居民群体所构成的组织来间接影响个体。对此，为促进大湾区内社会融合，大湾区内地方政府应协同合作并出台相应的支持性制度，尤其是在港澳居民跨境福利接续方面。

在推动粤港澳大湾区社会政策协同时，首先，应坚守嵌入性原则、包容性原则和可携性原则的基本原则。其中，嵌入性原则的目的是减少自发性、分散性，即加强港澳居民在大湾区工作、生活的便利性和安全性，其既指粤港澳社会政策协同要嵌入大湾区建设的全过程，要与其他政策相配合，又指港澳居民能在社会政策的支持下像本地人一样嵌入当地的社会经济环境中。包容性原则的目的是减少排斥性，增强开放性，即以包容的心态和开放的理念推进三地政府在社会政策与社会福利领域建立共识，其既指大湾区内政府要基于跨境政策思维设计整体性政策，又指大湾区内政府要主动为外来居民提供无缝对接的福利保障。可携性原则的目的是适应流动性，提升跨境性，即确保三地劳动者社会保险权益的转移接续以及居民福利待遇的跨境携带，其既指港澳居民跨境福利可携带，又指大湾区内社会政策规则的对接。其次，推进由中央和地方共同推动大湾区社会政策协同，中央要加强顶层设计并搭好主体框架，地方则要加强大湾区内地方政府间的合作，并探索实现社会福利服务的一体化管理。最后，实现大湾区内居民在经济社会、教育文化、日常生活和政治领域上的待遇同等化，既不限制也不优待港澳居民。

实现大湾区社会政策协同和社会融合有以下五种具体举措。

首先，应建立社会政策协商机制，平等开展合作协商。三地政府社会福利职能部门可与社会福利服务联合会共同成立联席会议等政策协商机构，并设立常设办公机构，就跨境社会政策、社会组织管理，以及大湾区社会服务合作等议题进行定期沟通协商，达成跨境政策创新共识。同时，可设立社会组织事务联席工作会议，以畅通三地社会组织信息互联互通渠道，就三地社会组织的登记管理、资格认证、税收体系、资金往来等核心问题达成共识。

其次，应推进社会政策信息化建设，提升社会福利便携性。既可建立大湾区跨境社会福利政策与公共服务数据库，发展智能化福利服务递送体系，提升跨境大湾区内家庭和个人获取社会福利服务的便利性；又可强化

第八章 贫困认知的作用：对粤港澳大湾区社会融合的影响

政府与商会、行业协会的对接机制，尤其是增进政策出台前的征询意见阶段、政策评估阶段的有效沟通。

再次，应成立社会福利政策研究联盟，联合开展合作研究。可建立粤港澳大湾区社会政策专家联席会议机制，举办粤港澳大湾区社会福利研讨年度论坛或峰会，以激励大湾区内社会政策专家就社会政策问题的诊断、政策建议的提出等方面联合开展研究。同时，开展高层次人才培训、专家督导团队共享、成果交流转化和项目合作，培育并强化大湾区内的人力资源。

从次，应建立大湾区社服交易中心，拓展社会公益资源。可建立粤港澳大湾区社会服务交易中心和平台，构建线下实体交易空间和线上社会服务网，为社会组织、资源方、市民提供资源对接和专业支持服务，其关键在于建立粤港澳社会组织合作资金保障机制。同时，可借助港澳经验，拓展社会公益资源的供给形式，为社会力量参与社会服务提供渠道，例如，引入港澳专业社工督导，以政府购买服务方式引进港澳社工服务，鼓励内地社工参与港澳社工项目，丰富内地城市的社会救助方式。

最后，应开展社区服务示范区试验，创新服务提供模式。可开展社区服务示范区试验，极力保障儿童健康成长、家庭安康、邻里和睦、外来人员融入等。同时，可推动建立多元化、"补缺型"、以实际需求为导向的社会服务互利共享新模式，例如，推动粤港澳地区青少年社会组织的沟通合作，并将特色品牌项目推广到整个粤港澳大湾区。

第九章 贫困认知的理论思考

本章是对贫困认知这一主题的理论反思,结合已有文献理论与实证分析的主要结论,着重从四个维度对贫困认知进行理论思考。首先,围绕主观贫困视角对贫困认知的根源性概念进行定义,围绕主观贫困及贫困线的运用与变化,贫困认知经历了"他定"到"自决"、单一到多维的逐渐深化。其次,从福利态度的研究视角扩展贫困认知的理论讨论。作为福利态度的反贫困政策评价,是回归福利国家合法性讨论的题中之义,而要从反贫困政策评价探讨贫困认知,应注重福利责任、福利绩效和福利结果的三个维度。再次,基于公众贫困认知的实证分析,贫困认知的解释机制可以归纳为个人主义、集体主义和制度差异的三重张力。最后,基于两个不同视角的探讨,贫困认知的概念因而得到重塑,以发展型社会政策范式为导向,引入社会治理的贫困治理方式,进而构建贫困治理共同体。

第一节 拆解贫困认知:作为主观贫困的多维度解释

本书从"态度"的角度出发,探究了公众对贫困的认知(个体贫困、群体贫困),以及公众对政府反贫困政策(政府反贫困责任、反贫困救助水平、反贫困治理效果)的认知,从概念内涵到生成逻辑到实证结果,多维度地对公众贫困认知进行理解和分析。公众的贫困认知是对现实贫困综合感受的最直接反映,对2020年后如何建立解决相对贫困的长效机制,其从认知视角提供了重要参考,对贫困研究特别是主观贫困视野下的贫困理论拓展和贫困实务研究具有一定的理论启示和贡献。

一、主观贫困理论创新

贫困认知（perception of poverty）即是关于贫困态度的研究，其涉及范围十分广泛，包括认知主体的多元性（政策精英、穷人、普通公众），研究范围的多维性（主观贫困感知和福利态度）。目前，中国对于贫困感知的研究尚处于萌芽阶段，只对主观贫困的影响因素进行了泛泛的探究，并没有严格归纳贫困认知的影响路径与机制，况且，现有研究也没有很好地与我国社会政策相结合。

由于中国的社会政策经历了多阶段的范式演变，公众的贫困感知在演变中不断得以塑造和重塑。为此，结合中国的实际情况加大对主观贫困感知的研究，可以反映当前公众的福利需求，挖掘公众贫困感知差异化的路径，进而"对症下药"，为贫困治理开出"良方"，对当前社会政策的不足之处进行改良。此外，深化贫困感知的研究可以拓展其内涵。中国与西方国家所面临的制度"场域"不同，中国特有的制度优势、文化底蕴、现实情况等都与西方存在着诸多差异，在中国制度"场域"下开展贫困认知研究，不仅可以为国际主观贫困理论研究提供中国样本，还可以展现极具特色的"中国故事"。

随着脱贫攻坚战的全线启动，我国在扶贫方面的投入与收获有目共睹，进一步为世界范围内的消除贫困事业做出了重要贡献。据相关统计显示，"经过5年的扶贫工作，中国农村的贫困人口从2012年的9899万人，降低至2018年的1660万人，累计减少了8239万人。截止到2019年2月，按照现行的贫困标准，中国贫困人口下降到1660万人，贫困发生率从10.2%降至1.7%"[1]。截至2019年年底，中国贫困人口还剩551万人，贫困发生率已经降为0.6%，中国对全球减贫贡献率超70%[2]。习近平总

---

[1] 杨俊峰：《中国脱贫攻坚取得决定性进展》，《人民日报海外版》2019年9月11日，第2版。

[2] 参见许徐琪《中国脱贫攻坚的世界性意义》，《经济日报》网，2020年4月15日，http://views.ce.cn/view/ent/202004/15/t20200415_34687505.shtml。

书记在2020年3月6日决战决胜脱贫攻坚座谈会指出:"今年脱贫攻坚任务完成后,我国将有1亿左右贫困人口实现脱贫,提前10年实现联合国2030年可持续发展议程的减贫目标,世界上没有哪一个国家能在这么短的时间内帮助这么多人脱贫,这对中国和世界都具有重大意义。"[1] 关于脱贫的理论解释,目前多基于经济学的主流理论(即"涓滴理论"和财政脱贫理论)和反贫困的一般理论(即客观贫困的相关理论)。[2] 本书认为,加强对贫困认知的研究,是对贫困理论的创新和发展,是对2020年后建立解决相对贫困机制的重要参考。

在后2020时代的相对贫困治理中,更应该关注和重视公众的贫困认知。相对贫困源于个体或集体间的社会比较和社会认知,可以说是个体或集体对自我贫困状况的二次建构。[3] 因而,相对贫困不仅能体现个人的心理认知,还能展现社会阶级分层、社会阶层分化状况。首先,在解释公众贫困认知影响因素时应当意识到,公众贫困认知形成的背后存在经济这一主导因素,即当地的经济发展水平、居民的生产生活水平间的差异会导致公众贫困认知多样化。这是因为经济要素与民生息息相关,且能借助财富的多少被直观地衡量,进而能被快速地察觉并形成比较。其次,个体因素也会影响公众对相对贫困问题的认知,尤其是个体偏好、个人素质和个人主义观念等方面。再次,社会结构的影响也不容忽视,其流动性、分层和区隔化程度也会带来不同的作用,特别是在资源的分配和争端的解决中,社会地位较低的群体更容易形成相对剥夺感。最后,文化也对贫困认知有所影响,差异化的社会归因心理形塑多元化的贫困认知路径。正是由于以上多种因素的存在,所以,后续的相对贫困治理应该更加重视公众的贫困认知。

此外,强化主观贫困的理论研究,能为贫困线的划定提供理论依据。主观贫困产生于个人对满足其基础性发展需求的最少收入的判断,具有较

---

[1] 习近平:《在决战决胜脱贫攻坚座谈会上的讲话》,《人民日报》2020年3月7日,第2版。

[2] 参见燕继荣《反贫困与国家治理——中国"脱贫攻坚"的创新意义》,《管理世界》2020年第4期。

[3] 参见赵伦《相对贫困从个体归因到社会剥夺》,《商业经济研究》2014年第18期。

强的主观色彩。倘若个体的实际收入低于其确定的最少理想收入,该个体将被归入贫困人群。主观贫困的实证研究通常体现为对主观幸福感或生活满意度的分析。中国农村贫困人口的主观幸福感受到个人心态、社会比较及心理预期的影响。[①] 性别、年龄、文化程度、相对收入、心理压力等因素对中国农民的主观幸福感有着不同程度的影响。[②] 目前,贫困认知能够反映公众的心理感受,因此,在划定贫困线和制定反贫困政策时,应该将贫困认知纳入贫困测定之中,以实现从单维度向多维度的拓展,从客观到主观的补充。

国内对贫困人口的主观贫困的研究主要集中在城市地区或老年群体,综合性的实证研究还非常欠缺。值得注意的是,主观并不意味着随意或不可靠,主观贫困的认定完全可以用科学和客观量化的手段来完成,进而为官方客观贫困线的制定提供参考和补充。主观贫困的相关研究对权利赋予的重视,暗含着对人的生存、生活、尊严等方面的关注与追求,这也是其对反贫困政策的作用所在。因此,中国扶贫政策的实施成效应考虑贫困者自身的主观评判。在中国扶贫战略的实施过程中,相关政策措施应充分考虑到贫困农户的主观认知和满意度,以促进贫困主体将脱贫愿望转化为脱贫行动,从而提高扶贫项目和政策的实施效率。

再者,主观贫困研究应该延续其基本理念,继续作为收入贫困标准的重要补充在减贫实践中发挥作用。主观贫困标准和收入贫困标准、多维贫困标准相比较,在近年来的关注度较低,学术研究成果也不是很多。学术界应当着重研究主观贫困标准的重要原因是,家庭结构和家庭特征会影响收入贫困指标的确定。因此,通过主观贫困标准的研究进而全面考虑贫困家庭内部的资源和收入分配情况,不仅是我国决胜全面建成小康社会后防止返贫、进一步巩固脱贫的成效需要关注的重要方面,也是农村低保和贫

---

① Knight, J., Song, L., Gunatilaka, R., "Subjective Well-being and its Determinants in Rural China", *China Economic Review*, vol. 20, no. 4 (2009), pp. 635 – 649.
② 参见王健、孟庆跃、Yip W. 等《农村居民主观幸福感及其影响因素研究》,《中国卫生经济》2009 年第 3 期。

困标准两种项目进一步有效衔接或合二为一的现实要求。①

二、贫困归因与多维贫困机制

贫困归因是贫困人口解释自己和他人贫困的原因,其归因方式可以反映其心理健康水平,帮助其理解贫困的原因。贫困人口倾向于将贫困归因于命运、个人家庭、地理环境、社会制度等外部不可控的因素,导致穷人缺乏改变贫困的内在动机。② 如果一个人倾向于把负面事件发生的原因归结为整体的和持久的因素,则可能对未来产生悲观的预期,并导致消极情绪,表现出抑郁、焦虑、强迫等心理障碍。③ 目前,国内贫困心理机制的研究主要局限于贫困归因领域,贫困归因的测量方法不统一,研究的成果对贫困成因的解释也有待深入。对此,本书对贫困认知的影响逻辑进行了深入的分析,大致可以分为三重路径,分别是个体层面的人力资本因素、社会价值因素,以及制度情境因素。

"人力资本理论"(human capital theory)假定个体因素影响着主观贫困认知,例如,劳动力市场参与、婚姻状况、性别、年龄、受教育程度。④⑤ 社会价值观念是对当前社会发展现状的评价性反映,在本质上是一种指导人生活的实践性观念。⑥ 价值观念对态度的影响最常见的是在福利态度的相关研究中,例如平等主义倾向、后物质主义价值观、社会流动

---

① 参见丁赛、李克强《农村家庭特征对收入贫困标准的影响——基于主观贫困的研究视角》,《中央民族大学学报(哲学社会科学版)》2019 年第 1 期。
② 参见王晋、苗丹民、廖成菊等《重庆市贫困人口归因方式和心理健康的相关研究》,《重庆医学》2011 年第 35 期。
③ 参见吴胜涛、张建新《贫困与反贫困:心理学的研究》,《心理科学进展》2007 年第 6 期。
④ Becker, G. S., *Human Capital: A Theoretical and Empirical Analysis, with Special Reference to Education* (New York: Columbia University Press, 1975).
⑤ Becker, G. S., *Human Capital: A Theoretical and Empirical Analysis, with Special Reference to Education* (New York: Columbia University Press, 1975).
⑥ 参见郭凤志《价值、价值观念、价值观概念辨析》,《东北师大学报(哲学社会科学版)》2003 年第 6 期。

第九章 贫困认知的理论思考

等价值观念与福利态度之间的关系。① 贫困感知也属于态度的范畴，主观贫困感知作为一种主观感受，公众在现实世界中所塑造的价值观念，对主观贫困感知产生联动效应。

此外，公众的贫困认知不仅受到人力资本因素和社会价值因素的影响，制度和政策也在影响着公共的贫困感知，制度和政策一旦构建和实施就会改变其所处的政治环境，通过重塑受益群体的利益、定位和政治影响力，制度和政策也在不断地塑造着公众对于贫困的态度。②③ 不同层面的制度因素都在影响着贫困认知，大到国家制度主义特征，小到与福利接受者最为密切的福利项目。

除了以上三条路径，为了更加切合当前我国社会福利不平衡的特征，本书将地区差异和发展不平衡作为第四条路径纳入主观贫困感知的影响因素并进行了分析。研究发现，四条路径在不同程度上都对主观贫困感知有着显著的影响。

由于贫困形成机理的错综复杂性，从多学科综合视角分析致贫原因或减贫机理，不仅有利于从理论上全面考察贫困，而且有助于制定更具针对性的对策措施。贫困作为一个集合经济、社会和文化等诸多方面的综合性难题，不仅能描绘部分民众真实的生活状况，而且能在一定程度上体现社会分配制度的实施现状，更能进一步展现社会文化心理态势。随着我国经济转向高质量发展，温饱方面的绝对贫困已不再成为问题，但相对贫困问题的重要性和紧迫性正日益突出。因此，不断深化相对贫困的认知，并形成广泛的社会共识，有利于设计出新一轮的贫困治理方式。④

考虑到我国区域辽阔，社会、经济、文化、自然地理条件迥异，致贫原因各有不同，且随着时间的变化，贫困状况及其影响因素也在发生改变。目前，无论是在宏观、中观还是微观层面上，对贫困问题时空归因的

---

① Gelissen, J., "Popular support for Institutionalised Solidarity: A Comparison Between European Welfare States", *International Journal of Social Welfare*, vol. 9, no. 4 (2001), pp. 285–300.

② Pierson, P., "The New Politics of the Welfare State", *World Politics*, vol. 48, no. 2 (2001), pp. 143–179.

③ 参见范昕、庄文嘉、岳经纶《生，还是不生——全面二孩时代生育配套政策调整的公众态度研究》，《学术研究》2019年第12期。

④ 参见赵伦《相对贫困从个体归因到社会剥夺》，《商业时代》2014年第18期。

相关研究都非常少，进而无法对反贫困政策的科学制定、高效执行等发挥指导作用。因此，还需要加强以下两方面的研究。

一方面，是加强致贫原因的时空差异及动态研究。在宏观层面，应聚焦中西部地区、集中连片特困地区、少数民族贫困地区、国家重点生态功能区等区域的贫困状况和致贫因素的空间差异与时间动态变化，为区域差异性宏观政策的制定提供思路；在微观层面，应聚焦不同贫困村和贫困户具体扶贫模式的提炼，关注社会经济条件的外部变化和主要致贫因素的变化，特别是关注脱贫群体的生计变化，[1] 着重分析稳定脱贫群体的经验是什么和返贫群体的原因是什么。

另一方面，是加强贫困识别标准的时空差异及动态研究。由于当前的贫困标准由各地根据实际情况自定，而今后各地的贫困标准是否需要从国家层面进行确定仍未明确，因此，随着精准扶贫的深入，制订差异化的区域贫困标准将成为学术界研究的重要课题。同时，随着我国宏观经济条件和扶贫形势的变化，贫困标准还将需要不断地调整，并由单一的收入标准逐步过渡到多维贫困标准，城乡贫困治理在后 2020 时代也将由分化逐渐走向统一。因此，贫困标准的动态调整研究也有待深入[2]。

第二节 扩展贫困认知：作为福利态度的反贫困政策评价

本书在贫困认知的研究中创新性地融入了福利态度的研究视角。从福利态度的视角研究公众对反贫困政策的态度，突破了传统意义上主观贫困的研究局限。以往贫困认知的相关研究较多地关注个人（如普通公众与社会精英）对贫困的态度与感知，使得贫困研究无法得到更多的延伸。随着

---

[1] 参见何仁伟、李光勤、刘邵权等《可持续生计视角下中国农村贫困治理研究综述》，《中国人口·资源与环境》2017 年第 11 期。

[2] 参见何仁伟《中国农村贫困形成机理研究进展及贫困问题研究框架构建》，《广西社会科学》2018 年第 7 期。

第九章　贫困认知的理论思考

贫困概念的逐步深化和贫困研究范式的不断拓展，贫困认知的内容具有了更丰富的内涵，研究不再局限于对个体或特定贫困群体的关注，公众对反贫困政策的评价也被纳入分析。

一、回归福利国家合法性：福利治理与反贫困政策的态度

从福利态度的视角切入贫困认知研究本身，应注意回归福利治理的讨论，因此，反贫困政策态度的理论思考应该回归福利国家合法性的讨论。社会公正（social justice）理论涉及这一议题。约翰·罗尔斯（John Rawls）著名的原初立场显然是一个关于论证政治合法性的思想实验，即当被置于一种特定的制度情境时，如何产生一种可以被认为是公正的规范体系。然而，罗尔斯自己也论证了现实中不可能产生这样一个符合条件的制度情境，"无知之幕"只是理想化的存在。[1] 与此同时，现实生活中的制度设计似乎也因此得以运作，并能分析因果关系是如何运作的，亦即"什么样的制度会产生什么样的规范"。[2]

简·曼斯布里奇（Jane Mansbridge）提出了一个关键问题：能否设计出一套制度激励或评价体系来促成公正结果的实现呢？[3] Levi 认为，这种观点与公民支持某项政策的程度十分相关。具体而言，可以设想这样一种情况，公民基于道德价值委托政府来实现其追求的目标，但因为要确保所有人受益于此并避免搭便车的行为而难以实现。[4] 博·罗思坦（Bo Rothstein）提出，为了实现福利治理的有效性，必须满足三个条件：其一，公民认为项目本身是公平的；其二，他们认为自己所属群体的每个人都在做

---

[1] 参见罗尔斯《正义论》，何怀宏、何包钢、廖申白译，中国社会科学出版社，1988，第131页。

[2] Rothstein, B., *Just Institutions Matter: The Moral and Political Logic of the Universal Welfare State* (Cambridge: Cambridge University Press, 1998).

[3] Mansbridge, J., "Democracy and Common Interests", *Social Alternatives*, vol. 8, no. 4 (1990), pp. 20–25.

[4] Levi, I., *The Fixation of Belief and Its Undoing: Changing Beliefs through Inquiry* (Cambridge: Cambridge University Press, 1991).

出贡献；其三，福利项目的执行符合程序正义，评估对象通常是政府及其代理人。罗思坦认为，政府在这个意义上是公平的，公民通常认为他们参与了决策，且他们的立场相对公正和中立。① 相应地，为了彰显福利治理的合法性，国家必须首先诉诸集体社会规范价值的解决方案，并且必须明确方案的运作方式不具有歧视性或非公正性；其次，它必须说服其他公民遵守，自愿或以其他方式表示支持；最后，它必须证明这些措施的执行过程符合公平标准。进一步而言，这三个条件可以概述为以下三点。

第一个条件是实质正义，与公众对福利资格的获得准则相关。一般而言，福利资格准入能被划分为两类截然不同的原则：普遍主义和选择主义。普遍主义强调普惠性，即所有人都有相同的社会权利，能享有同等的社会福利服务。选择主义则强调选择性，即只有部分群体能享有社会福利，且该部分群体要经过特定的审核标准（如社会贡献、个体需求、公平正义等），才能获得相应的资格。值得注意的是，在不同的政策领域，公民对国家合法性的看法可能会有所不同。这种情况对公众的福利态度具有较强的影响，它意味着公共措施不能仅仅通过参考专家的判断或狭隘的成本效益分析结果来证明其合理性，而是应该兼顾多方面的影响因素。换言之，选择性和排他性的项目只开放给特定的利益群体，在本书的语境中即社会救助和贫困政策面向的对象具有较强的选择性，只有通过严格的家计调查或基层审核的人才能获得相应的救助资源。

第二个条件为分配正义，与公民是否信任其他人以及福利项目本身的绩效水平有关。公民可能认为某些福利项目会存在特定的价值，如国防、社会福利等，但前提是避免搭便车的行为。例如，如果国家要确保税收体系发挥作用，则必须要让公民相信，所有（或几乎所有）的公民都缴纳了其应缴的份额。据此，一个人是否愿意为"公共利益"做贡献，取决于他是否相信其他人也参与，且不存在个人从中获得不正当利益的情况。

第三个条件是程序正义，即以公平的方式执行社会福利政策。罗思坦

---

① 参见博·罗思坦《正义的制度：全民福利国家的道德和政治逻辑》，靳继东、丁浩译，中国人民大学出版社，2017，第101页。

认为，即便公民认为国家正在进行的战争是毫无争议的（如防御战），还是会试图避免让自身参与其中，理由是参战人员偏重青年人的挑选程序显失公平。又如，当谈到税收制度时公民都会予以支持，因为面向全体社会成员的设计原则是相对公平的，但即使如此，他们也会设法避免纳税，因为他们认为税收制度在实践中存在偷税、漏税等现象，这严重损害了正常纳税人的正当权利。

罗思坦将"应该是什么"和"可以是什么"这两个问题结合在一起，对福利国家的设计进行了分析，从而揭示了福利国家合法性的基本逻辑：福利国家是否符合公众对国家应该做什么的期望。如果福利国家可以公平实施，那么它将被视为合法的，并将产生自己的支持者。[①]

二、反贫困政策评价的三个维度：福利责任、福利绩效与福利结果

本书将福利态度理论融入公众贫困认知分析，以探究公众的反贫困政策态度并拓展贫困认知的外延。与此同时，对反贫困政策的评价也被进一步分为政府反贫困责任、反贫困救助水平和反贫困治理效果三个方面，以全面地解析公众对贫困政策的态度。从这个意义上讲，本书对反贫困政策这一福利态度的研究，在概念化和操作化方面进行了拓展和理论反思。

福利态度的国际研究早在20世纪60年代就开始了。[②] 福利国家是一个包括多种实体类型的复杂集合，且不同主体在收入再分配上面临利益博弈，因而在界定福利态度的概念边界和解释范围时会面临诸多困难。常见的情况是，许多研究仅仅采用若干简单的问题来衡量公众对政府福利项目的支持程度或满意度。这虽然在一定程度上能反映公众对政府福利责任的认知和对具体福利项目的支持程度，但同时掩盖了不同福利项目间的利益

---

① Rothstein, B., *Just Institutions Matter: The Moral and Political Logic of the Universal Welfare State* (Cambridge: Cambridge University Press, 1998).
② Cebotarev, E., King, G., "Attitudes toward Anti-poverty Programs in the Extension Service, A Case Study", *Attitude Change*, vol. 13 (1966), pp. 1–10.

冲突或张力，忽略了不同福利项目本身的差异性。① 大量福利态度的实证研究表明，福利态度的研究结果呈现的差异性主要取决于调查问题的设计。例如，Svallfors 将福利态度划分为四个解释维度：再分配、行政管理、成本和滥用，根据他的发现，瑞典人普遍会支持福利国家的建设，但反对福利项目中的官僚主义和对福利的滥用现象。② Shivo 和 Uusitalo 根据芬兰的调查数据将福利态度划分成 5 个方面：政府的福利责任、福利国家的财政、福利的使用、福利的充足性及福利产生的效果，而实证结果表明，社会阶层、年龄、政党支持是福利态度最重要的解释因素。③ Van Oorschot 和 Meuleman 采用验证性因素分析了 2006 年荷兰调查数据，发现福利国家的合法性是多维的，涉及福利国家的各个方面。④ Roosmaet、Gelissen 和 Van Oorschot 基于 2008 年欧洲社会调查中 22 个国家的跨国数据，系统地论证一个由 7 个维度组成的福利态度的框架，并发现公众对福利国家的目标和范围持积极态度，但对福利使用的效率及政策结果持批评态度。⑤ 除了上述关注福利态度的研究外，其他学者主要从政府的社会福利责任及责任范围的界定角度来研究福利态度。

尽管这些研究在定义福利态度的相关维度上大致能形成统一意见，但没有正确地概念化福利国家的关键方面。值得注意的是，福利国家的再分配过程强调应该通过促进社会正义来缓解不平等，从而将福利获得嵌入分配正义的问题中。⑥ 为了完善对福利态度的解释，需要建立一个更明确的、

---

① Baute, S., Meuleman, B., Abts, K., "Measuring Attitudes towards Social Europe: A Multidimensional Approach", *Social Indicators Research*, vol. 137, no. 1 (2018), pp. 353 – 378.

② Svallfors, S., "The Politics of Welfare Policy in Sweden: Structural Determinants and Attitudinal Cleavages", *British Journal of Sociology*, vol. 42, no. 4 (1991), pp. 609 – 634.

③ Sihvo, T., Uusitalo, H., "Attitudes towards the Welfare State Have Several Dimensions: Evidence from Finland", *International Journal of Social Welfare*, vol. 4, no. 4 (1995), pp. 215 – 223.

④ Van Oorschot, W., Meuleman, B., "Welfarism and the Multidimensionality of Welfare State Legitimacy: Evidence from the Netherlands, 2006", *International Journal of Social Welfare*, vol. 21, no. 1 (2012), pp. 79 – 93.

⑤ Roosma, F., Gelissen, J., Van Oorschot, W., "The Multidimensionality of Welfare State Attitudes: A European Cross-national Study", *Social Indicators Research*, vol. 113, no. 1 (2013), pp. 235 – 255.

⑥ Rothstein, B., *Just Institutions Matter: The Moral and Political Logic of the Universal Welfare State* (Cambridge: Cambridge University Press, 1998).

更多维的测量福利态度的解释框架。对此，罗思坦关于福利国家合法性的研究提供了很好的启示，为福利态度维度的框架构建提供了一个可行的逻辑，即从政策目标出发，通过政策执行得到最后的政策结果。类似地，如马歇尔所说，现代福利国家意识形态的合法性产生于公民权利向社会权利的延伸，即享有可接受的经济福利和社会保障的权利。[1] 因此，社会权利理论强调福利资格赋予，以便个人能得到相应的福利结果。基于社会福利供给的视角可知，个人需遵循"福利资格准入—福利制度安排—福利制度结果"的福利获得路径，即在福利资格准入的基础上，接受相应的福利制度安排，进而获得一定的福利结果。[2]

据此，在已有文献的基础上，结合贫困认知和贫困治理的议题，以及前文对反贫困政策评价的分解，即政府反贫困责任、反贫困救助水平和反贫困治理效果，可以从福利建设合法性的视角出发，对反贫困政策的态度进行理论框架构建，并且可以划分三个相应的部分：福利责任、福利绩效和福利结果，对应前文中反贫困政策评价的三个重要维度。[3]

首先，福利责任是指政府对社会福利项目的责任，与福利政策的目标和实质相呼应，这也是罗思坦所呼吁的"实质正义"（substantive justice），即政府应该做什么。福利责任的对象可以包括公共部门、市场组织、家庭、志愿组织和公民社会的其他机构。然而，关于政府福利责任的范围界定，可以考虑将以维护社会稳定为目的的剩余责任以及补充不足作为责任框定的标准。在中国，民主集中制确保了自上而下的平滑的纵向责任分配，即从中央政府到地方政府的责任分配。[4] 具体到贫困治理政策中，上级政府是反贫困政策实施过程的主要决策者，当上级政府的政策目标和政

---

[1] Marshall, T. H., *Citizenship and Social Class and other Essays* (Cambridge: Cambridge University Press, 1950).

[2] 参见岳经纶、程璆《新中国成立以来社会福利制度的演变与发展——基于社会权利视角的分析》，《北京行政学院学报》2020年第1期。

[3] Cheng, Q., Ngok, K., "Welfare Attitudes towards Anti-poverty Policies in China: Economical Individualism, Social Collectivism and Institutional Differences", *Social Indicators Research*, vol. 150, no. 13 (2020), pp. 679-694.

[4] Liu, W., Li, W., "Divergence and Convergence in the Diffusion of Performance Management in China", *Public Performance & Management Review*, vol. 39, no. 3 (2016), pp. 630-654.

策内容比较明确清晰时，地方政府会为了表达对政策的忠诚度（或随大流），调整自己的政策工具，并优化相应的政策内容。此外，由于扶贫工作在基层具有"一票否决"的重要地位，那些没有优先考虑扶贫开发或力度不够的基层政府，以及未能达到年度扶贫开发目标的地方政府，将会面临被上级政府否定的风险。[1]

其次，福利绩效是指在再分配过程中公民对福利项目的资金充足性和服务质量的态度，这也是罗思坦所呼吁的"负担的公平分配"（just distribution of burden），即政府做得如何。在政策执行过程中，公众可能在整体上支持福利政策的总体目标，但对具体的福利政策表现出不同的态度。由于社会福利的可用资源和预算是有限的，公众对具体福利项目的态度和评价势必然会影响政府对相应福利项目的现金提供和实物支持。例如，中国贫困治理的目的是为极端贫困人口提供维持基本生计的生活来源，并着力减少收入差距和生活不平等。[2] 精准扶贫时期的运动式扶贫治理将大量的人力、物力投入到绝对贫困的消除中，这不仅使得极端贫困人群直接受益于增加的社会政策支出，也强化了社会公众对反贫困政策的重视程度和社会评价。

最后，福利结果是指对某些福利项目的结果的态度及评价，这呼应了罗思坦的"程序正义"（procedural justice），即政府能做什么。公众对福利滥用的忍耐是福利国家的一个重要临界点，也是福利项目实施的关键所在，因此，福利项目的执行应该是有效率的，这涉及程序正义。以贫困治理为例，反贫困政策可能被指责滥用福利资源，即穷人没有被完全瞄准或存在目标偏离，即存在"排斥性偏误"或"包含性偏误"。[3] 这种社会救助资源发生"挤出"和"遗漏"的现象即为瞄准偏差，并进一步划分为"排斥性偏差"和"内含性偏差"两种类型。相应地，公众对于扶贫资源

---

[1] Yang, K., Peng, H., Chen, J., "Chinese Seniors' Attitudes towards Government Responsibility for Social Welfare: Self-interest, Collectivism Orientation and Regional Disparities", *International Journal of Social Welfare*, vol. 28, no. 2 (2019), pp. 208-216.

[2] Qin, G., Sui, Y., Shi, L., "Welfare, Targeting, and Anti-poverty Effectiveness: The Case of Urban China", *The Quarterly Review of Economics & Finance*, vol. 56, no. 5 (2015), pp. 30-42.

[3] Walker, R., *The Shame of Poverty* (Oxford: Oxford University Press, 2014).

发生的两种瞄准偏差结果所做出的主观评价,可以分为排斥性偏差感知和内含性偏差感知。

第三节 解析贫困认知:公众贫困认知的三重张力

对于贫困认知的解释机制可以从福利态度(反贫困政策)与主观贫困归因两个方面着手展开。

一方面,国内外对福利态度影响因素的研究通常总结为福利体制、社会价值和个体自利三个方面,虽然较好地回应了国际视野下的福利态度研究,但由于当前较多的研究置身于福利国家的比较情境,因而缺乏更细致、更微观的总结。本书对以反贫困政策态度为例展开的分析,对福利态度研究在解释机制方面进行了一定的拓展和理论贡献。

另一方面,主观贫困归因的研究也有类似的归纳,主观贫困倾向于将与个人特质相关的因素指向个人主义,并将贫困的责任主要归咎于穷人自身,如缺乏节俭、缺乏努力/懒惰[①]、性生活不检点、道德约束不够、吸毒、酗酒等。同时,年龄、性别、族群、宗教信仰、受教育程度收入状况等也都被认为是影响主观贫困的主要因素。此外,社会结构因素是比较有代表性的维度,其基本思路是将导致贫困的主要成因指向外部社会和经济力量,如缺乏教育、工资过低、偏见和歧视、工作机会少、工会力量弱等。基于宿命论的社会责任和社会命运解释,则被认为与市场经济的运行、通货膨胀或者紧缩、自动化技术的发展等制度性因素紧密关联。

基于主观贫困和福利态度的代表性解释因素,前文结合已有文献构建了贫困认知的三条解释路径:个体特征因素、社会价值因素和制度情境因素,继而从地区差异的角度分析了公众贫困认知的省际差异。在此基础

---

① Furnham, A. F., "Why are the Poor Always with Us? Explanations for Poverty in Britain", *British Journal of Social Psychology*, vol. 21, no. 4 (1982), pp. 311-322.

上,根据贫困认知的分析框架和实证数据的分析结果,进一步归纳出反贫困政策评价的三重张力:个人主义、集体主义与制度差异,以此全面地解析公众的贫困认知差异。

具体来说,公众对社会政策进行评价时会受到个人既有价值观念的影响,并可以显著地区分为个人主义价值观和集体主义价值观两个层面,这两重张力显著地体现在福利态度解释机制的个体自利因素和社会价值因素两个方面。与此同时,根据制度情境因素和地域差异的实证结果,制度差异也可以被视为解释公众贫困认知的主要因素之一。

一、个人主义

基于对公民权利的研究,学者们最早总结福利态度解释的两种不同范式,即自由主义和共和主义。公众对福利国家和福利项目的具体评价由此嵌入在两种截然不同的社会福利观中,即经济个人主义和社会集体主义取向。[1] 个人主义强调自力更生,集体主义强调责任的最低生活标准,两者构成了公民权利和公众福利态度的密切联系。[2] 因此,经济的个人主义和社会集体主义可以被视为解释福利态度的两种主导的且互相补充的价值取向。[3]

经济个人主义与职业道德密切相关,它起源于古典自由主义,认为个人理应通过自己的劳动,以自身的辛勤工作和勤俭节约来负担个人福利。因此,贫穷被视为个人缺乏劳动的结果,不仅包括身体上的缺陷,也包括文化上的污名与歧视。由于贫困事实与个人失败相关联,导致人们认为信守诺言等职业准则是个人是否能取得成功的决定因素。因而,经济个人主

---

[1] Tam, T. S. K., Yeung, S., "Community Perception of Social Welfare and its Relations to Familism, Political Alienation, and Individual Rights: The Case of Hong Kong", *International Social Work*, vol. 37, no. 1 (1994), pp. 47-60.

[2] Hasenfeld, Y., Rafferty J. A., "The Determinants of Public Attitudes toward the Welfare State", *Social Forces*, vol. 67, no. 4 (1989), pp. 1027-1048.

[3] Randau, H. R., Medinskaya, O. "From Collectivism to Individualism", in Randau, H. R., Medinskaya, O., *China Business* 2.0: *Management for Professionals* (Switzerland: Springer Cham, 2015), pp. 209-212.

义将贫困视为一种个人结果,政府的作用仅限于对无劳动能力的人进行接济。此外,有研究发现,那些秉承经济个人主义的人不太赞同借由社会权利之说对富人进行变相剥削,但会对改善穷人处境的反贫困项目和福利项目予以支持。[1]

二、集体主义

社会集体主义也称社会平等观念,其聚焦公民的社会权利,致力于减轻社会和经济不平等。[2] 政府对社会的干预以及减少不平等的作为,包括确保普遍的最低生活标准和为所有公民提供平等的机会,其在道义上被认为是合理的。Doctor 研究发现,公众对社会不平等的态度越强烈,赞同社会权利理念的人就越多,对福利项目的支持率也越高。[3] Arikan 和 Ben-Nun Bloom 的研究发现,关于福利的公众舆论的研究已经认识到环境在个人对福利的态度中所起的作用,但关于社会价值观和个人信仰对社会福利态度的影响却没有得到实证验证。他们认为,社会价值特别是平等主义和嵌入性,影响个人对社会福利政策的支持;并进一步使用来自欧洲社会调查(ESS)和国际社会调查项目(ISSP)的数据,来验证社会价值观决定个人意识形态取向以及对政府责任态度产生影响的假设,证明了社会环境和共同价值观在影响人们对福利的态度方面的重要性。[4]

集体主义价值观念对公众贫困认知的影响不容忽视,但在具体的操作中难以得到较好的测量。因为文化是一个相对模棱两可的、令人难以界定的概念集合,为此,可以将其定义为共同的价值、规则与态度的集合。"人类学之父"泰勒认为,文化是人类后天学习得来的各种习惯和能力的

---

[1] Sihvo, T., Uusitalo, H., "Attitudes towards the Welfare State Have Several Dimensions: Evidence from Finland", *International Journal of Social Welfare*, vol. 4, no. 4 (1995), pp. 215–223.

[2] McClosky, H., Zaller, J., *The American Ethos: Public Attitudes toward Capitalism and Democracy* (Cambridge: Harvard University Press, 1984).

[3] Doctor, M., *Inequality, Social Policy and State Welfare Regimes in Developing Countries: The Case of Brazil. The Withering of the Welfare State* (London: Palgrave Macmillan, 2012).

[4] Arikan, G., Ben-Nun Bloom, P., "Social Values and Cross-national Differences in Attitudes towards Welfare", *Political Studies*, vol. 63, no. 2 (2015), pp. 431–448.

复合体，涵盖知识、信仰、艺术、道德、法律、风俗等方面，是人类为了使自己能够适应环境的变化和改善自身生活方式而努力的结果。① 价值观念在程度上有强弱之分，但在范围指向上没有严格的限定，这也为反贫困政策的文化分析留下了空间。② 如 Halman 和 Van Oorschot 利用荷兰的全国性调研数据探讨了贫困的解释因素，分析结果显示，公众认为贫困产生的最主要原因是社会不公平，超过30%的受访者认为消除贫困是社会的共同责任。③

此外，公众认知的社会融合作用也回应了集体主义价值观的理论内涵。从社会排斥和社会剥夺的视角来看，对公众贫困认知的分析有利于促进社会贫困群体的社会融合。公众对个体贫困和群体贫困的现状认知，不仅有助于从整体上把握社会公众对个人自身生活处境的判断，也有利于从全局上对社会经济发展（特别是社会弱势群体的生存状态）形成相对清晰的认识，营造集体主义的价值观念。据此，公众对个体及社会贫困现状的总体认识，有助于有针对性地识别和帮助贫困群体，在推进社会融合时更加精准。

三、制度差异

在贫困认知的解释机制中，制度情境因素和地区差异因素也被纳入考量，实证结果发现，公众对社会保障制度与市场经济发展的评价也会影响自身对贫困的态度和认知，此外，省际差异的结果也说明了区域经济发展程度也会形成一定的作用。基于此，制度差异被认为是解释反贫困政策的第三重张力。

在关于制度和制度差异的经典文献之中，制度差异包括移民认同、城

---

① 参见爱德华·泰勒《原始文化：神话、哲学、宗教、语言、艺术和习俗发展之研究》，连树声译，广西师范大学出版社，2005，第3页。

② Baldock, J., "Culture: The Missing Variable in Understanding Social Policy?", *Social Policy & Administration*, vol. 33, no. 4 (1999), pp. 458 – 473.

③ Halman, L., Van Oorschot, W., "Popular Perceptions of Poverty in Dutch Society" (WORC Paper from Tilburg University, Work and Organization Research Centre, no 99.11.01, 1999).

乡差距等。① 特别是中国等发展中国家，与公民社会较为成熟的发达国家相比，中国建立了较为严格的户籍制度（即户口），这加剧了城乡之间的不平等②，并间接影响到公众对社会福利制度的评价。例如，城市居民相比农村居民在教育、医疗、住房和就业方面享有更优质的社会福利，而这些都是农村居民相对匮乏和稀缺的。③ 部分研究发现，对农村居民的歧视在一定程度上限制了他们对医疗保健和社会服务的有效获得。④ 此外，区域发展差异导致了成千上万的农民工从欠发达的农村到大城市、从中国的西部地区到东部务工，因而来自欠发达地区的公众可能会更积极地支持与农民工相关的福利项目。

基于此，制度差异可以被视为影响中国福利态度的一个重要驱动因素。⑤ 特别是21世纪以来，随着地区经济发展程度和地域福利标准的差异逐渐明显，"地域福利正义"出现显著的抬升趋势，⑥ 这不仅加剧了地区的不平等现象，也不利于社会福利和城乡基本公共服务一体化的进程。

---

① Brown, R. E., Brown, R. K., Phoenix, D., et al., "Race, Religion, and Anti-poverty Policy Attitudes", *Journal for the Scientific Study of Religion*, vol. 55, no. 2 (2016), pp. 308 – 323.
② Zhu, Y., Österle, A., "Rural-urban disparities in Unmet Long-term Care Needs in China: The Role of the Hukou Status", *Social Science and Medicine*, vol. 191 (2017), pp. 30 – 37.
③ Wu, X., Treiman, D. J., "The Household Registration System and Social Stratification in China: 1955—1996", *Demography*, vol. 41, no. 2 (2004), pp. 363 – 384.
④ Liu, H., Rizzo, J. A., Fang, H., "Urban-rural Disparities in Child Nutrition-related Health Outcomes in China: The Role of Hukou Policy", *BMC Public Health*, vol. 15, no. 1 (2015), pp. 1 – 11.
⑤ Liang, Y., Wang, P., "Influence of Prudential Value on the Subjective Well-being of Chinese Urban-rural Residents", *Social Indicators Research*, vol. 118, no. 3 (2014), pp. 1249 – 1267.
⑥ Mok, K. H., Wu, X. F., "Dual Decentralization in China's Transitional Economy: Welfare Regionalism and Policy Implications for Central-local Relationship", *Policy and Society*, vol. 32, no. 1 (2013), pp. 61 – 75.

第四节 重塑贫困认知：构建贫困治理共同体

基于对我国公众贫困状况和反贫困政策认知的分析可知，通过科学设置救助标准、合理平衡瞄准精度等方式优化最低生活保障制度的执行，能在一定程度上改变公众的贫困认知。但若要重塑公众的贫困认知，则不能囿于上述做法，而要从更高的层面出发，做到以发展型社会政策范式为导向，以巩固经济底线为前提，以重视文化价值重塑为内容，以构建贫困治理共同体格局为目标。

2000年以降，我国的贫困治理愈发强调社会政策的重要性。与此同时，社会政策也从抽象的、理论化的"象征性认知"，逐步过渡为具体的、可操作的"嵌入性认知"。由于经济建设在我国仍占据主导地位，因此，我国社会政策的变迁除了要注重内生性因素，还要注重借力于非社会性议题特别是经济议题，来赋予社会政策更充分的合法性，以实现"基于再分配的增长"（growth through redistribution），从而验证发展中国家有关社会福利讨论的核心议题是经济发展与福利增进的相互关系这一说法。[①]

同时，根据我国公众的贫困认知现状可知，我国的贫困治理工作依然任重道远。虽然绝对贫困得到历史性解决，但相对贫困问题仍将持续存在，而且可预见的是，未来的贫困形态将主要表现为多维贫困、相对贫困。结合他国经验可知，社会政策将在消除相对贫困中扮演极其重要的角色，其发展更迭将备受瞩目，与此同时，新的社会政策范式也将诞生。

此外，随着经济、社会、文化等结构日渐受到市场化、城镇化、信息化等浪潮的冲击，以及政府、市场和社会等多元主体互动的日益加强，贫困逐渐发展为一个多维化、复杂化的问题。对此，国家必须提升自身的贫困治理能力，特别要注重重塑包括经济、文化、技术等在内的多重交织关

---

① 参见霍萱、高琴、杨穗《从经济政策范式到社会政策范式：中国农村反贫困历程变迁与动力》，《中国农业大学学报（社会科学版）》2019年第6期。

系，关注贫困群体的学习、工作、生活等方方面面，实现对话的多元与平等，构建贫困治理共同体[①]，进而摆脱单纯依靠技术、权力等外在干预手段的局面，推动人的自由全面发展。

一、以发展型社会政策范式为导向

"发展型社会政策"关注个人（特别是社会弱势群体）、家庭、社区、民间组织和政府机构的能力建设，进而平衡经济与社会。社会政策研究中的经典之一是"剩余型"和"制度型"福利国家的争论，为超脱于该二元争论，梅杰利（James Midgley）提出发展主义的新思路，把家庭、社区、民间组织甚至市场力量（即营利性组织）、国家的努力，纳入一个协同推进社会福利的新制度框架之中，从而协调社会政策与经济发展。[②]

社会政策的转向还受到新背景下国际理念的影响，特别是与在减贫领域加强国际交流和在全球范围内倡导消灭绝对贫困的目标有关，社会政策被置于全球消灭贫困议程和帮助穷人共享繁荣的重要地位也影响了中国的反贫困实践。[③] 例如，早在2013年，世界银行就提出要在2030年终结极度贫困，促进共享繁荣；当前，终结极度贫困的目标已在世界银行的众多目标中跃居首位。最为重要的是，2015年，联合国《2030年可持续发展议程》报告中提出的17项发展目标，其中的首要目标是消除全球贫困，该目标1的第三款中提出"执行适合本国国情的全民社会保障制度和措施，包括最低标准，到2030年在较大程度上覆盖穷人和弱势群体"[④]。相应地，我国订立了具体的实施方案，公布了对应的进度报告，同时提出要在2020年消除基于当年标准的贫困，在两年后初步建立城乡融合发展的

[①] 参见费雪莱《2020年后乡村反贫困治理转型探析》，《青海社会科学》2019年第6期。
[②] Midgley, J., *Social Development: The Developmental Perspective in Social Welfare* (London: Thousand Oaks, 1995).
[③] 参见霍萱、高琴、杨穗《从经济政策范式到社会政策范式：中国农村反贫困历程变迁与动力》，《中国农业大学学报（社会科学版）》2019年第6期。
[④] 中华人民共和国外交部：《变革我们的世界：2030年可持续发展议程》，中华人民共和国外交部网，2016年1月13日，见 https://www.fmprc.gov.cn/web/ziliao_674904/zt_674979/dnzt_674981/qtzt/2030kcxfzyc_686343/t1331382.shtml.

体制机制，该体制机制下的社会政策体系涵盖医疗卫生、社会保险、社会救助等方面。

新时期，国家对人民福祉和贫困人口共享发展权利的强调，为社会政策的大发展提供了重要机遇。在产业结构和要素结构调整加快的背景下，在保持社会政策对缺乏劳动能力的剩余贫困人口生活保障的基础上，应实现从社会保障向社会投资和发展型社会政策的模型转化。以投资于人力资本和促进更高质量的劳动力市场参与为核心目标，需要超越保障人们的基本收入水平、让人们远离贫困线等社会保障的范畴，也应超越仅从风险和危机的角度而谈的社会保护。具体来看，一方面，应直接以提高贫困者人力资本作为设计反贫困整体性改革的取向，更多地对培训、教育和公共卫生等领域进行社会投资，目前，反贫困领域中对教育和职业培训的日益强调已体现了这一发展趋势；另一方面，已有研究表明，仅通过对教育和培训的投资，而不注重早已存在的对教育和培训机会的利用能力的差异，并不能取得良好的反贫困效果。[1] 由此，应实施积极的家庭政策和社会服务，集中经济资源和社会资源用于对家庭和儿童的投资，尤其是早期投资，这在目前的社会政策中依然缺位。通过社会政策模式的调整，方可在激发贫困人口内生动力的基础上，实现社会政策和经济发展的良性互动，从而赋予前者更高的合法性基础和持续发展动力。[2]

贫困治理转型调整不是要否认经济领域对人类生活的重要性，而是要在主客二分认识论的前提下，以及在工具理性的主导下重新认识物质财富与精神文化、技术进步与生活世界之间的关系。[3] 从反贫困的历史演进而言，人类的反贫困进程是一个不断摆脱自然束缚的过程，科学技术的更新与进步促使人类不断地向自然界攫取资源，社会生产力的显著提高带来了大量财富的积累。紧接着，反贫困的形式逐渐跳脱出人与自然的关系，并体现为人与人、人与社会之间的复杂关系，以及自然主义在人类社会的应

---

[1] 参见潘屹《社会福利制度的效益与可持续——欧盟社会投资政策的解读与借鉴》，《社会科学》2013 年第 12 期。

[2] 参见霍萱、高琴、杨穗《从经济政策范式到社会政策范式：中国农村反贫困历程变迁与动力》，《中国农业大学学报（社会科学版）》2019 年第 6 期。

[3] 参见费雪莱《2020 年后乡村反贫困治理转型探析》，《青海社会科学》2019 年第 6 期。

用，即一部分人在"手段—目的"工具理性的指导下，通过"权力—知识"结构来影响和干涉另一部分人的生活，促使其同样地追求物质利益最大化，而不顾文化价值的没落。

当前，经济领域已然成为现代社会中人类生活结构中最为重要的领域。尽管对现代贫困的反思揭示了资本逻辑的种种弊端，但也需要承认现代社会本质上是经济型社会。因此，我国贫困治理不仅要克服西方话语语境的影响，还要发挥好社会主义市场经济制度的优势。经济扶贫应该植根于公众之所需，以实现其美好生活为目的。一方面，坚持以兜底政策确保贫困脆弱性人群不会再次陷入绝对贫困，以更合理的制度设计确保资源分配，体现公平公正，竭力缩小区域贫富差距；另一方面，确保全民共享，倡导反贫困战略向社会、文化方向延伸，完善贫困治理体系。

二、以促进社会融合为价值取向

将社会治理引入贫困治理以解决和应对当前扶贫脱贫面临的困境和挑战，以促进社会融合为价值取向，成为贫困治理的重要方式。此外，还要通过多个社会主体共同参与、合作和分享，使扶贫开发项目真正达到扶贫目标。[1] 因此，扶贫项目必须积极引入社会治理的理念、手段和机制，以奠定社会基础，促进扶贫与开发的有机结合，实现脱贫致富。[2] 据此，贫困群体才能在脱贫减贫的进程中，真正获得彻底摆脱贫困的机会和资源，积极参与到当地的社会经济和文化生活之中，享有当地的社会福利，逐渐缩减与当地居民的收入差距，最终实现个人的美好生活需要。

我国在现代化发展进程中，深受西方工具理性的影响，因而强调利益和效率优先。由于在实践中遵循城市优先的经济发展思路，以工业化、城市化为先，不但造成了城乡区域间经济不平等，也极大地冲击了农村居民的生活方式和思想观念，并影响到农村贫困治理。虽然国家不断出台农业

---

[1] 参见王露璐《中国乡村伦理研究论纲》，《湖南师范大学社会科学学报》2017 年第 3 期。
[2] 参见王春光《社会治理视角下的农村开发扶贫问题研究》，《中共福建省委党校学报》2015 年第 3 期。

反哺政策，致力于农民民生的改善，但是，由于经济发展的路径依赖，一方面，"工业经济是一种优于农业经济的经济发展方式，城市生活是一种优于农村生活的'好生活'"这样的价值观念已经根深蒂固，① 从而增强了农村居民对工业文明和城市生活的向往与认同，并加剧了因乡村传统价值观失落所形成的文化贫困；另一方面，在传统乡土社会伦理规范对个人约束失效的背景下，个别贫困地区出现了经济逐利思想与传统保守思想相互交织的复杂贫困现象。

由此而言，贫困治理要防止经济理性的冲击及其对传统文化的负面影响，不能仅依靠工具理性主义，以"手段—目的"的工具理性思维介入居民的日常生活，这样做不但无法满足人民的基本生活需求，反而会影响现行反贫困的治理效果。据此，在未来相对贫困治理的进程中，首先，要避免经济理性思维对贫困群体日常生活的冲击，不能仅仅以金钱、权力结构为中介的体系来治理贫困群体。其次，针对文化贫困，应当重塑文化价值的深刻意涵，通过对传统伦理价值进行扬弃，挖掘仍然具有社会认同感的伦理价值，如谦虚礼让、尊老爱幼等。最后，面对文化贫困现象，应当秉承"治贫先治愚，扶贫先扶智"的理念，② 充分发挥德治的作用，培育贫困群体的价值观认知和认同，加强文化价值宣传和对贫困群体的文化关怀。

三、以构建贫困治理共同体格局为目标

共同体既可以指向一个具体的生活或主体性的场所，也可以是从个体到群体的抽象理念性的表达，借用该概念来描述贫困地区及贫困问题有一定的合理性，并可以延伸出两种理解。从空间上而言，反贫困共同体在贫困地区形成了整体性的治理场域；就贫困困境本身来说，反贫困共同体克服了传统伦理关系的狭隘性，由于贫困治理长期停留在血缘、亲缘、地缘

---

① 参见王露璐《中国乡村伦理研究论纲》，《湖南师范大学社会科学学报》2017年第3期。
② 参见中共中央党史和文献研究院《十八大以来重要文献选编》（下），中央文献出版社，2018，第50页。

基础上的"熟人社会",有悖于现代治理理念下的贫困治理工作需求,因而,反贫困共同体一方也符合现代化快速发展的现实情境。① 当前,高科技与新媒体在落后偏远地区的广泛应用,为贫困人群的相互对话提供了可能与支持,也进一步揭示了人类生存的共同利益和共同困境,拉近了人与人之间的距离,同时也对贫困治理效果提出了更高的要求。

反贫困共同体超越了二元认识论视角,揭示人与自然、人与社会、"我"与"他者"之间共在的可能性,反映贫困治理过程的公共性、开放性和多元性。就目标而言,在共同体中"我"本身包含在共同体概念中,"我"如果离开这个共同体将无所依靠,将无从奢谈"全面自由的发展",也无法实现共建共享,因此,反贫困共同体与人的全面自由发展具有内在一致性。②

构建反贫困共同体从实践上具有多重意涵。首先,贫困治理共同体的目标是帮助贫困群体获得和提升"可行能力"。正如阿马蒂亚·森所提出的"可行能力",突出反贫困从个人拥有的"基本物品"向"个人特征"与"个人状态"延伸,"集中注意人们去做他们有理由珍视的事情的可行能力,以及去享受他们有理由珍视的生活的自由"。③ 其次,贫困治理共同体能够倡导多元对话,让更多人了解贫困群体的日常生活,而不是仅仅局限于贫困群体本身。在克服主客二分的前提下,实现跨文化交流,面对现代贫困新发展、新变化、新问题,倡导对话协商、休戚与共、合作共享。最后,贫困治理共同体旨在建立健全贫困治理和社会制度保障体系。社会力量的多元参与,让政府、市场、社会、家庭及贫困个体发挥好应有功能,在相互配合、相互促进的同时,通过法律和道德约束来明确其责、权、利的边界,保证贫困治理共同体的良性发展。

---

① 参见费雪莱《2020 年后乡村反贫困治理转型探析》,《青海社会科学》2019 年第 6 期。
② 参见费雪莱《2020 年后乡村反贫困治理转型探析》,《青海社会科学》2019 年第 6 期。
③ 参见阿马蒂亚·森《以自由看待发展》,任赜、于真译,中国人民大学出版社,2002,第 71 页。

第十章 走向未来：贫困认知对中国贫困治理的启示

"消除贫困、改善民生，逐步实现共同富裕，是社会主义的本质要求。"① 2021年2月25日，中共中央总书记、国家主席、中央军委主席习近平在北京举行的全国脱贫攻坚总结表彰大会上宣布，中国脱贫攻坚战取得了全面胜利，完成了消除绝对贫困的艰巨任务，创造了又一个彪炳史册的人间奇迹。②"这标志着中国共产党领导中国人民经历了百年的不懈奋斗，在中华民族历史上第一次全面消除绝对贫困现象，中国减贫继续领跑全球减贫治理，实现了发展中国家战胜绝对贫困的创举。脱贫攻坚战取得伟大胜利，但并不意味着一劳永逸地解决了贫困问题。"③"相对贫困"问题，在新时代中国特色社会主义现代化强国建设的过程中将持续存在，未来中国减贫事业仍面临着诸多新的任务和挑战。

国际减贫领域围绕着相对贫困的内涵、成因及其治理研究形成了丰富的理论成果，为中国构建2020后解决相对贫困长效机制提供了有益的借鉴。但我们无法简单套用"西方经验"，中国特色社会主义现代化强国建设，没有成型的经验和模式可以参照，中国的相对贫困问题也不能简单与欧美国家，或东亚日韩等近邻的相对贫困现象等量齐观。对转型中国相对贫困问题"自性"的准确把握，构成了理解2020后建立解决相对贫困长

---

① 《脱贫攻坚战冲锋号已经吹响 全党全国咬定目标苦干实干——李克强讲话 张德江俞正声刘云山王岐山张高丽出席》，《人民日报》2015年11月29日，第1版。
② 参见习近平《在全国脱贫攻坚总结表彰大会上的讲话》，《人民日报》2021年2月26日，第2版。
③ 吕方：《迈向2020后减贫治理：建立解决相对贫困问题长效机制》，《新视野》2020年第2期。

第十章 走向未来：贫困认知对中国贫困治理的启示

效机制时代命题的逻辑起点。

一、站在十字路口：主观贫困研究对当前中国贫困治理的启示

在我国全面建成小康社会的关键时期，举国上下对精准扶贫和精准脱贫给予了高度关注，如何在 2020 年全面建成小康社会后不断巩固脱贫成效，不仅要关注贫困标准由单一性走向多维性的动态发展过程，还应关注并探究农村家庭特别是贫困家庭内部资源和收入分配差异存在的状况，以突破目前家庭人均的概念被毫不质疑地应用于各类贫困标准的现状。在我国全面建成小康社会后，如何进一步巩固脱贫成效应更多地倾听和吸纳被政策影响者的声音，[1] 因为回应并尽力满足社会群体尤其是贫困群体的合理利益诉求本身就是公共政策的出发点之一。

"贫困内涵的不断扩展直接引起了分析框架的不断更新"[2]，而学界对贫困内涵认知的重塑及分析框架的更新又会影响到相应的反贫困公共政策的制定，从而影响到千千万万社会个体的福利。[3] 毫无疑问，在过去的 30 年里中国的反贫困事业在消除饥饿为核心的绝对贫困领域取得了巨大的成就，[4] 这主要得益于中国持续性的经济增长及比较成功的反贫困政策。

然而，在贫困类型逐渐由内生型贫困转变为发展型贫困的背景下，中国的反贫困事业面临着重重挑战。随着 2020 年脱贫攻坚工作的收官，中国的反贫困事业已然开始进入新的时期，如何建立解决相对贫困的长效机制，贫困治理或广义的社会发展政策亟须开启新的篇章。

首先，无论是主观贫困研究，还是反贫困政策的福利态度研究，都涉

---

[1] 参见丁赛、李克强《农村家庭特征对收入贫困标准的影响——基于主观贫困的研究视角》，《中央民族大学学报（哲学社会科学版）》，2019 年第 1 期。
[2] 参见唐丽霞、李小云、左停《社会排斥、脆弱性和可持续生计：贫困的三种分析框架及比较》，《贵州社会科学》2010 年第 12 期。
[3] 参见左停、杨雨鑫《重塑贫困认知：主观贫困研究框架及其对当前中国反贫困的启示》，《贵州社会科学》2013 年第 9 期。
[4] 参见汪三贵、胡骏《从生存到发展：新中国七十年反贫困的实践》，《农业经济问题》2020 年第 2 期。

及公众对贫困的态度和感知，加深对该维度的研究可以彰显反贫困政策"赋权"理念蕴含的人文关怀。[①] 贫困是涉及经济、社会、政治和心理的复杂现象。加深对主观贫困的研究，意味着对传统贫困研究的转型、延伸拓展。2020年之前的反贫困政策具有"供给型"特点，而贫困感知可以挖掘居民需求，使反贫困政策设计的主体更加多元、反贫困政策更加科学，从而实现贫困政策"供给型"与"需求型"的有机结合。20世纪七八十年代以来，反贫困政策设计就强调公民参与在公共事务中发挥着重要作用，对公众贫困感知的研究，更强调了反贫困政策设计的民主性，贫困感知反映了居民的心理态势和价值理念。态度是行为的前提，行为是态度的反映。对态度和感知的调查与分析，从而发现居民贫困态度的一致性与差异性，既可以使反贫困政策集中解决公众感知世界一致性的贫困问题，又可以设计差异化的反贫困政策以满足居民的异质性需求，从而增加居民的满足感、获得感、参与感和幸福感。

其次，国内外对主观贫困研究的分析方法及结果表明，用客观和量化的方式测量主观、定性的贫困，避免了对主观贫困随意性及不科学的疑虑。公众参与使得科学计算的主观贫困线具备一定程度的民众授权，从而形成了其正当性的基础。这对于我国的反贫困政策的价值启示在于，社会个体的主观表达并不必然影响整体结果的科学性，规范合理的程序可以确保结果的可靠性。以往人们可能认为个体的态度捉摸不定且随意性较强，但是，随着计算机科学及统计分析技术的发展，社会个体看似相差迥异的观点与看法经过模型构建、数据测算等科学方法计算后，能在一定程度上加总，推导出社会总体的态度，这样能在很大程度上兼顾反贫困政策的科学性及合理性。当前，在贫困政策的设计中要融入主观贫困和多维贫困的理念，就要突破当下主要关注的单一的经济指标的局限，突出由一系列因素组合形成的综合指标；要突破当下贫困研究主要关注客观贫困的局限，强调并突出贫困的相对性和主观性；突破多关注生存型和温饱型贫困的局限，同时关照发展型贫困，从而彰显小康社会的"人本性"，满足人的多

---

① 参见左停、杨雨鑫《重塑贫困认知：主观贫困研究框架及其对当前中国反贫困的启示》，《贵州社会科学》2013年第9期。

第十章　走向未来：贫困认知对中国贫困治理的启示

样化需求，让人类福祉和个体得到更全面、更充分的发展。

当前，关于贫困的定义和测度更多集中在以经济指标为主或者与经济指标挂钩而衍生出来的其他指标，经济化的指标更多地凸显了贫困的绝对性，而要想更多地凸显贫困的相对性、多维性和主观性，则需要在反贫困政策中将主观贫困与多维贫困的理念作为政策的核心价值基础。党的十九届五中全会中提出"民生福祉达到新水平，实现更加充分更高质量就业，居民收入增长和经济增长基本同步，分配结构明显改善，基本公共服务均等化水平明显提高，全民受教育程度不断提升，多层次社会保障体系更加健全，卫生健康体系更加完善，脱贫攻坚成果巩固拓展，乡村振兴战略全面推进"[1]，据此在2020年以后的贫困转型治理过程中，要更多地发挥主观贫困与多维贫困在反贫困政策当中的作用，全方位、多层次的探索与满足居民需求，从而增进民生福祉。

最后，反贫困政策的最终目的是增进民生福祉，增加民众的满足感和幸福感。所以，无论是反贫困政策的框架设定，还是反贫困政策成效的检验，都很难离开民众的主观感知。如果进行了大量的反贫困实践，民众依然觉得相对剥夺感、收入差距感、社会公平感等一系列与社会结构相关的不平衡感知没有缩减，那么说明当前的反贫困政策没有满足居民的切身需求，反贫困政策绩效无法得到民众的认同。只有使反贫困政策更加具有回应性、互动性、透明性，才可以促进社会的良性发展。[2] 此外，还应重点关注贫困人群的差异特点，将主观贫困理念融入不同的减贫反贫治理措施中。突破当前多关注农村人口的局限，将人群覆盖到城市群体。由于制度性要素和结构性要素的共同作用，贫困总是与农村相连，故减贫、脱贫政策的重点关切主要在农村人口，但这并不意味着城市没有贫困，相反，城市一些低收入群体的生存状况极其堪忧。随着2020年按现行标准农村人口的全部脱贫，一方面，对于农村人口而言，既要防止已经脱贫者再度返贫，也要尽量减少非贫困人口陷入贫困；另一方面，城市贫困问题必须引

---

[1] 新华社：《中国共产党第十九届中央委员会第五次全体会议公报》，中国新闻网，2020年10月29日，见 http://www.chinanews.com/gn/2020/10-29/9325672.shtml。

[2] 参见左停、杨雨鑫《重塑贫困认知：主观贫困研究框架及其对当前中国反贫困的启示》，《贵州社会科学》2013年第9期。

起政府、社会和学界的更大关注。城市贫困是城镇化发展过程中的必然现象，也是中国市场经济体制改革过程中未能避免的问题。有些城市贫困人口早已存在，属于历史遗留问题，有些则是近一二十年快速城市化的结果，属于新发生的现象。其中，就地城镇化或就近城镇化的农民、内退或早退人群、老年人口等，都是城市贫困的主流人群，应是后小康社会贫困研究和减贫施策的重点关切。

全面建成小康社会的贫困研究应契合小康社会的基本特征来开展，关注贫困的全面性、人本性、均衡性、内源性等。① 在一个较高标准和高级阶段的小康社会，人民的生活更加殷实和富裕，现代化进程基本实现。"全面性""均衡性"均是小康社会的主要特点。反贫困政策不仅要重视物质条件，更要关注贫困的多面向性，在进一步提高民众经济和物质水平的同时，强调健康、社会、环境和精神的协同发展与全面进步，协调贫困各子系统之间的关系。②

二、走向福利中国：反贫困福利态度研究对当前贫困治理的启示

党的十九大以来，社会民生建设的重要性日益凸显，新时代特色社会福利制度体系的建设迎来良好的机遇。传统的社会福利政策已难以满足人民日益增长的对美好生活的需要，新时代的社会福利制度体系应该超越"补缺型"和"制度型"的政策选择，从"需要本位"出发，实现社会福利制度的价值基础从"选择主义"向"普遍主义"转变。③

制度框架设计或顶层设计是一个政府话语，难以体现微观层面的实质内容。在思考社会福利制度的框架设计时，应首先明确不同历史发展阶段的社会福利制度与社会政策的基本含义、价值目标、理论基础、基本原

---

① 参见杨建华《为人民而发展：科学发展观的根本理念》，《浙江学刊》2005年第3期。
② 参见杨菊华《后小康社会的贫困：领域、属性与未来展望》，《中共中央党校（国家行政学院）学报》，2020年第1期。
③ 参见岳经纶、程璆《新中国成立以来社会福利制度的演变与发展——基于社会权利视角的分析》，《北京行政学院学报》2020年第1期。

第十章　走向未来：贫困认知对中国贫困治理的启示

则、服务对象、范围内容、优先领域、服务方法、管理体制和基本特征等问题。①②

在新中国成立以来的70多年间，社会福利制度体系经历了不同发展阶段的深刻变迁。改革开放之前，社会福利制度具有明显的"国家主义"倾向，社会福利活动与政治活动混为一体。改革开放以来，社会政策经历了从"发展主义"范式到21世纪社会政策的转型和变革，"人类需要本位"的要素开始出现，并逐渐成为社会福利制度构建的重要理念。③ 2002年以来，中国政府开始重点关注民生建设，随后出现了一段社会政策快速扩张的时期。在此背景下，学者们开始讨论中国是否正在构建一个现代福利国家。根据对发展理念、制度建设、阶级力量和历史文化等因素的不同解读，关于"中国是否正在走向福利国家"出现了两派不同的看法。乐观派认为，随着社会政策的快速扩展，中国有可能走上一条有本土特色的福利国家道路；悲观派则认为，当下社会政策的扩展未必会构成一套完整的福利体系，进而建设中国"福利国家"。④ 对这场学术争论进行反思，对于中国下一步的福利转型有着重要的启示。综合来说，尽管中华人民共和国成立后的贫困治理和社会福利发展总体上呈现一定的实践理性，但是，多为配套改革或应急管理的思维主导，缺乏长远视野、全局性战略规划。因此，及时、科学地进行后2020扶贫时代的反贫困政策设计，以及更广泛的社会福利制度框架规划，显得必要且紧迫。⑤

首先，优化社会福利服务供给，重视公众福利需求。总体而言，我国当前的福利制度设计具有明显的补缺性特征，弱势群体的福利态度现状成为学者关注的重点。由于弱势群体具有较强的福利心理预期，因此，政府

---

① 参见刘继同《中国现代社会福利发展阶段与制度体系研究》，《社会工作》2017年第5期。
② 参见邓芳宁、吕江帆《构建中国历史哲学的意义链——评赵汀阳〈历史·山水·渔樵〉》，《社会福利（理论版）》2020年第2期。
③ 参见岳经纶、程璆《新中国成立以来社会福利制度的演变与发展——基于社会权利视角的分析》，《北京行政学院学报》2020年第1期。
④ 参见岳经纶、刘璐《中国正在走向福利国家吗——国家意图、政策能力、社会压力三维分析》，《探索与争鸣》2016年第6期。
⑤ 参见程璆《走向福利中国——"中国社会福利制度发展70年"研讨会综述》，《社会福利（理论版）》2020年第2期。

在发展福利项目时应积极向弱势群体普遍关心的项目倾斜,如老年保障、医疗照顾、保护环境等。此外,弱势群体的社会福利态度具有"强诉求性"和"弱保障性"的显著特点,使得社会政策制定过程中政府角色举重若轻,其在完善社会福利制度时往往承载着弱势民众较多的信任,在制度回应性方面责任更强。中国弱势群体社会福利态度的分化诱因主要在于人力资本与社会制度的矛盾,而非福利依赖心理或个体认知能力局限。据此,更为平等的社会福利制度供应环境应该成为政府为之努力的方向,如加快弥合社会制度中的城乡二元差异,确保社会制度能更为公平地运转。[1]

其次,重视福利供给的区域平衡,财政转移支付继续向落后地区适当倾斜。既有研究表明,西部落后省份公众的社会福利诉求会略高于其他地区,这既受到了传统强势政府观念的深刻影响,又与西部经济发展程度和福利项目的供应水平有关。[2] 据此,政府应当对社会福利建设具有更强的回应性能力,通过政策调整积极回应弱势公众的实际福利诉求。值得注意的是,我国社会福利发展水平与结构均与西方国家存在明显差异,这警示政策制定者在发展社会福利制度时不能照搬西方的基本框架,而要结合我国国情来进行调整和优化,重点满足公众的基本公共服务诉求,充分利用良好的福利信赖感来优先构建社会公众最为迫切的社会福利项目。

最后,社会福利态度的形成需要依托本土的社会结构和福利体制。社会福利态度在发展过程中的本土性规律需要受到高度重视,由于个体因素构成了中国大陆社会福利态度的主导性影响因素,[3] 因而,随着教育水平的提升和城镇化的持续开展,社会公众会逐步提升其社会福利项目的期待值,换言之,公众对于政府在民生社会保障项目的政府福利责任会有较多期待。此外,从长远来看,政府在福利项目建设过程中应当逐步减少对公众福利依赖的担忧。当前我国的福利供给水平仍然较低,政府作为社会福利供给的主导者,应逐步优化福利供应中的资源分配、机构管理与服务建设,逐步弱化社会福利供应过程中的恩惠色彩,推动基本服务均等化,积

---

[1] 参见万国威《中国大陆弱势群体社会福利态度研究》,《公共管理学报》2015 年第 1 期。
[2] 参见万国威、金玲《中国弱势民众社会福利态度的双层解构》,《人口学刊》2015 年第 5 期。
[3] 参见万国威《中国大陆弱势群体社会福利态度研究》,《公共管理学报》2015 年第 1 期。

第十章 走向未来：贫困认知对中国贫困治理的启示

极构建需要为本的社会福利制度。

三、建立长效机制：2020后相对贫困治理机制前瞻

2021年2月25日，中共中央总书记、国家主席、中央军委主席习近平在北京举行的全国脱贫攻坚总结表彰大会上宣布，中国脱贫攻坚战取得了全面胜利，完成了消除绝对贫困的艰巨任务。[①] 消除绝对贫困后，扶贫工作的重心将转向相对贫困。虽然国际减贫领域围绕着相对贫困的内涵、成因及治理进行了广泛而深入的研究，[②] 但我国不能简单照搬"西方经验"，必须结合我国的相对贫困的形势与特点，找出现有贫困和贫困线界定方法的不足，制定新的贫困标准，明确新的扶持对象，并制定相应的扶贫政策，以减少贫困的存量、预防未来贫困的增量。[③]

随着中国步入相对贫困治理时代，中国减贫形势将会发生深刻的变动。首先，相对贫困人口规模庞大。由于目前还没有官方的相对贫困标准，学界主要是结合国际惯例和中国实际来进行估算。从农村贫困来看，2011年中国政府确定了2010年不变价格2300元的新贫困标准，当年在这一标准之下农村贫困人口规模约为1.28亿人，经过脱贫攻坚，这部分人群实现了"两不愁三保障"，但整体而言，绝大多数仍属于农村低收入群体。[④] 随着2020年以后贫困标准的提升，这些群体中的绝大部分很可能面临相对贫困的问题。根据国家统计局农村收入五等分分组，如果我们将收入最低的20%农户纳入相对贫困范畴（这部分群体2017年人均可支配收入为3301.9元，仅略高于当年国家贫困标准），则农村相对贫困人口的

[①] 参见习近平《在全国脱贫攻坚总结表彰大会上的讲话》，《人民日报》2021年2月26日，第2版。
[②] 参见吕方《迈向2020后减贫治理：建立解决相对贫困问题长效机制》，《新视野》2020年第2期。
[③] 参见张欣《分化与共生——块数据在贫困治理场域中的数聚效应》，《中国行政管理》2019年第8期。
[④] 参见魏后凯《2020年后中国减贫的新战略》，《中州学刊》2018年第9期。

规模接近 1.15 亿人。①

贫困的多维性是减贫研究的基本共识，与绝对贫困相比，相对贫困的成因更为复杂和多元，特别是在快速的经济社会转型过程中，多重风险对相对贫困群体的生计和福祉产生影响。"绝对贫困"主要聚焦于影响贫困群体维持基本生活的必需品匮乏状况，而进入"相对贫困"治理阶段，则要求我们从更为宽泛的视野来理解困难群体的"需求"，例如，在特定的时空条件下，贫困人口的"社会性需求"、消除"社会排斥"等维度亦应纳入指标体系设计的考虑。此外，由于中国存在较为明显的区域、城乡差异，致贫因素的组合在各地区和城乡之间也存在着很大的不同，在不同群体、不同社区、不同农户的微观层面，致贫因素的组合也具有显著的差异性。

同时，减贫动力将发生深刻变化。改革开放以来的 40 多年间，推动中国贫困发生率快速下降的主要动力包括制度改革所释放的红利，经济高速增长和快速城镇化、工业化的带动，以及由以中央财力为依托、国家投入为主体的区域发展政策、农业农村政策和社会保护政策（含社会政策和减贫政策）等共同构筑的一揽子政策支持体系。② 未来，这些因素对中国相对贫困治理仍将是重要的减贫动力，但其内涵与实质将可能发生深刻的变化。从制度改革来看，农村经营制度新一轮改革以及持续推进的户籍制度改革等重大举措，将为缓解相对贫困提供有利的制度环境；从经济增长来看，随着中国经济进入高质量发展阶段，如何在产业结构转型升级、农业产业化及农业供给侧结构性改革的过程中扩大贫困人口的参与和分享成为相对贫困治理减贫机制建设的重点。此外，城镇化和工业化依然会对带动贫困人口规模下降做出贡献，差别在于城镇化发展的空间格局和产业结构调整及其区域分布的变化，对于各个地区而言，其所产生的减贫动能明显不同。对于中西部地区而言，积极推进中小城市和小城镇发展，带动就近就地就业，将有益于低收入群体持续增收。尤为重要的是，在相对贫困

---

① 吕方：《迈向 2020 后减贫治理：建立解决相对贫困问题长效机制》，《新视野》2020 年第 2 期。

② 参见李小云、于乐荣、唐丽霞《新中国成立后 70 年的反贫困历程及减贫机制》，《中国农村经济》2019 年第 10 期。

第十章　走向未来：贫困认知对中国贫困治理的启示

治理过程中，国家区域政策、农业农村政策、社会保障政策和社会服务体系等普惠和特惠性质的社会保护机制建设，对于缓解相对贫困具有根本性的意义。

由于相对贫困问题本身的特性，以及中国区域之间、城乡工农之间发展的不平衡性，相对贫困在各个地区、各个阶段的表现、成因及其治理路径将会存在着较大的差异。由此，相对贫困治理应建立区域分权的管理体制，鼓励各地根据自身实际制定政策并组织实施。同时，中央统筹对有效推进相对贫困治理发挥着至关重要的作用。理由包括以下三个方面。一是发展的不平衡不充分是中国的基本国情，而促进欠发达地区快速发展，构建适度普惠的社会保障体系，仅仅依靠地方投入是难以实现的，特别是对于目前的深度贫困地区而言，自身财力导致投入有限的问题非常突出。鉴于此，发挥好中国特色社会主义的政治优势和制度优势是解决好上述问题的关键。二是贫困成因具有复杂性、多维性的特点，要有效应对相对贫困，需要提升各项政策和改革举措之间的"协同性"，通过加强中央统筹，形成综合性的政策体系和配套改革，从而为各地有序推进相对贫困治理提供有力的制度支撑。三是中央统筹推进相对贫困治理，有利于有效引导地方政府的注意力和资源配置，确保相对贫困治理取得实绩。回望中国国家减贫治理体系的演进历程，发挥好中央和地方的积极性，始终是推动中国减贫事业不断前行，创造中国减贫奇迹的重要经验之一。脱贫攻坚阶段，中央统筹、省负总责、市县抓落实的管理体制，为赢得脱贫攻坚战提供了有力支撑。可以预见，2020后相对贫困治理长效机制的建设，中央统筹区域分权的管理体制仍具有重大意义。

2020后中国减贫形势的新变化，对国家减贫治理体系现代化和治理能力提升提出了新的时代命题。立足转型中国相对贫困问题的"自性"，探索解决相对贫困长效机制建设，开启了中国减贫事业的一个崭新阶段。而改革开放40多年间，中国国家贫困治理体系建设所取得的成就与经验，则为2020后减贫体系建设提供了现实基础和有益参照。可以预期，中国解决相对贫困问题的探索，必将继续为全球减贫事业贡献智慧和方案，为发展中国家不断解决贫困问题提供经验参考。

参 考 文 献

毕天云. 福利文化引论 [J]. 云南师范大学学报（哲学社会科学版），2005（3）：17-22.

曹艳春. 我国城市"低保"制度的靶向精准度实证研究 [J]. 中央财经大学学报，2016（7）：3-12.

曹云华. 香港的社会保障制度 [J]. 社会学研究，1996（6）：56-65.

陈二厚，董峻，侯雪静. 庄严的承诺 历史的跨越（砥砺奋进的五年）[N]. 人民日报，2017-05-22（1）.

陈刚. 流动人口进入对本地劳动力市场的影响 [J]. 经济学动态，2016（12）：50-60.

陈刚. 移民是否鸠占鹊巢？：来自迁入地公共品供给的经验证据 [J]. 人口与经济，2017（2）：66-76.

陈鼓应. 老子注译与评价 [M]. 北京：中华书局，1984.

陈立中，张建华. 中国城镇主观贫困线测度 [J]. 财经科学，2006（9）：76-81.

陈雪."贫困文化"和"文化贫困"[J]. 中国扶贫，2013（3）：90-91.

陈钊，万广华，陆铭. 行业间不平等：日益重要的城镇收入差距成因：基于回归方程的分解 [J]. 中国社会科学，2010（3）：65-76，221.

陈宗胜，沈扬扬，周云波. 中国农村贫困状况的绝对与相对变动：兼论相对贫困线的设定 [J]. 管理世界，2013（1）：67-75，77，76，187，188.

程璆. 走向福利中国："中国社会福利制度发展70年"研讨会综述

[J]. 社会福利（理论版），2020（2）：57-63.

邓芳宁，吕江帆. 构建中国历史哲学的意义链：评赵汀阳《历史·山水·渔樵》[J]. 社会福利（理论版），2020（2）：53-56.

邓智平. 福利态度还是福利程度：福利国家再认识[J]. 广东社会科学，2015（4）：188-195.

迪安. 社会政策学十讲[M]. 岳经纶，温卓毅，庄文嘉，译. 上海：格致出版社，上海人民出版社，2009.

丁建军. "认知税"：贫困研究的新进展[J]. 中南大学学报（社会科学版），2016，22（3）：152-158，210.

丁赛，李克强. 农村家庭特征对收入贫困标准的影响：基于主观贫困的研究视角[J]. 中央民族大学学报（哲学社会科学版），2019，46（1）：77-85.

丁元竹. 社会体制改革的切入点：公共领域的投资体制[J]. 社会保障研究，2008（1）：12-22.

杜毅. 我国农村低保和扶贫对象识别与瞄准研究综述[J]. 安徽农业科学，2015，43（30）：286-289.

范和生，武政宇. 相对贫困治理长效机制构建研究[J]. 中国特色社会主义研究，2020（1）：63-69.

范小建. 扶贫开发形势和政策[M]. 北京：中国财政经济出版社，2008.

范小建. 开创中国特色扶贫开发事业新局面[N]. 人民日报，2012-12-07（16）.

范昕，庄文嘉，岳经纶. 生，还是不生：全面二孩时代生育配套政策调整的公众态度研究[J]. 学术研究，2019（12）：58-66.

费雪莱. 2020年后乡村反贫困治理转型探析[J]. 青海社会科学，2019（6）：130-136.

顾世春. 激发贫困群众脱贫致富的内生动力研究：从"贫困认知税"的视角[J]. 沈阳干部学刊，2018，20（1）：47-49.

顾昕. 社会政策变革与中国经济发展模式转型[J]. 国家行政学院学报，2013（6）：28-33.

关信平. 我国低保标准的意义及当前低保标准存在的问题分析［J］. 江苏社会科学，2016（3）：64－71.

关信平. 中国城市贫困问题研究［M］. 长沙：湖南人民出版社，1999.

广东省民政厅. 广东省民政厅关于发布2017年全省城乡低保最低标准的通知［EB/OL］.（2017－11－07）［2020－05－01］. http://www.leizhou.gov.cn/xxgk/zdlyxxgkzl/bzxzfxxgk/fgzc/content/post_201812.html.

广东省民政厅. 广东省最低生活保障家庭经济状况核对和生活状况评估认定办法［EB/OL］.（2019－10－25）［2020－05－01］. http://smzt.gd.gov.cn/zwgk/zcfg/xzgfxwjgb/content/post_2654402.html.

郭凤志. 价值、价值观念、价值观概念辨析［J］. 东北师大学报（哲学社会科学版），2003（6）：41－46.

国家统计局《中国城镇居民贫困问题研究》课题组. 中国城镇居民贫困问题研究［J］. 统计研究，1991（6）：12－18.

国务院扶贫办机关党委. 推进扶贫开发　加快小康建设［J］. 紫光阁，2003（8）：28－29.

国务院人口普查办公室、国家统计局人口和就业统计司. 中国2010年人口普查资料［EB/OL］.［2020－05－01］. http://www.stats.gov.cn/tjsj/pcsj/rkpc/6rp/indexch.htm.

韩克庆，郭瑜. "福利依赖"是否存在？：中国城市低保制度的一个实证研究［J］. 社会学研究，2012，27（2）：149－167，244－245.

韩克庆，刘喜堂. 城市低保制度的研究现状、问题与对策［J］. 社会科学，2008（11）：65－72，189－190.

郝晓薇，黄念兵，庄颖. 乡村振兴视角下公共服务对农村多维贫困减贫效应研究［J］. 中国软科学，2019（1）：72－81.

何仁伟，李光勤，刘邵权，等. 可持续生计视角下中国农村贫困治理研究综述［J］. 中国人口·资源与环境，2017，27（11）：69－85.

何仁伟. 中国农村贫困形成机理研究进展及贫困问题研究框架构建［J］. 广西社会科学，2018（7）：166－176.

贺劲松，齐中熙. 招待会背景资料："两个确保"和"三条保障线"

［EB/OL］．（2002-11-11）［2020-05-01］．http：//news. sohu. com/10/59/news204255910. shtml.

胡鞍钢，熊义志．我国知识发展的地区差距分析：特点、成因及对策［J］．管理世界，2000（3）：5-17，216．

胡联，王唤明，王艳，等．政治关联与扶贫项目瞄准［J］．财经研究，2017，43（9）：21-32．

黄匡时，嘎日达．社会融合理论研究综述［J］．新视野，2010（6）：86-88．

黄黎若莲．香港的社会福利模式、特征和功能［J］．社会保障研究，2008（1）：64-71．

黄晓燕，万国威．"东亚福利体制"的外在独立性研究［J］．学术界，2010（12）：211-217．

黄叶青，余慧，韩树蓉．政府应承担何种福利责任？：公民福利态度的影响因素分析［J］．公共行政评论，2014，7（6）：88-106，165．

惠银春．基本公共服务均等化视野下的浙江省农村反贫困研究：以浙江省开化县为例［D］．杭州：浙江大学，2010．

霍萱，高琴，杨穗．从经济政策范式到社会政策范式：中国农村反贫困历程变迁与动力［J］．中国农业大学学报（社会科学版），2019，36（6）：116-127．

江必新．以党的十九大精神为指导 加强和创新社会治理［J］．国家行政学院学报，2018（1）：23-29，148．

江亮演．社会救助的理论与实务［M］．台北：桂冠图书股份有限公司，1990．

蒋礼鸿．商君书锥指［M］．北京：中华书局，1986．

景天魁．底线公平：和谐社会的基础［M］．北京：北京师范大学出版社，2009．

李棉管．技术难题、政治过程与文化结果："瞄准偏差"的三种研究视角及其对中国"精准扶贫"的启示［J］．社会学研究，2017，32（1）：217-241，246．

李强．绝对贫困与相对贫困［J］．中国社会工作，1996（5）：18-19．

李小云. 全面建成小康社会后贫困治理进入新阶段［J］. 中国党政干部论坛，2020（2）：20－23.

李小云，于乐荣，唐丽霞. 新中国成立后70年的反贫困历程及减贫机制［J］. 中国农村经济，2019（10）：2－18.

李晓乐. 基于贫困认知税下激发贫困群众脱贫的对策研究［J］. 中外企业家，2019（19）：35.

李晓园，钟伟. 中国治贫70年：历史变迁、政策特征、典型制度与发展趋势：基于各时期典型扶贫政策文本的NVivo分析［J］. 青海社会科学，2020（1）：95－108.

李迎生. 中国社会政策改革创新的价值基础：社会公平与社会政策［J］. 社会科学，2019（3）：76－88.

李忠杰. 新中国70年贫困治理的历程和经验［J］. 社会治理，2019（7）：7－11.

林卡. 绝对贫困、相对贫困以及社会排斥［J］. 中国社会保障，2006（2）：25－26.

刘继同. 国家与社会：社会福利体系结构性变迁规律与制度框架特征［J］. 社会科学研究，2006（3）：115－120.

刘继同. 社会福利：中国社会的建构与制度安排特征［J］. 北京大学学报（哲学社会科学版），2003（6）：92－98.

刘继同. 中国现代社会福利发展阶段与制度体系研究［J］. 社会工作，2017（5）：35－59，110－111.

刘进宝，王艳华，方少勇，等. 中国欠发达地区贫困现状及扶贫对策分析［J］. 北京林业大学学报（社会科学版），2009，8（4）：164－168.

刘军强. 社会政策发展的动力：20世纪60年代以来的理论发展述评［J］. 社会学研究，2010（4）：199－221，246.

刘永富. 到2012年底贫困人口仍有近1亿人［EB/OL］.（2013－12－25）［2013－12－25］. http：//www.chinanews.com/gn/2013/12－25/5664032.shtml.

刘永富. 全力补齐全面建成小康社会的突出短板［J］. 中国扶贫，2016（7）：4－7.

楼苏萍. 东亚福利体制研究述评［J］. 山东社会科学，2012（3）：136-139.

卢彩珍. 参与式贫困评估在中国的应用［J］. 贵州农业科学，2002，30（6）：50-52.

陆娅楠. 全国农村贫困人口去年减少1109万人［N］. 人民日报，2020-01-25（1）.

吕方. 精准扶贫与国家减贫治理体系现代化［J］. 中国农业大学学报（社会科学版），2017，34（5）：17-23.

吕方. 迈向2020后减贫治理：建立解决相对贫困问题长效机制［J］. 新视野，2020（2）：33-40.

吕广利. 传统贫困观对精准扶贫的影响及应对［J］. 西北农林科技大学学报（社会科学版），2020，20（1）：26-32.

吕海升. 中国利益分享关系演变与发展研究［D］. 长春：吉林大学，2012.

罗尔斯. 正义论［M］. 何怀宏，何包钢，廖申白，译. 北京：中国社会科学出版社，1988.

罗红光. "家庭福利"文化与中国福利制度建设［J］. 社会学研究，2013，28（3）：145-161，244.

罗思坦. 正义的制度：全民福利国家的道德和政治逻辑［M］. 靳继东，丁浩，译. 北京：中国人民大学出版社，2017.

毛泽东. 关于农业合作化问题［M］//中共中央文献研究室. 建国以来重要文献选编：第6册. 北京：中央文献出版社，1993：436.

莫光辉. 精准反腐：脱贫攻坚战的政治生态保障：精准扶贫绩效提升机制系列研究之九［J］. 行政论坛，2017，24（1）：40-46.

莫家豪. 改革开放以来中国社会政策范式的转变［J］. 中国公共政策评论，2008，2：1-20.

纳拉扬，帕特尔，沙夫特，等. 谁倾听我们的声音［M］. 付岩梅，姚莉，崔惠玲，等译. 北京：中国人民大学出版社，2001.

《2000/2001年世界发展报告》编写组. 2000/2001年世界发展报告：与贫困作斗争［M］. 世界发展报告翻译组，译. 北京：中国财政经济出版社，2001.

潘春阳，吴柏钧. 腐败控制、私人部门参与基础设施提供与反贫困效应：来自发展中国家的经验证据（1996—2014）［J］. 南方经济，2019（1）：60-80.

潘屹. 社会福利制度的效益与可持续：欧盟社会投资政策的解读与借鉴［J］. 社会科学，2013（12）：72-81.

彭国胜. 欠发达地区农村居民社会福利认知的影响因素研究：以贵州省为例［J］. 西北人口，2012，33（3）：38-44.

彭华民. 中国组合式普惠型社会福利制度的构建［J］. 学术月刊，2011（10）：16-22.

朴炳铉. 社会福利与文化：用文化解析社会福利的发展［M］. 高春兰，金炳彻，译. 北京：商务印书馆，2012.

齐亚强，梁童心. 地区差异还是行业差异？：双重劳动力市场分割与收入不平等［J］. 社会学研究，2016，31（1）：168-190，245-246.

森. 以自由看待发展［M］. 任赜，于真，译. 北京：人民出版社，2002.

申玉兰，郑颖，李建军，等. 城市低保制度运行中的问题与完善［J］. 经济论坛，2009（10）：46-48.

《深化粤港澳合作 推进大湾区建设框架协议》全文［EB/OL］.（2019-02-26）［2020-05-01］. http://politics.gmw.cn/2019-02/26/content_32569449.htm.

世界银行. 1990年世界发展报告：贫困问题·社会发展指标［M］. 北京：中国财政经济出版社，1990.

宋镇修，王雅林. 农村社会学［M］. 哈尔滨：黑龙江教育出版社，1993.

孙树菡，毛艾琳. 我国残疾人康复需求与供给研究［J］. 湖南师范大学社会科学学报，2009（1）：5-11.

泰勒. 原始文化：神话、哲学、宗教、语言、艺术和习俗发展之研究［M］. 连树声，译. 桂林：广西师范大学出版社，2005.

檀学文，李静. 习近平精准扶贫思想的实践深化研究［J］. 中国农村经济，2017（9）：2-16.

唐钧. 确定中国城镇贫困线方法的探讨［J］. 社会学研究，1997（2）：60-71.

唐丽霞，李小云，左停. 社会排斥、脆弱性和可持续生计：贫困的三种分析框架及比较［J］. 贵州社会科学，2010（12）：4-10.

唐宜荣. 中国城市反贫困责任伦理问题研究［D］. 长沙：湖南师范大学，2004.

田雅娟，刘强，冯亮. 中国居民家庭的主观贫困感受研究［J］. 统计研究，2019，36（1）：92-103.

童星，林闽钢. 我国农村贫困标准线研究［J］. 中国社会科学，1994（3）：86-98.

童星，王增文. 农村低保标准及其配套政策研究［J］. 天津社会科学，2010，2（2）：49-51.

涂晓芳. 澳门社会保障政策评析［J］. 北京航空航天大学学报（社会科学版），2005（1）：51-55.

瓦格尔，刘亚秋. 贫困再思考：定义和衡量［J］. 国际社会科学杂志（中文版），2003，20（1）：146-155.

万国威，金玲. 中国弱势民众社会福利态度的双层解构［J］. 人口学刊，2015，37（5）：18-31.

万国威，刘梦云. "东亚福利体制"的内在统一性：以东亚六个国家和地区为例［J］. 人口与经济，2011（1）：1-9.

万国威. 我国儿童群体社会福利态度的定量研究［J］. 南开学报（哲学社会科学版），2014（4）：136-149.

万国威. 中国大陆弱势群体社会福利态度研究［J］. 公共管理学报，2015，12（1）：58-69，155-156.

汪青松. 社会主义精神富裕界说［J］. 郑州大学学报（哲学社会科学版），2012，45（1）：24-30.

汪三贵，胡骏. 从生存到发展：新中国七十年反贫困的实践［J］. 农业经济问题，2020（2）：4-14.

王春光. 社会治理视角下的农村开发扶贫问题研究［J］. 中共福建省

委党校学报, 2015 (3): 5-13.

王昉, 徐永辰. 从共同富裕到精准扶贫: 新中国反贫困思想的历史考察 [J]. 宁夏社会科学, 2020 (1): 89-96.

王洪涛. 中国西部地区农村反贫困问题研究 [D]. 北京: 中央民族大学, 2013.

王健, 孟庆跃, YIP W, 等. 农村居民主观幸福感及其影响因素研究 [J]. 中国卫生经济, 2009, 28 (3): 31-34.

王晋, 苗丹民, 廖成菊, 等. 重庆市贫困人口归因方式和心理健康的相关研究 [J]. 重庆医学, 2011, 40 (35): 3602-3604.

王灵桂, 侯波. 新中国 70 年贫困治理的历史演进、经验总结和世界意义 [J/OL]. 开发性金融研究, 2020 (1): 1-7 [2020-03-06]. https://doi.org/10.16556/j.cnki.kfxjr.20200306.003.

王露璐. 中国乡村伦理研究论纲 [J]. 湖南师范大学社会科学学报, 2017, 46 (3): 1-7.

王鹏宇. 基于居住空间视角的流动人口社会融合研究: 以厦门殿前社为例 [D]. 厦门: 华侨大学, 2018.

王谦. 城乡公共服务均等化问题研究 [D]. 济南: 山东大学, 2008.

王茜. 最低生活保障制度发展中的居民认知问题分析 [D]. 武汉: 华中科技大学, 2007.

王士心, 刘梦月. 东西部协作扶贫须做好资源跨区域分配 [J]. 人民论坛, 2019 (3): 62-63.

王小林, 尚晓援, 徐丽萍. 中国老年人主观福利及贫困状态研究 [J]. 山东社会科学, 2012 (4): 22-28.

王小林, ALKIRE S. 中国多维贫困测量: 估计和政策含义 [J]. 中国农村经济, 2009 (12): 4-10, 23.

王小章, 冯婷. 精英对贫困问题的认知和精英的社会意识 [J]. 江苏社会科学, 2009 (4): 61-69.

魏后凯. 2020 年后中国减贫的新战略 [J]. 中州学刊, 2018 (9): 36-42.

吴胜涛, 张建新. 贫困与反贫困: 心理学的研究 [J]. 心理科学进展,

2007 (6): 987-992.

习近平. 习近平在第十二届全国人民代表大会第一次会议上的讲话 [EB/OL]. (2013-03-17) [2020-05-01]. http://cpc.people.com.cn/n/2013/0318/c64094-20819130.html.

习近平. 在全国脱贫攻坚总结表彰大会上的讲话 [N]. 人民日报, 2021-2-26 (2).

新华社. 崔世安发表施政报告: 创造良好社会氛围 迎接澳门回归祖国20周年 [EB/OL]. (2018-11-16) [2020-05-01]. http://www.gov.cn/xinwen/2018-11/16/content_5340968.htm.

新华社. 党的十九届四中全会《决定》 [EB/OL]. (2019-11-05) [2020-05-01]. https://china.huanqiu.com/article/9CaKrnKnC4J.

新华社. 中共中央 国务院印发《港澳大湾区发展规划纲要》 [EB/OL]. (2019-02-18) [2020-05-01]. http://politics.people.com.cn/n1/2019/0218/c1001-30761426.html.

邢成举, 李小云. 相对贫困与新时代贫困治理机制的构建 [J]. 改革, 2019 (12): 16-25.

徐昕. 幸福指数刍议 [D]. 上海: 复旦大学, 2008.

许徐琪. 中国脱贫攻坚的世界性意义 [EB/OL]. (2020-04-15) [2020-05-01]. http://views.ce.cn/view/ent/202004/15/t20200415_34687505.shtml.

薛宝贵, 何炼成. 先富带动后富实现共同富裕的挑战与路径探索 [J]. 马克思主义与现实, 2018 (2): 176-181.

薛君. 80后新生代的福利意识形态实证研究 [J]. 中国青年研究, 2012 (2): 75-79.

燕继荣. 反贫困与国家治理: 中国"脱贫攻坚"的创新意义 [J]. 管理世界, 2020, 36 (4): 209-220.

杨伯峻. 论语译注 [M]. 北京: 中华书局, 1980.

杨晨. 中国逆势推进脱贫攻坚 为全球减贫作出新贡献 [EB/OL]. (2020-06-12) [2020-06-12]. http://www.xinhuanet.com/world/2020-06/12/c_1210657397.htm.

杨建华. 为人民而发展：科学发展观的根本理念［J］. 浙江学刊，2005（3）：156-160.

杨菊华. 后小康社会的贫困：领域、属性与未来展望［J］. 中共中央党校（国家行政学院）学报，2020，24（1）：111-119.

杨琨，黄君. 福利国家青年人福利态度的比较研究［J］. 中国青年研究，2017（12）：108-115.

杨琨. 老年人的福利态度及影响因素［J］. 重庆社会科学，2015（3）：61-69.

杨琨. 我国老年人的福利态度及其影响因素：基于适度普惠老年人福利数据库的分析［D］. 南京：南京大学，2016.

杨琨. 我国老年人个体—家庭福利态度的影响因素及特征研究［J］. 西北人口，2018，39（1）：79-86，94.

杨琨，袁迎春. 共识与分化：福利国家公民的福利态度及其比较研究［J］. 公共行政评论，2018，11（3）：55-80.

杨立雄，谢丹丹. "绝对的相对"，抑或"相对的绝对"：汤森和森的贫困理论比较［J］. 财经科，2007（1）：59-66.

杨秀菊，刘中起. 生活、关系、空间：城市社区融合共建的三维逻辑：基于上海市D社区的案例研究［J］. 城市观察，2018（1）：145-156.

杨燕绥，杨娟. 论社会保障公共服务［J］. 社会保障研究，2009（1）：27-34.

杨迎亚，汪为. 城乡基本公共服务均等化的减贫效应研究［J］. 华中科技大学学报（社会科学版），2020，34（2）：75-82，140.

岳经纶，程璆. 福利污名对瞄准偏差感知的影响研究［J］. 社会保障研究，2019（5）：88-100.

岳经纶，方珂. 福利距离、地域正义与中国社会福利的平衡发展［J］. 探索与争鸣，2020（6）：85-96，159.

岳经纶. 建构"社会中国"：中国社会政策的发展与挑战［J］. 探索与争鸣，2010（10）：37-42.

岳经纶，刘洪，黄锦文. 社会服务：从经济保障到服务保障［M］. 北京：中国社会出版社，2011.

岳经纶，刘璐. 中国正在走向福利国家吗：国家意图、政策能力、社会压力三维分析［J］. 探索与争鸣，2016（6）：30-36.

岳经纶. 社会政策视野下的中国民生问题［J］. 社会保障研究，2008（1）：1-11.

岳经纶. 社会政策学视野下的中国社会保障制度建设：从社会身份本位到人类需要本位［J］. 公共行政评论，2008（4）：58-83，198-199.

岳经纶. 社会政策与"社会中国"［M］. 北京：社会科学文献出版社，2014.

岳经纶，尤泽锋. 在华国际移民能享受社会福利吗？：基于公众福利态度的分析［J］. 华南师范大学学报（社会科学版），2020（1）：134-145，192.

岳经纶，赵慧. 我国社会保障制度地域化的发展及其制约：以东莞市社会养老保险一体化改革为例［J］. 公共管理研究，2011，9：39-53.

岳经纶. 中国社会政策的扩展与"社会中国"的前景［J］. 社会政策研究，2016（1）：51-62.

岳经纶. 中国社会政策60年［J］. 湖湘论坛，2009（4）：5-8.

岳经纶. 专栏导语：福利态度：福利国家政治可持续性的重要因素［J］. 公共行政评论，2018，11（3）：50-54.

臧其胜. 政策的肌肤：福利态度研究的国际前沿及其本土意义［J］. 公共行政评论，2016，9（4）：171-190，209-210.

张朝雄. 混合福利模式：当代大学生社会福利意识测评［J］. 青年研究，2007（9）：23-27.

张虹，陈岱松. 先富帮后富 还得靠法制［J］. 探索与争鸣，1999（6）：36-37.

张明皓，豆书龙. 2020年后中国贫困性质的变化与贫困治理转型［J］. 改革，2020（7）：98-107.

张彭. 我国社会保障支出的政府间分工研究［D］. 成都：电子科技大学，2017.

张松彪，曾世宏，袁旭宏. 精准扶贫视阈下城乡居民低保资源配置差异及瞄准效果比较分析：基于 CHIP2013 数据的实证 [J]. 农村经济, 2017（12）：37-43.

张欣. 分化与共生：块数据在贫困治理场域中的数聚效应 [J]. 中国行政管理, 2019（8）：75-81.

张秀兰, 徐月宾, 方黎明. 改革开放 30 年：在应急中建立的中国社会保障制度 [J]. 北京师范大学学报（社会科学版）, 2009（2）：120-128.

张志胜. 精准扶贫领域贫困农民主体性的缺失与重塑：基于精神扶贫视角 [J]. 西北农林科技大学学报（社会科学版）, 2018, 18（3）：72-81.

赵伦. 相对贫困从个体归因到社会剥夺 [J]. 商业时代, 2014（18）：36-37.

赵蜜. 儿童贫困表征的年龄与城乡效应 [J]. 社会学研究, 2019, 34（5）：192-216, 246.

甄炳亮. 澳门社会服务发展及其启示 [J]. 中国民政, 2012（6）：27-29.

郑秉文. 福利资本主义模式的变迁与比较：政治经济学的视角 [M] //艾斯平-安德森. 福利资本主义的三个世界. 郑秉文, 译. 北京：法律出版社, 2003.

郑功成. 从国家—单位保障制走向国家—社会保障制：30 年来中国社会保障改革与制度变迁 [J]. 社会保障研究, 2008（2）：1-21.

郑功成. 中国社会保障改革：机遇、挑战与取向 [J]. 国家行政学院学报, 2014（6）：24-32.

中共中央党史和文献研究院. 习近平扶贫论述摘编 [M]. 北京：中央文献出版社, 2018.

中华人民共和国外交部. 变革我们的世界：2030 年可持续发展议程 [EB/OL]. (2016-01-13) [2020-05-01]. https://www. Fmprc. Gov. cn/web/ziliao_674904/zt_674979/dnzt_674981/qtzt/2030kcxfzyc_686343/t1331382. shtml.

周怡. 贫困研究：结构解释与文化解释的对垒 [J]. 社会学研究, 2002, 17（3）：49-63.

朱冬亮. 贫困"边缘户"的相对贫困处境与施治 [J]. 人民论坛,

2019（7）：58－60.

朱梦冰，李实. 精准扶贫重在精准识别贫困人口：农村低保政策的瞄准效果分析［J］. 中国社会科学，2017（9）：90－112，207.

朱盛艳，李瑞琴. 基本公共服务可获得性的农村贫困效应检验：基于增长效应与分配效应的双重审视［J］. 农村经济，2019（8）：60－67.

左停. 脱贫攻坚与乡村振兴有效衔接的现实难题与应对策略［J］. 贵州社会科学，2020（1）：7－10.

左停，杨雨鑫. 重塑贫困认知：主观贫困研究框架及其对当前中国反贫困的启示［J］. 贵州社会科学，2013（9）：43－49.

ALSTONJ P, DEAN K I. Socioeconomic factors associated with attitudes toward welfare recipients and the cause of poverty［J］. Social service review，1972，46（1）：1－27.

ANDREß H-J, HEIEN T. Four worlds of welfare state attitudes? A comparison of Germany, Norway, and the United States［J］. European sociological review，2001，17（4）：337－356.

ARIKAN G, BEN-NUN BLOOM P. Social values and cross-national differences in attitudes towards welfare［J］. Political studies，2015，63（2）：431－448.

ARTS W A, GELISSEN J. Welfare states, solidarity and justice principles: dose the type really matter［J］. Acta sociologica，2001，44（4）：283－299.

AZARIADIS C, STACHURSKI J. Poverty traps［J］. Handbook of economic growth，2005，1（5）：449－486.

BALDOCK J. Culture: the missing variable in understanding social policy?［J］. Social policy & administration，1999，33（4）：458－473.

BAMBRA C. Going beyond the three worlds of welfare capitalism: regime theory and public health research［J］. Journal of epidemiology and community health，2007，61（12）：1098－1102.

BARDHAN P. Corruption and development: a review of issues［J］. Journal of economic literature，1997，35（3）：1320－1346.

BAUTE S, MEULEMAN B, ABTS K. Measuring attitudes towards social

Europe: a multidimensional approach [J]. Social indicators research, 2018, 137 (1): 353-378.

BEAN C, PAPADAKIS E. A comparison of mass attitudes towards the welfare state in different institutional regimes, 1985—1990 [J]. International journal of public opinion research, 1998, 10 (3): 211-236.

BECKER G S. Human capital: a theoretical and empirical analysis, with special reference to education [M]. Chicago: The University of Chicago Press, 1993.

BEISER M. Poverty, social disintegration and personality [J]. Journal of social issues, 2010, 21 (1): 56-78.

BLEKESAUNE M, QUADAGNO J. Public attitudes toward welfare state policies: a comparative analysis of 24 nations [J]. European sociological review, 2003, 19 (5): 415-427.

BLINDER S. Imagined immigration: the impact of different meanings of "immigrants" in public opinion and policy debates in Britain [J]. Political studies, 2015, 63 (1): 80-100.

BLUMER H. Race prejudice as a sense of group position [J]. Pacific sociological review, 1958, 1 (1): 3-7.

BREZNAU N. Economic equality and social welfare: policy preferences in five nations [J]. International journal of public opinion research, 2010, 22 (4): 458-484.

BRICKMAN P, COATES D, JANOFF-BULMAN R. Lottery winners and accident victims: is happiness relative? [J]. Journal of personality & social psychology, 1978, 36 (8): 917-927.

BROOKS C, MANZA J. Social policy responsiveness in developed democracies [J]. American sociological review, 2006, 71 (3): 474-494.

BROWN C, OLZAK S. The dynamics of ethnic competition and conflict [J]. American political science review, 1994, 88 (2): 483-484.

BROWN R E, BROWN R K, PHOENIX D, et al. Race, religion, and anti-poverty policy attitudes [J]. Journal for the scientific study of religion, 2016,

55 (2): 308 – 323.

BULLOCK H. Attributions for poverty: a comparison of middle-class and welfare recipient attitudes [J]. Journal of applied social psychology, 1999, 29 (10): 2059 – 2082.

BURGESS M E. Poverty and dependency: some selected characteristics [J]. Journal of social issues, 1965, 21 (1): 79 – 97.

BURKHAUSER R V, SMEEDING T M. Social security reform: a budget neutral approach to reducing older women's disproportionate risk of poverty [R]. Syracuse, NY: Syracuse University, Maxwell School, Center for Policy Research, 1994.

BURNS P, GIMPEL J. Economic insecurity, prejudicial stereotypes, and public opinion on immigration policy [J]. Political science quarterly, 2000, 115 (2): 201 – 225.

CAI F, GILES J, O'KEEFE P, et al. The elderly and old age support in rural China: challenges and prospects [M]. Washington D. C.: The World Bank, 2012.

CANTRIL H. The pattern of human concerns [M]. New Brunswick: Rutgers University Press, 1965.

CASTLES F G, LEIBFRIED S, LEWIS J, et al. The Oxford handbook of the welfare state [M]. Oxford: Oxford University Press, 2010.

CEBOTAREV E, KING G. Attitudes toward anti-poverty programs in the extension service, a case study [J]. Attitude change, 1966, 13: 1 – 10.

CHANDLER C R, TSAI Y M. Social factors influencing immigration attitudes: an analysis of data from the general social survey [J]. Social science journal, 2001, 38 (2): 177 – 188.

CHENG Q, NGOK K. Welfare attitudes towards anti-poverty policies in China: economical individualism, social collectivism and institutional differences [J]. Social indicators research, 2020, 150 (13): 679 – 694.

CITRIN J, DONALD G, MUSTE C, et al. Public opinion toward immigration reform: the role of economic motivations [J]. The journal of politics,

1997, 59 (3): 858-881.

CITRIN J, SIDES J. Immigration and the imagined community in Europe and the United States [J]. Political studies, 2008, 56 (1): 33-56.

COSTA L P, DIAS J G. Perceptions of poverty attributions in Europe: a multilevel mixture model approach [J]. Quality & quantity, 2014, 48 (3): 1409-1419.

COUGHLIN R M. Ideology, public opinion and welfare policy: attitudes towards taxes and spending industrialized societies [M]. Berkeley, CA: University of California, 1980.

COWARD B E, FEAGIN J R, WILLIAMS J A, et al. The culture of poverty debate: some additional data [J]. Social problems, 1974, 21 (5): 621-634.

COZZARELLI C, WILKINSON A V, TAGLER M J. Attitudes toward the poor and attributions for poverty [J]. Journal of social issues, 2001, 57 (2): 207-227.

DANZIGER S, VAN DER GAAG J, TAUSSIG M K, et al. The direct measurement of welfare levels: how much does it cost to make ends meet? [J]. The review of economics and statistics, 1984, 66 (3): 500-505.

DAVY B, DAVY U, LEISERING L. The politics of recognition: changing understandings of human rights, social development and land rights as normative foundation of global social policy [M/OL]. Max Planck Yearbook of United Nations Law Online, 2014, 18 (1): 565-600.

DEACON B, HULSE M, STUBBS P. Global Social Policy: International organizations and the future of welfare [M]. London: Sage, 1997.

DEAN E B, SCHILBACH F, SCHOFIELD H. Poverty and cognitive function [M] // BARRETT C B, CARTER M R, CHAVAS J-P. The economics of poverty traps (2019). Chicago: University of Chicago Press, 2018: 57-118.

DE SWAAN A. In care of the state: health care, education and welfare in Europe and the USA in the modern era [M]. Oxford: Polity Press, 1988.

DE SWAAN A, MANOR J, ØYEN E, et al. Elite perceptions of the poor:

reflections for a comparative research project [J]. Current sociology, 2000, 48 (1): 43-54.

DOCTOR M. Inequality, social policy and state welfare regimes in developing countries: the case of Brazil. The Withering of the Welfare State [M]. London: Palgrave Macmillan, 2012.

DOVIDIO J F, GAERTNER S E, KAWAKAMI K, et al. Why can't we just get along? Interpersonal biases and interracial distrust [J]. Cultural diversity & ethnic minority psychology, 2002, 8 (2): 88-102.

DÖRR S, FAIST T. Institutional conditions for the integration of immigrants in welfare states: a comparison of the literature on Germany, France, Great Britain, and the Netherlands [J]. European journal of political research, 1997, 31 (4): 401-426.

ESPING-ANDERSEN G. Social foundations of postindustrial economies [M]. Oxford: Oxford University Press, 1999.

ESPING-ANDERSEN G. The three worlds of welfare capitalism [M]. Cambridge: Polity Press, 1990.

FEAGIN J R. Poverty: We still believe that God helps those who help themselves [J]. Psychology today, 1972, 6 (6): 101-129.

FEAGIN J R. Subordinating the poor [M]. Englewood Cliffs, N J: Prentice-Hall, 1975.

FEATHER N T. Explanations of poverty in Australian and American samples: the person, society, or fate? [J]. Australian journal of psychology, 1974, 26 (3): 199-216.

FLIK R J, VAN PRAAG B M S. Subjective poverty line definitions [J]. Economist, 1991, 139 (3): 311-330.

FREY B S, Stutzer A. What can economists learn from happiness research? [J]. Journal of economic literature, 2002, 40 (2): 402-435.

FUENTES N, ROJAS M. Economic theory and subjective well-being: Mexico [J]. Social indicators research, 2001, 53 (3): 289-314.

FURNHAM A F. Why are the poor always with us? Explanations for poverty in Britain [J]. British journal of social psychology, 1982, 21 (4): 311 – 322.

FURNHAM A. The perception of poverty among adolescents [J]. Journal of adolescence, 1982, 5 (2): 135 – 147.

GAINOUS J, MARTINEZ M D, CRAIG S C. The multiple causes of citizen ambivalent: attitudes about social welfare policy [J]. Journal of elections, public opinion and parties, 2010, 20 (3): 335 – 356.

GELISSEN J. Popular support for institutionalised solidarity: a comparison between European welfare states [J]. International journal of social welfare, 2001, 9 (4): 285 – 300.

GILENS M. Racial attitudes and opposition to welfare [J]. The journal of politics, 1995, 57 (4): 994 – 1014.

GOEDHART T, HALBERSTADT V, KAPTEYN A, et al. The poverty line: concept and measurement [J]. Journal of human resources, 1977, 12 (4): 503 – 520.

GOODMAN R, PENG I. The East Asian welfare states: peripatetic learning, adaptive change, and nation-building [M] //ESPING-ANDERSEN G. Welfare states in transition: national adaptations in global economies. London: Sage Publications, 1996.

GURIN G, GURIN P. Expectancy theory in the study of poverty [J]. Journal of social issues, 1970, 26 (2): 83 – 104.

GUSTAFSSON B, SHI L, SATO H. Can a subjective poverty line be applied to China? Assessing poverty among urban residents in 1999 [J]. Journal of international development, 2004, 16 (8): 1089 – 1107.

HAGENAARS A J M, VAN PRAAG B. A synthesis of poverty line definitions [J]. Review of income and wealth, 1985, 31 (2): 139 – 154.

HAINMUELLER J, HISCOX M J, MARGALIT Y. Do concerns about labor market competition shape attitudes toward immigration? New evidence [J]. Journal of international economics, 2015, 97 (1): 193 – 207.

HAINMUELLER J, HOPKINS D J. Public attitudes toward immigration

[J]. Annual review of political science, 2014, 17 (1): 225-249.

HAKOVIRTA M, KALLIO J. Children's perceptions of poverty [J]. Child indicators research, 2016, 9 (2): 317-334.

HAN C. Attitudes toward government responsibility for social services: comparing urban and rural China [J]. International journal of public opinion research, 2012, 24 (4): 472-494.

HANLON J, BARRIENTOS A, HULME D. Just give money to the poor: the development revolution from the global south [M]. South Sterling, VA: Kumarian Press, 2012.

HASENFELD Y, RAFFERTY J A. The determinants of public attitudes toward the welfare state [J]. Social forces, 1989, 67 (4): 1027-1048.

HEDEGAARD T F. The policy design effect: proximity as a micro-level explanation of the effect of policy designs on social benefit attitudes [J]. Scandinavian political studies, 2014, 37 (4): 366-384.

HEIEN T, HOFÄCKER D. How do welfare regimes influence attitudes? A comparison of five European countries and the United States 1985—1996 [R]. Germany: Mannheim, 1999.

HOLLIDAY I. Productivist welfare capitalism: social policy in East Asia [J]. Political studies, 2000, 48 (4): 706-723.

HOLMAN R. Poverty: explanations of social deprivation [M]. London: Martin Robertson, 1978.

HUBER J, FORM W H. Income and ideology: an analysis of the American political formula [M]. New York: The Free Press, 1973.

JAKOBSEN G. Welfare attitudes and social expenditure: do regimes shape public opinion? [J]. Social indicators research, 2011, 101 (3): 323-340.

JANKY B, VARGA D. The poverty-assistance paradox [J]. Economics letters, 2013, 120 (3): 447-449.

JÆGER M M. United but divided: welfare regimes and the level and variance in public support for redistribution [J]. European sociological review, 2009, 25 (6): 723-737.

JONES C J. The Pacific challenge [M] //JONES C J. New perspectives on the welfare state in Europe. London & New York: Routledge, 1993.

JORDAN J. Policy feedback and support for the welfare state [J]. Journal of European social policy, 2013, 23 (2): 134 – 148.

KANAS A, SCHEEPERS P, STERKENS C. Positive and negative contact and attitudes towards the religious out-group: testing the contact hypothesis in conflict and non-conflict regions of Indonesia and the Philippines [J]. Social science research, 2017, 63: 95 – 110.

KAPTEYN A, VAN DE GEER S, VAN DE STADT H. The impact of changes in income and family composition on subjective measures of well-being [M] //DAVID M, SMEEDING T. Horizontal equity, uncertainty and economic well-being. Chicago: University of Chicago Press, 1985.

KELLEY H H, MICHELA J L. Attribution theory and research [J]. Annual review of psychology, 1980, 31 (1): 457 – 501.

KERBO H R. Social stratification and inequality: class conflict in the United States [M]. New York: McGraw-Hill, 1983.

KIKUZAWA S, OLAFSDOTTIR S, PESCOSOLIDO B A. Similar pressures, different contexts: public attitudes toward government intervention for health care in 21 nations [J]. Journal of health and social behavior, 2008, 49 (4): 385 – 399.

KIM K-S, LEE Y, LEE Y-J. A multilevel analysis of factors related to poverty in welfare states [J]. Social indicators research, 2010, 99 (3): 391 – 404.

KINGDON G G, KNIGHT J. Race and the incidence of unemployment in South Africa [J]. Review of development economics, 2004, 8 (2): 198 – 222.

KINGDON G G, KNIGHT J. Subjective well-being poverty versus income poverty and capabilities poverty? [J]. Journal of development studies, 2006, 42 (7): 1199 – 1224.

KINSEY A C, POMEROY W B, MARTIN C E. Sexual behavior in the human male [M]. Philadelphia: Saunders, 1948.

KLUEGEL J R, SMITH E R. Beliefs about inequality: Americans' views of what is and what ought to be [J]. Social forces, 1988, 66 (4): 883 – 902.

KNEGT R. Rule application and substantive justice: observation at a public assistance bureau [J]. The Netherlands' journal of sociology, 1987, 23 (2): 116 – 125.

KORPI W, PALME J. The paradox of redistribution and strategies of equality: welfare state institutions, inequality, and poverty in the Western countries [J]. American sociological review, 1998, 63 (5): 661 – 687.

LARSEN C A. The institutional logic of welfare attitudes: how welfare regimes influence public support [J]. Comparative political studies, 2008, 41 (2): 145 – 168.

LARSEN C A. The institutional logic of welfare attitudes: how welfare regimes influence public support [M]. Hampshire, UK: Ashgate, 2006.

LEPIANKA D, VAN OORSCHOT W, GELISSEN J. Popular explanations of poverty: a critical discussion of empirical research [J]. Journal of social policy, 2009, 38 (3): 421.

LEWIN-EPSTEIN N, SEMYONOV M, KOGAN I, et al. Institutional structure and immigrant integration: a comparative study of immigrants' labor market attainment in Canada and Israel [J]. International migration review, 2010, 37 (2): 389 – 420.

LEWIS O. A study of slum culture: backgrounds for LA VIDA [M]. New York: Random House, 1968.

LIANG Y, WANG P. Influence of prudential value on the subjective well-being of Chinese urban-rural residents [J]. Social indicators research, 2014, 118 (3): 1249 – 1267.

LINOS K, WEST M. Self-interest, social beliefs, and attitudes to redistribution. Re-addressing the issue of cross-national variation [J]. European sociological review, 2003, 19 (4): 393 – 409.

LIU H, RIZZO J A, FANG H. Urban-rural disparities in child nutrition-related health outcomes in China: the role of Hukou policy [J]. BMC public health, 2015, 15 (1): 1 - 11.

LIU W, LI W. Divergence and convergence in the diffusion of performance management in China [J]. Public performance & management review, 2016, 39 (3): 630 - 654.

MAHMOOD T, YU X, KLASEN S. Do the poor really feel poor? Comparing objective poverty with subjective poverty in Pakistan [J]. Social indicators research, 2019, 142 (2): 543 - 580.

MANI A, KIRKUP J. The cognitive tax of poverty: implication for policy design [M] // TROEGER V E. Which way now? Economic policy after a decade of upheaval: a CAGE policy report. London: The Social Market Foundation, 2019: 50 - 56.

MANSBRIDGE J. Democracy and common interests [J]. Social alternatives, 1990, 8 (4): 20 - 25.

MARSHALL T H. Citizenship and social class and other essays [M]. Cambridge: Cambridge University Press, 1950.

MAU S. The moral economy of welfare states: Britain and Germany compared [M]. London: Routledge, 2003.

MAYDAA M. Who is against immigration? A cross-country investigation of individual attitudes towards immigrants [J]. The review of economics and statistics, 2005, 88 (3): 510 - 530.

MCCLOSKY H, ZALLER J. The American ethos: public attitudes toward capitalism and democracy [M]. Cambridge: Harvard University Press, 1984.

MCDANIEL E L, NOORUDDIN I, SHORTLE A F. Divine boundaries: how religion shapes citizens' attitudes toward immigrants [J]. American politics research, 2011, 39 (1): 205 - 233.

MCLAREN L M. Explaining opposition to Turkish membership of the EU [J]. European Union politics, 2007, 8 (2): 251 - 278.

MERTON R K. Social theory and social structure [M]. New York: The Free Press, 1968.

MIDGLEY J. Social development: the developmental perspective in social welfare [M]. London: Thousand Oaks, 1995.

MILLER S M. The American lower classes: a typological approach [J]. Sociology and social research, 1964 (48): 281-288.

MOK K H, WU X F. Dual decentralization in China's transitional economy: welfare regionalism and policy implications for central-local relationship [J]. Policy and society, 2013, 32 (1): 61-75.

MORÇÖL G. Lay explanations for poverty in Turkey and their determinants [J]. Journal of social psychology, 1997, 137 (6): 728-738.

NIEMELÄ M. Public and social security officials' attributions of poverty in Finland [J]. European journal of social security, 2011, 13 (3): 351-371.

OPPENHEIM A. Questionnaire design and attitude measurement [M]. London: Heinemann, 1966.

OPPENHEIM C. Poverty: the facts [M]. London: Child Poverty Action Group, 1993.

PENNINX R. Integration of immigrants: economic, social, cultural and political dimensions [M] //MACURA M, MACDONALD A L, HAUG W, et al. The new demographic regime: population challenges and policy responses. New York: United Nations, 2005.

PERSELL C H. Education and inequality [M]. New York: The Free Press. 1977.

PETTIGREW T F, LEVINE R A, CAMPBELL D T. Ethnocentrism: theories of conflict, ethnic attitudes and group behavior [J]. Political science quarterly, 1973, 88 (3): 488-489.

PETTIGREW T F. Reactions toward the new minorities of Western Europe [J]. Annual review sociology, 1998, 24 (1): 77-103.

PFAU-EFFINGER B. Culture and welfare state policies: reflections on a complex interrelation [J]. Journal of social policy, 2005, 34 (1): 3-20.

PIERSON P. The new politics of the welfare state [J]. World politics, 2001, 48 (2): 143-179.

PRADHAN M, RAVALLION M. Measuring poverty using qualitative perceptions of consumption adequacy [J]. Review of economics and statistics, 2000, 82 (3): 462-471.

PRICE L L, BOOTH C. Labour and life of the people [J]. Economic journal, 1891, 1 (3): 565-570.

QIN G, SUI Y, SHI L. Welfare, targeting, and anti-poverty effectiveness: the case of urban China [J]. The quarterly review of economics & finance, 2015, 56 (5): 30-42.

QUILLIAN L. Prejudice as a response to perceived group threat: population composition and anti-immigrant and racial prejudice in Europe [J]. American sociological review, 1995, 60 (4): 586-611.

RAMESH M. Social policy in East and Southeast Asia: education, health, housing and income maintenance [M]. London: Routledge Curzon, 2004.

RANDAU H R, MEDINSKAYA O. From collectivism to individualism [M]//RANDAU H R, MEDINSKAYA O. China business 2.0: management for professionals. Switzerland: Springer Cham, 2015: 209-212.

REIS E. Elite perceptions of poverty and inequality [J]. Revista brasileira de ciências sociais, 2000, 15 (42): 143-152.

RITAKALLIO V. Trends of poverty and income inequality in cross-national comparison [J]. European journal of social security, 2002, 4 (2): 151-177.

ROOSMA F, GELISSEN J, VAN OORSCHOT W. The multidimensionality of welfare state attitudes: a European cross-national study [J]. Social indicators research, 2013, 113 (1): 235-255.

ROTHSTEIN B. Just institutions matter: the moral and political logic of the universal welfare state [M]. Cambridge: Cambridge University Press, 1998.

ROWNTREE B S. Poverty: a study of town life [M]. London: Macmillion and Co. Press, 1901.

SAMUEL Y A, ERNEST K. Attributions for poverty: a survey of student's perception [J]. International review of management and marketing, 2012, 2 (2): 83-91.

SCHEVE K F, SLAUGHTER M J. Labor market competition and individual preferences over immigration policy [J]. The review of economics and statistics, 2001, 83 (1): 133-145.

SCHMIDT A W, SPIES D C. Do parties "playing the race card" undermine natives' support for redistribution? Evidence from Europe [J]. Comparative political studies, 2013, 23 (5): 17-29.

SCHMIDT-CATRAN A. Economic inequality and public demand for redistribution: combining cross-sectional and longitudinal evidence [J]. Socio-Economic review, 2014, 14 (1): 119-140.

SCHRAM S F. After welfare: the culture of postindustrial social policy [M]. New York: New York University Press, 2000.

SEN A. Development as freedom [M]. New York: Anchor Books, 2000.

SIDES J, CITRIN J. European opinion about immigration: the role of identities, interests and information [J]. British journal of political science, 2007, 37 (3): 477-504.

SIHVO T, UUSITALO H. Attitudes towards the welfare state have several dimensions: evidence from Finland [J]. International journal of social welfare, 1995, 4 (4): 215-223.

SMITH K B, STONE L H. Rags, riches, and bootstraps: beliefs about the causes of wealth and poverty [J]. Sociological quarterly, 1989, 30 (1): 93-107.

SONG S, CHU G, CHAO R. Intercity regional disparity in China [J]. China economic review, 2000, 11 (3): 246-261.

STOKER L. Interests and ethics in politics [J]. American political science review, 1992, 86 (2): 369-380.

STRAUS M A. Deferred gratification, social class, and the achievement syndrome [J]. American sociological review, 1962, 27 (3): 326-335.

SVALLFORS S. Contested welfare states: welfare attitudes in europe and beyond [M]. Stanford: Stanford University Press, 2012.

SVALLFORS S. The politics of welfare policy in Sweden: structural determinants and attitudinal cleavages [J]. British journal of sociology, 1991, 42 (4): 609 - 634.

SVALLFORS S. Worlds of welfare and attitudes to redistribution: a comparison of eight western nations [J]. European sociological review, 1997, 13 (3): 283 - 304.

ŠTAMBUK A, PHILLIPSON C. Reconstructing old age: new agendas in social theory and practice [J]. Croatian journal of social policy, 1998, 7 (3): 770.

TAM T S K, YEUNG S. Community perception of social welfare and its relations to familism, political alienation, and individual rights: the case of Hong Kong [J]. International social work, 1994, 37 (1): 47 - 60.

TAYLOR-GOOBY P. Public opinion, ideology, and state welfare [M]. London: Routledge & Kegan Paul, 1985.

TAYLOR-GOOBY P. The future of health care in six European countries: the views of policy elites [J]. International journal of health services, 1996, 26 (2): 203 - 219.

TOWNSEND P. Poverty in the United Kingdom [M]. London: Penguin Books, 1979.

TREIMAN D J. The "difference between heaven and earth": urban-rural disparities in well-being in China [J]. Research in social stratification & mobility, 2012, 30 (1): 33 - 47.

VALENTINE C A. Culture and poverty: critique and counter-proposals [M]. Chicago: The University of Chicago Press, 1968.

VAN DEN BOSCH K, CALLAN T, ESTIVILL J, et al. A comparison of poverty in seven European countries and regions using subjective and relative measures [J]. Journal of population economics, 1993, 6 (3): 235 - 259.

VAN OORSCHOT W, MEULEMAN B. Welfarism and the multidimensionality of welfare state legitimacy: evidence from the Netherlands, 2006 [J]. International Journal of Social Welfare, 2012, 21 (1): 79 - 93.

VAN OORSCHOT W, REESKENS T, MEULEMAN B. Popular perceptions of welfare state consequences: a multilevel, cross-national analysis of 25 European countries [J]. Journal of European social policy, 2012, 22 (2): 181-197.

VAN OORSCHOT W. Who should get what, and why? On deservingness criteria and the conditionality of solidarity among the public [J]. Policy and politics, 2000, 28 (1): 33-48.

VANPRAAG B, GOEDHART T, KAPTEYN A. The poverty line: a pilot survey in Europe [J]. The review of economics and statistics, 1980, 62 (3): 461-465.

WALKER R. The shame of poverty [M]. Oxford: Oxford University Press, 2014.

WANG M Y. Emerging urban poverty and effects of the Dibao program on alleviating poverty in China [J]. China & world economy, 2007, 15 (2): 74-88.

WAXMAN C. The stigma of poverty: a critique of poverty theories and policies [M]. New York: Pergamon Press, 1983.

WERTHEIMER R, LONG M, VANDIVERE S. Welfare recipients' attitudes toward welfare, nonmarital child-bearing, and work: implications for reform? [J]. National survey of America's families, 2001, Series B: 17.

WHITE G, GOODMAN R. Welfare Orientalism and the search for an East Asian welfare model [M] //GOODMAN R, WHITE G, KWON H. The East Asian welfare model: welfare Orientalism and the state. New York & London: Routledge, 1998.

WILL J A. The dimensions of poverty: public perceptions of the deserving poor [J]. Social science research, 1993, 22 (3): 312-332.

WILSON B. Religion in sociological perspective [M]. New York: Oxford University Press, 1982.

WONG T K Y, WAN S P S, LAW K W K. Welfare attitudes and social class: the case of Hong Kong in comparative perspective [J]. International journal of social welfare, 2009, 18 (2): 142-152.

WORLD BANK GROUP. World Development Report 2015: mind, society and behavior [R]. Durham: Duke University Press, 2014.

WRIGHT M, CITRIN J. Saved by the stars and stripes? Images of protest, salience of threat, and immigration attitudes [J]. American politics research, 2011, 39 (2): 323 - 343.

WU X, TREIMAN D J. The household registration system and social stratification in China: 1955—1996 [J]. Demography, 2004, 41 (2): 363 - 384.

YANG K, PENG H, CHEN J. Chinese seniors' attitudes towards government responsibility for social welfare: self-interest, collectivism orientation and regional disparities [J]. International journal of social welfare, 2019, 28 (2): 208 - 216.

ZHU Y, ÖSTERLE A. Rural-urban disparities in unmet long-term care needs in China: the role of the Hukou status [J]. Social science and medicine, 2017, 191: 30 - 37.

后　　记

"历史并不就是一个又一个讨厌的事实，就像一个愤世嫉俗者说的那样。的确存在着适用于历史的广泛模式，而寻找对这些模式的解释不但令人陶醉，也是大有裨益的。"贾雷德·戴蒙德在其畅销书《枪炮、病菌与钢铁》中对世界历史进程的总结引人深思。新冠肺炎疫情的到来更加深了人类对生命的珍视。疫情得到控制后，人们似乎又回归至往日的喧嚣，谋求何种生存状态、如何安身立命再度成为生活的日常。

在历史的进程中，贫困与富裕之间无止境的张力始终伴随着人类社会的发展，并推动人们不断对"贫困"这一古老的概念做出新的理解。贫困是一个古老的命题，也是一个现代性的命题。马克思曾对贫困做过一个生动的比喻："一座小房子不管怎样小，在周围的房屋都是这样小的时候，它是能满足社会对住房的一切要求的。但是，一旦这座小房子近旁耸立起一座宫殿，这座小房子就缩成可怜的茅舍模样了。"资本主义创造出一种异己的力量，劳动本身越是客观化，劳动创造的价值越是与劳动本身分离，劳动者相对于资本家越是处于相对贫困的状态。马克思所揭示的是人与人之间比较意义上的贫困，这也是贫困最本质的状态。

本书是对贫困概念的一个拓展和延伸，也旨在对当前中国贫困治理进行经验总结和深刻的反思。2020年春节以来的新冠肺炎疫情阴差阳错地为书稿的撰写和整理提供了充裕的时间。整个书稿的写作进程较为顺利，这源于研究团队长期以来的学术积累和经验材料的搜集。从2016年开始至今开展人民美好生活调查的过程中，研究团队积累了大量的关于公众贫困认知的第一手资料，为本书的撰写奠定了坚实的基础。

本书就是我们研究团队合作的成果。除了署名的三位作者外，研究团队的其他成员，如研究生钟丽君、孔令赟也参加了部分章节的撰写。在写作和修改完善的过程中,大家通力合作,最后由我统稿。研究团队中的李棉管副教授、王海宁副教授、彭宅文博士也为本书的写作提供了支持和帮助。感谢团队成员的辛勤付出和支持。

全书成稿之际,百感交集,需要感谢很多提供帮助的机构与个人。首先要感谢教育部人文社科重点基地中山大学中国公共管理研究中心、中山大学政治与公共事务管理学院,以及广州市人文社科重点基地中山大学广州社会保障研究中心,在2016—2018年连续三年为人民美好生活需要项目的开展提供了强有力的支撑,同时本书是基地重大项目"社会政策创新与共享发展"(16JJD0630011)课题的成果之一。其次要感谢国家出版基金对本书出版的资助。最后要感谢中山大学出版社的领导和编辑的大力支持,是他们促成了本书的写作和出版。

从伊甸园到卡哈马卡,从粮食生产的出现和传播,到枪炮、病菌与钢铁,尽管戴蒙德在其《枪炮、病菌与钢铁》一书中提出的观点,以地理因素作为历史的终极解释:先进与落后、富有与贫穷,似乎一切都是环境决定论,但人的作用同样不能忽视。当个人深刻认识到造成自身和社会贫穷的根源时,便能以知识翻转命运,扭转贫困局面。回顾有关贫困研究的著作,可谓汗牛充栋,浩如烟海。我们希望通过对公众贫困认知的聚焦,为中国贫困治理的理论叙事和政策实践提供经验与思考。由于笔者学识有限,书中疏漏错谬之处难免,还望读者不吝指正。

岳经纶

2021年3月30日

于中山大学政治与公共事务管理学院

中山大学中国公共管理研究中心

中山大学广州社会保障研究中心